풍수지리의 첫 입문
현대사회와 풍수지리

현대사회의 風水地理 교과서

풍수지리의 첫 입문

현대사회와 풍수지리

김현회 지음

프로방스

머리말

먼저, 이 책을 펼쳐 주신 모든 독자 여러분께 깊은 감사의 인사를 드립니다.

오늘날 많은 분이 풍수지리를 단순한 전통 신앙이나 관습으로 오해하고 있는 현실은 안타까운 일입니다. 풍수에 대한 막연한 거리감과 선입견은 그것이 지닌 깊은 철학적·자연과학적 가치를 가리는 큰 걸림돌이 되곤 합니다. 일반적으로 풍수지리를 접하는 첫 관문은 묘지 중심의 음택(陰宅)풍수인데, 저 역시 처음 이 길에 들어서게 된 것은 부모님의 묘소를 더 좋은 곳에 모시고자 하는 효심(孝心)에서 비롯되었습니다. 조상의 평안과 가족의 안녕을 기원하며 시작한 공부였습니다.

그러나 시간이 흐르고 학문을 거듭 탐구하는 과정에서, 풍수지리는 단순히 조상의 묏자리를 잘 잡는 수준에 머무는 것이 아니라 인간이 살아가는 삶의 터전과 자연환경을 조화롭게 설계하고 활용하는 데 중대한 의미를 지니고 있음을 깊이 깨닫게 되었습니다. 풍수는 인간과 자연이 어우러지는 생명 철학이며 풍요와 건강, 안정을 추구하는 실천적 생활 과학이자 환경학이며, 때로는 경제학적 요소까지 포괄하는 통합학문이라 할 수 있습니다.

인간은 누구나 땅과 바람, 물에서 벗어날 수 없습니다. 생명은 자연과 분리된 채로 존재할 수 없으며, 인간의 삶 또한 자연과의 조화 속에서 이루어져야 진정한 평온과 번영을 누릴 수 있습니다. 삶의 질이 향상되면서 우리는 좋은 물을 골라 마시고, 쾌적한 환경을 찾아 이동하며, 건강과 안정을 고려하여 집터와 주거환경을 선택하게 됩니다. 이러한 인간의 본성과 삶의 지혜를 체계적으로 정리하고 실천하는 학문이 바로 풍수지리입니다.

이 책은 이러한 풍수의 본질을 더욱 쉽게 이해하고 실생활에 적용할 수 있도록 돕기 위해 기획되었습니다. 특히 세 가지 목적에서 출간을 결심하게 되었습니다.

첫째, 풍수를 처음 접하는 분들이 복잡한 이론에 막히지 않도록 다양한 사례와 그림을 활용하여 쉽게 이해를 돕고자 하였습니다.

둘째, 풍수지리에서 자주 등장하는 한자 용어가 초심자들에게 큰 진입 장벽이 되는 현실을 고려하여, 가능한 한 평이하고 쉽게 해설을 곁들였습니다.

셋째, 풍수가 점차 학문으로서 제도권에 진입하고 있는 시점에서,

기초부터 체계적으로 배울 수 있는 개론서의 필요성을 느꼈고, 이 책이 그 일환으로 작게나마 보탬이 되기를 바라는 마음입니다.

책의 구성은 음택과 양택을 명확히 구분하고, 풍수 관련 용어를 서술형으로 정리하였습니다. 고전 풍수 이론과 현대의 다양한 사례를 병행해서 설명하여 실용성을 높였습니다. 특히 일상생활에서 적용할 수 있는 현대적 양택풍수 이론을 중심으로, 필자가 직접 조사하고 분석한 다양한 현장 경험을 바탕으로 서술함으로써 이론과 실전이 균형 있게 어우러지도록 구성하였습니다.

오늘날 풍수지리는 단지 동양의 전통문화에 머무르지 않고, 국제적인 학문으로 점차 그 위상이 확장되고 있습니다. 국내 여러 대학과 대학원에서는 풍수 관련 전공이 개설되고 있으며, 미국과 유럽의 일부 대학에서도 풍수를 실내 환경학이나 건축설계의 한 가지 영역으로 연구하고 있습니다. 외국의 일부 중학교에서는 정규 교과과정에 풍수지리를 포함하고 있으며, 일본의 이과대학 건축학과에서는 풍수를 건축의 중요한 설계 기준으로 삼고 있습니다. 특히 홍콩에서는 풍수지리사가 의사나 변호사 못지않은 사회적 위상을 갖고 있으며, 기업이나 가정에서도 풍수 자문을 받는 것이 일상적인 문화로 자리 잡고 있습니다.

  풍수지리는 수천 년에 걸쳐 축적된 경험과 지혜의 산물이며, 인간 삶의 방향과 운명을 바꿀 수 있다는 점에서, 단순한 이론을 넘어선 실용적 학문, 즉 '개운학(開運學)'으로 평가받고 있습니다.

  이 책이 미약하나마 풍수지리의 올바른 이해와 실천에 보탬이 되고, 학문으로서의 정착과 발전에 일조할 수 있기를 진심으로 바랍니다. 또한, 풍수에 관심을 가지신 모든 분께 이 책이 작은 이정표가 되고, 더욱 깊이 있는 배움으로 나아가는 디딤돌이 되기를 소망합니다.

  끝으로, 부족한 원고이지만 이 책이 풍수지리를 공부하는 분들과 이를 학문으로 정립하고자 애쓰는 이들에게 작은 빛이 되기를 바라는 마음으로 독자 여러분 앞에 조심스럽게 내놓습니다. 감사합니다.

2025년 을사년 9월
김현회

차 례

머리말 ··· 4

제1장 | 풍수지리란?

1. 풍수지리의 개념과 목적 ··· 16
2. 풍수지리의 역사 ··· 22
3. 풍수지리의 구성 요소 ··· 31
4. 풍수지리의 실제 적용 ··· 34
5. 풍수지리 이론의 갈래 ··· 37
6. 풍수의 논리와 생활 ··· 41
7. 동기감응론(同氣感應論) ··· 45
8. 장풍득수(藏風得水) ··· 53

제2장 | 풍수지리 이론

1. 풍수지리 용어 정리 ··· 60
2. 사신사(四神砂) ··· 75
3. 산의 종류 ··· 83
4. 수의 형태 ··· 92

제3장 | 음양오행 및 나경론

1. 음양오행(陰陽五行)   ··· 100
2. 나경론(羅經論)   ··· 115

제4장 | 양택풍수

1. 양택풍수(陽宅風水)란?   ··· 122
2. 고전 양택풍수   ··· 126
3. 동·서사택론   ··· 137
4. 양택풍수의 길흉   ··· 142
5. 수맥론(水脈論)   ··· 151

제5장 | 양택풍수의 사례

1. 조선의 명문가: 경주 최 부잣집   ··· 164
2. 조선의 명문가: 안동 의성 김씨 종택   ··· 170
3. 조선의 명문가: 예산 추사 김정희 고택 ··· 175
4. 조선의 명문가: 해남 고산 윤선도 고택 ··· 181
5. 조선의 명문가: 영양 주실마을 호은 종택 ··· 185
6. 조선의 명문가: 아산 외암마을 이씨 종가 ··· 190
7. 명문가의 풍수적 공통점   ··· 195

제6장 | 음택풍수 이론과 사례

    1. 음택풍수(陰宅風水)   ⋯ 200

    2. 음택풍수 사례   ⋯ 219

제7장 | 형국론과 좌향 풍수

    1. 형국론(形局論)이란?   ⋯ 236

    2. 형국론의 종류   ⋯ 240

    3. 형국론의 실존 사례   ⋯ 250

    4. 좌향론(坐向論)   ⋯ 257

제8장 | 도시 풍수지리

    1. 도시 풍수   ⋯ 264

    2. 도시 풍수 사례   ⋯ 280

    3. 도시의 풍수적 상가 분석   ⋯ 287

제9장 | 부동산 풍수

1. 부동산 풍수지리 ··· 298
2. 좋은 터 고르는 법 ··· 302
3. 풍수지리와 입지선정 ··· 306
4. 경매 풍수 ··· 311
5. 경매물건 풍수적 사례 ··· 316
6. 미래 명당 투자는 수변 공간이다 ··· 321
7. 다가올 시대의 흐름을 읽어라 ··· 325

제10장 | 아파트 풍수와 가상학

1. 아파트 풍수 ··· 330
2. 건물의 구조와 가상학 ··· 344
3. 가상의 사례 ··· 348
4. 장사 잘되는 점포 ··· 355

제11장 | 풍수 인테리어

1. 풍수 인테리어 개념과 의미 … 360
2. 8방위와 방위별 특징 … 362
3. 주택 풍수 인테리어 … 365
4. 아이와 학습을 위한 풍수 … 372

제12장 | 마을 풍수

1. 마을 풍수의 이해 … 382
2. 마을 풍수 사례 … 388
  1) 안동 하회마을 … 388
  2) 중국 사천성 랑중시 … 392
  3) 경주 양동마을 … 396
  4) 임실 박사마을 … 398
  5) 춘천 박사마을 … 401
  6) 양택풍수 마을의 공통점 … 404

제13장 | 비보풍수

1. 비보풍수 ⋯ 408
2. 비보풍수의 사례 ⋯ 415
3. 조선시대의 사례와 상징물 ⋯ 421
4. 공간에 적용한 비보풍수 ⋯ 424
5. 비보풍수의 현대적 적용 ⋯ 428
6. 비보풍수의 실천 10가지 ⋯ 431
7. 현대 풍수의 통합설계 방향 ⋯ 433

제14장 | 조선의 풍수와 장례 풍수

1. 한양 풍수 ⋯ 438
2. 궁궐 풍수 ⋯ 442
3. 왕릉과 풍수 ⋯ 447
4. 장례와 풍수 ⋯ 456

제1장

풍수지리란?

1. 풍수지리의 개념과 목적
2. 풍수지리의 역사
3. 풍수지리의 구성 요소
4. 풍수지리의 실제 적용
5. 풍수지리 이론의 갈래
6. 풍수의 논리와 생활
7. 동기감응론(同氣感應論)
8. 장풍득수(藏風得水)

1
풍수지리의 개념과 목적

1) 풍수지리(風水地理)의 개념

풍수지리는 바람과 물, 땅 등 자연환경을 중요시하는 학문으로, 오랜 옛날부터 사람이 살아가면서 자연과의 조화를 통해 터전의 유리함과 생명력을 찾고자 했던 경험과학적 학문이다. 바람과 공기의 흐름, 햇빛, 기후와 온도 등 자연 환경적 요소가 생명체에 미치는 영향을 파악하고, 이를 최적의 조건으로 활용하여 인간의 삶을 더욱 풍요롭고 건강하게 만드는 자연 환경적 학문이기도 하다.

풍수지리는 사람들이 집을 짓거나 마을을 선택할 때 바람을 피하고, 물의 사용이 쉬우며, 농사짓기 편리한 곳을 찾아, 햇빛이 잘 들어오는 양지바른 곳에서 살아가기 시작한 데서 자연스럽게 발생한 학문이다. 또한, 가뭄과 홍수의 피해가 적고, 평평하며 생활에 편리한 좋은 땅을 찾아 대대로 살아가며 보다 편안한 삶을 추구해 왔다. 현대적인 의미로는 자연환경을 보존하면서 국토 이용의 합리성 및 효율성을 극대화하고, 자연과의 조화를 이루며 균형 잡힌 개발을 통해 인간의 안전과 편리를 도모하는 학문이라고 할 수 있다.

(1) 풍수지리의 활용

좋은 기(氣)를 찾아 생활에 활용하는 학문으로 조상에 대한 효를 실천하는 사상이며, 전통적으로 가문의 복을 기원하는 방법으로 활용된다.

풍수(風水)란 공기인 바람을 가두고 생기인 물을 얻는 것으로, '장풍득수(藏風得水)'에서 유래한 말이다. 현대 풍수에서 상가와 공장의 입지에도 활용되며, 적합한 배치 방법을 제시한다. 사무실과 주택 내부 구조 및 인테리어에도 활용되어 공간의 에너지 흐름을 최적화하려는 노력으로 이용하기도 한다.

(2) 풍수지리의 정의와 역사적 배경

두산백과사전에서의 풍수지리 정의는?

풍수지리는 산세(山勢), 지세(地勢), 수세(水勢) 등을 분석하여 길흉화복과 연결하는 사상으로, 이를 통해 적합한 장소에서 살아가면 부귀복수(富貴福壽)를 누린다고 믿었다. 풍수 사상은 중국 전국시대 말기에 시작되어, 삼국시대 때 우리나라에 전해졌다고 하고, 주로 산천의 형세를 고려하여 주거지를 선정하거나 조상의 묘지를 선택함으로써 자손이 그 정기를 받아 번영을 누린다고 믿었다.

한민족문화대백과사전에서의 풍수지리 정의는?

풍수지리는 음양론(陰陽論)과 오행설(五行說)을 바탕으로, 지리(地理)를 체계화한 전통적 논리구조로, 이를 통해 길흉화복을 예측하고, 주거지나 묘지를 선택할 때 중요한 기준으로 삼았다. 주역을 준거로 삼아, 추길피흉(趨吉避凶)의 목적으로 사람의 길흉을 결정짓는 상지기술학(相地技術學)이다. 풍수는 음양의 기(氣)가 땅속에서 생기(生氣)가 되어 흐르고, 이를 따라 산세, 지세, 수세 등이 사람의 길흉화복에 영향을 미친다고 보아, 결국 기맥(氣脈)을 따라 흐르는 생기의 조화와 균형이 중요한 요소라고 말한다. 도읍, 궁택, 능묘의 위치 선택에 따라 사람들의 운명과 복이 결정된다고 믿었다. 풍수지리는 자연과 사람의 관계를 이해하고, 이를 통해 인간의 삶을 더욱 풍요롭고, 안정되게 만드는 중요한 전통 지식으로 자리 잡고 있다.

2) 풍수지리의 목적

풍수지리는 음택(陰宅)과 양택(陽宅)으로 나누어지며, 음택은 조상의 묘지와 관련된 것이며, 양택은 현재 살아가는 사람들의 주거지나 생활 공간에 적용되는 모든 곳을 말한다. 음택이든 양택이든 모두 자연의 흐름인 생기(生氣)를 잘 활용하고자 하는 목적은 같다.

(1) 음택(陰宅)

음택의 주요 목적은 땅속에 흐르는 생기를 찾아, 조상의 유해를 좋은 곳에 모시는 것이다. 조상의 유해가 묻힌 장소가 기운이 좋은 혈(穴)이나 명당이라면, 그곳에서 흘러나오는 생기가 후손에게 긍정적인 영향을 미치게 된다는 것이다. 즉, 음택은 조상의 영혼과의 연결을 통해 후손들에게 복과 운을 가져다주는 장소를 선택하는 것이 핵심이다. 음택의 목적은 추길피흉, 즉 길한 기운을 좇고, 나쁜 기운을 피하는 것으로, 이는 과거의 전통을 따르며 좋은 기운을 가진 땅을 선택하여 후손들이 그 혜택을 받게 하기 위함이다.

(2) 양택(陽宅)

양택은 살아있는 사람들이 거주하는 주택이나 사무실 등의 모든 공간을 의미한다. 주요 목적은 생기(生氣)가 흐르는 좋은 땅에 건물을 배치하고, 건물의 입구와 방향, 내부 배치를 잘 설정하여 좋은 기운을 받는 것이다. 또한, 양택에서는 향배치, 비보(裨補), 인테리어 등의 요소를 활용하여 부족한 기운을 보강하고, 이를 통해 좋은 기운을 받아들일 수 있도록 하는 것이 목적이다. 양택은 거주지에서 직접적으로 생기를 전달하는 방법이라 할 수 있어, 사람들이 이곳에서 생활하면서 직접적으로 생기를 받게 되며, 이는 그들의 건강과 운명에 긍정적인 영향을 미치는 것이다.

① 음택과 양택의 차이

음택은 조상의 유해를 통해 간접적으로 생기를 전달받는 방법이라 할 수 있지만,

양택은 살아있는 사람들이 거주하는 공간에서 직접적으로 생기를 받는 방법으로 금시발복의 효과가 있다.

② 풍수의 핵심 사상

풍수는 좋은 장소에 조상을 모시거나, 주택이나 사무실의 입지를 잘 선택하면, 운명이 바뀔 수 있다는 사상으로, 이와 관련된 '탈신공개천명(奪神功 改天命)'이란 말은 길지(吉地)를 선택하면 신령한 신의 공덕을 탈취할 수 있고, 천명(天命)도 바꿀 수 있다는 의미이다. 즉, 풍수를 통해 삶의 질과 운명을 바꿀 수 있다는 것이다.

③ 풍수의 지리적 원리

풍수에서 산과 물은 중요한 역할을 한다. 산은 인정을 관장하고, 물은 재물을 관장한다고 하며, 좋은 산의 형세는 훌륭한 인재를 배출하고, 좋은 물의 형태는 부자를 낳는다는 이론이다. 산이 생기가 가득하고 좋은 형태를 갖추고 있으면 좋은 인재가 배출되고, 물이 좋으면 부유한 사람이 난다는 것이다. 이러한 개념은 설심부(雪心賦)에서 말한 지령인걸(地靈人傑)과도 연결되는 것으로, 산과 물이 좋은 곳에서 인걸(인재)이 나고, 재물도 따르게 된다는 풍수의 중요한 원리이다. 산의 모양이 좋고 물의 흐름이 원활하면, 그 지역에서 귀인과 부자가 나타날 가능성이 크다는 것이다. 현대적 풍수에서 도심의 산은 주변의 건물을 산으로 간주하고 있다. 물 또한 도로를 물로 해석한다.

결론

풍수지리는 단순한 공간 배치가 아니라 자연과 인간의 관계를 통해 운명과 기운을 조화롭게 만드는 학문이다. 음택과 양택을 구분하여, 각각 조상과 자신에게 좋은 기운을 전달하려는 목표를 가지고 있으며, 이를 통해 운명과 복을 변화시키고자 하는 전통적인 지혜를 제공하여 삶의 질을 향상하는 것이다.

2
풍수지리의 역사

풍수지리는 사람이 자연에서 생활하기 좋은 곳을 찾기 위해 시작된 학문으로, 시간이 흐르며 집터와 묏자리를 선정하는 기준으로 발전해 왔다. 풍수지리의 기원에 대해서는 한국 자생 발생설과 중국 전래 유입설, 두 가지 이론이 존재한다.

1) 한국 자생 발생설

한국 자생 발생설은 우리 민족이 오래전부터 자연적으로 풍수지리를 활용했다고 주장하는 이론이다. 이 이론은 주로 상고시대부터 시작되어, 사람들은 자연스럽게 바람과 비를 피할 수 있는 좋은 장소를 선택해 거주하며 풍수지리를 발전시켰다고 보는 것으로, 학자들이 주장하는 주요 근거는 다음과 같다.

① 국토의 지리적 특성: 한국은 산악지역이 70%를 차지하며, 작은 산들이 대부분 촌락과 도읍의 자연적 배경을 이룬다는 것이다.

② 산을 숭배: 고대부터 산신제와 제사를 지내며 산을 숭배해 왔다는 것으로, 삼국유사 및 삼국사기를 보면 고조선 왕검이 태백산을 중요하게 여겼다는 기록과 고구려 동명성왕과 백제 온조왕이 도읍지 선택 시 지세를 고려한 사례가 있다.

고인돌 대부분이 능선에 위치하며, 세계 고인돌의 60%가 한반도에 있다는 점도 이를 뒷받침하는 것이다.

③ 도읍지 선정: 고구려 유리왕이 국도 변경 시, "산수가 깊고 험하며 오곡이 잘 자라며 순록과 사슴, 고기, 거북이가 많아 민리가 무궁할 것이다."라고 한 것은 지세를 중요시한 예시이며, 경주 반월성의 사례에서도 보면, 삼국유사에 나오는 탈해왕은 토함산의 초승달 모양의 산봉우리를 보고 지세를 정해 왕위에 오를 수 있었다는 내용이다. 이처럼 한국에서는 오래전부터 자연스럽게 풍수지리가 활용되었으며, 풍수는 실생활에 밀접하게 연관되어 있었다.

2) 중국 전래 유입설

중국의 풍수지리는 황하문명 시기부터 시작하여, 강 유역이나 산지에서 거주지 장소를 찾는 것에서 유래되었다고 본다. 중국의 풍수지리는 후한 시대에 이르러 기초가 확립되었고, 이후 당나라 시대에 크게 발전했다.

주요 사항을 정리해 보면,

① 청오자: 한나라 시대의 청오자는 지리학적으로 탁월한 인물로 기록되어 있다.

② 곽박의 『금낭경』: 동진 시대의 풍수지리학자 곽박이 쓴 『금낭경』은 장서라 하여 현재까지 전해지고 있다.

③ 당나라의 유명한 풍수 전문가들: 원천강, 이순풍 등의 인물들이 널리 알려졌다.

④ 도선국사와의 연결: 중국의 풍수지리가 당나라의 일행 선사들을 통해 신라 말기의 도선국사에게 전수된 것으로 전해진다. 따라서 한국에는 자생적인 풍수가 있었지만, 중국의 풍수가 후에 유입되어 급속히 확산하였다고 볼 수 있다. 최치원의 비문인 원성왕의 숭복사 비문은 당나라에서 유학한 기록으로, 풍수 사상이 통일신라시대 이후 당과의 문화적 교류를 통해 전래되었음을 입증하는 최초의 기록으로 간주한다.

결론

풍수지리는 한국 자생설과 중국 전래설, 두 가지 이론이 존재하지만, 한국 자생설은 한국이 지리적으로 자연스럽게 풍수지리를 활용한 배경을 가지고 있다고 보고, 중국 전래설은 중국 풍수지리가 신라로 전파되었고, 이후 한국에서 발전했다고 본다. 풍수지리는 결국 자연과 인간의 조화를 이루기 위한 실용적 지혜로, 오래된 역사 속에서 발전해 왔다는 것이다.

3) 풍수 사상과 발전

풍수를 이야기할 때 자주 등장하는 질문이 있다.
"조상의 묘(음택)가 먼저인가, 내가 사는 집(양택)이 먼저인가?"
답은 명확하다. 인간은 살아가야 하기에, 먼저 터전을 마련했다. 바람과 햇볕, 물을 기준 삼아 살기 좋은 땅을 선택했고, 그 후에 조상의 묘소를 가리기 시작했다.

즉, 양택이 먼저였고, 음택은 그 후였다. 아주 오래전, 인간은 살아가기 위해 자연 속에서 거처를 찾아야 했다. 바람을 막을 수 있고 햇살이 잘 드는 곳, 물은 충분하지만, 재해로부터 안전한 곳. 그런 곳이 바로 '좋은 터'였다. 인간은 본능적으로 그런 자리를 찾아 정착했고, 그것이 바로 풍수의 시작이었다. 이처럼 풍수는 무속이나 미신이 아니라, 자연을 이해하고 그에 순응하며 살아가려는 지혜였다. 나중에 조상의 묘지를 고를 때에도 사람들은 같은 원칙을 따랐다. 바람이 막히고, 물이 들지 않으며, 산이 뒤를 감싸는 곳. 고인돌이나 고분들이 산등성이에 자리 잡은 모습을 보면, 이미 선조들은 자연의 기운과 땅의 흐름을 따르고 있었다는 것을 알 수 있다. 우리나라 풍수지리의 본격적인 시작은 도선국사(827~898)로 거슬러 올라간다. 그는 중국에서 전해진 풍수 이론을 바탕으로 우리 풍토에 맞는 해석을 시도했다. 그의 사상은 단순히 묘를 고르는 것에서 멈추지 않고 사찰의 입지, 부도와 사탑 건립, 왕릉과 도읍 선정 등 다양한 분야로 확장되었다.

풍수는 이렇게 양택 중심에서 음택 중심으로 넓어지면서, 불교적 세계관과 유교적 조상숭배 사상을 포괄하게 되었다.

초기의 풍수는 사찰, 도읍, 왕릉 등 공간 배치의 실용적 목적에 활용되었다.

그러나 점차 음택, 즉 조상 묘지의 위치에 중점을 두며 후손의 운세를 좌우한다는 믿음이 자리 잡았다. 이러한 풍수는 크게 형세론적인 강서성의 강서학파와 천문과 지리의 조응 관계를 살피는 복건성의 복건파로 나눈다. 한국의 풍수 사상은 형세론 위주의 강서성의 강서학파가 유행하였다. 또한, 한국의 풍수 사상은 제일 먼저 승려들에게 보급되었고, 그 후 여러 지방 호족에게 전파되었다.

조선시대에 들어와 건국과 동시에 무학대사, 정도전 등 풍수지리 대가들의 진언에 따라 도읍을 한양으로 천도하고, 모든 궁궐의 건물을 풍수지리학의 원리에 바탕을 두어 건립하였다. 조선의 풍수 관련 지리서는 이중환의 『택리지』, 서유구의 『임원경제지』, 홍만선의 『산림경제』 등이 있으며, 우리나라에서 발간된 풍수 서적은 학문적으로 체계가 정립된 것은 없고, 산서나 결록, 비기 등이 많이 있다. 그중에서도 실제로 산천을 돌아보고 전국 각지의 풍수적 길흉을 기술한 『도선비결(道詵秘訣)』, 『옥룡자결록(玉龍子訣錄)』, 『답산가(踏山歌)』, 『무학결(無學訣)』, 『남사고결(南師古訣)』, 『박상희결(朴相熙訣)』, 『나학천비기(羅鶴天秘記)』, 『일지유산록(一指遊山錄)』, 『일이답산가(一耳踏山歌)』, 『두사충결(杜師忠訣)

등이 대표적이다. 풍수지리는 양택보다는 음택(陰宅)에 큰 비중을 두어 조상숭배를 통한 효를 강조하고 유교 사상과 더불어 발전하며, 과거 응시 과목으로도 선정되었다. 한편 일제 강점기 때 조선 총독부는 그들의 식민지 통치 자료를 얻고자 전국적인 행정력을 동원하여 풍수에 관련된 조사를 하였다. 총독부 촉탁 '무라야마 지존(村山智順)'이 보고서 형식으로 조선 풍수설에 대한 방대한 자료집을 책으로 엮은 『조선의 풍수』가 있다. 이 책은 비록 순수한 연구 목적의 책이 아니더라도, 우리나라 최초의 풍수설에 대한 전국적인 조사로 오늘날 한국풍수지리 연구에 좋은 자료가 되고 있다.

일제 강점기에는 조선의 풍수 사상을 이용하여 길지에 쇠말뚝을 박아 지맥을 파괴함으로써 민족의 정기를 말살하려는 정책을 펴기도 했다. 그러나 언제부터인가 이들이 박아놓은 쇠말뚝을 뽑아내고 민족의 정기를 바로 잡고 민족의 혼을 살리기 위해 풍수지리학자들이 노력하고 있다. 조선시대의 풍수지리학자로는 무학대사, 사명대사, 서산대사 일지대사, 일이대사, 진묵대사 등 불교계와 정도전을 비롯한 하륜, 남사고, 이지함, 맹사성, 채성우, 안정복 등을 비롯한 많은 명사가 있다.

현재 풍수지리학은 역사학, 철학, 민속학 분야와 지리학, 국문학, 한문학, 고고학뿐만 아니라 (1990년 말부터는 대학과 대학원에도 풍수지리학과가 개설됨) 도시건축학, 조경학, 부동산학, 토목학 등과 연계하여 활발한 연구를 진행하며 응용 학문으로 발전해 가고 있다. 대학원에서는 석, 박사가 배출되고 있으며, 나아가 우리의 삶의 질을 높이고, 도시와 국토를 조화롭게 설계하는 도구로 활용되고 있다. 자연과 인간이 함께 공존할 수 있는 공간, 그것이 바로 풍수가 추구하는 이상이다.

"현대 풍수지리, 어디로 나아갈 것인가?"

풍수지리는 오랜 시간 동안 민족의 삶과 함께해 온 철학이자 실천적 지식이다. 하지만 오늘날 풍수는 여전히 "미신인가?", "과학인가?"라는 논쟁 속에서 오해받기도 한다. 이와 관련해 풍수지리학자 지종학 박사는 한국풍수지리가 앞으로 나아가야 할 방향을 명확히 제시하고 있다.

① 고서를 맹신하지 말고, 삶과 자연 속에 녹여야 한다

지 박사는 첫 번째로, 풍수가 고서(古書)의 글귀에만 갇혀선 안 된다고 지적한다.

고문서를 그대로 외우고 따르는 데서 벗어나, 그것이 담고 있는 지혜를 현대의 삶과 자연에 어떻게 연결할 수 있는가를 고민해야 한다는 것이다.

그는 이를 "산자산 서자서(山自山, 書自書)"라는 말로 표현한다.

이는 산(풍수의 실제 현장)은 산대로, 글은 글대로 각자 따로 놀고 있는 상태를 뜻한다. 이처럼 현실과 이론이 따로 움직이는 풍수는 아무 쓸모가 없다는 뜻이다. 풍수는 반드시 현장의 자연과 이론이 합치되어야 진짜 힘을 가진다.

② 신비주의에서 합리주의로

풍수지리가 지닌 신비주의적 요소를 경계한다.

그동안 풍수는 '비결'이나 '비법', '신령한 힘'처럼 포장되어 일반인들의 접근을 어렵게 만들었다. 그러나 현대사회는 합리성과 객관성을 요구한다. 풍수도 합리적인 원리와 설명이 가능한 논리로 재구성되어야 한다는 주장이다.

③ 주관이 아닌 객관으로

풍수는 오랫동안 주관적 해석에 많이 의존해 왔다.

풍수인이 느끼는 '기운'이나 '흐름'은 때로 사람마다 달라지기도 한다. 주관적이지 않은 객관적인 기준과 검증 가능한 방법론이 필요하다고 말한다. 이는 풍수가 학문으로 자리 잡기 위해 반드시 넘어야 할 과제다.

④ 추상이 아닌 구체로

풍수의 언어는 종종 추상적이다.

기운, 장풍득수(藏風得水), 혈처(穴處) 등의 표현은 낭만적이지만, 일반인에게는 모호하게 들린다. 풍수가 보다 구체적인 언어와 사례 중심의 설명으로 바뀌어야 한다고 말한다. 그래야 대중과 소통할 수 있다.

⑤ 감성에서 이성과 실증으로

마지막으로 풍수가 감성과 느낌에 의존하는 경향에서 벗어나야 한다고 강조한다. 기운이 좋다, 느낌이 좋다는 식의 설명은 과학과 설득

력 면에서 부족하다. 풍수도 이제 이성적 분석과 실증적 자료, 즉 데이터와 현장 관측을 바탕으로 말할 수 있어야 한다. 그래야만 풍수는 현대사회에서 신뢰받는 응용 학문으로 자리매김할 수 있다.

이처럼 한국풍수지리가 나아가야 할 새로운 패러다임의 이정표를 제시하고 있다. 과거의 지혜를 현대적으로 계승하고, 감성과 직관에서 이성과 실증으로, 신비에서 과학으로 나아가는 길. 그 길 위에 서 있을 때, 풍수는 여전히 오늘날 우리의 삶 속에서 살아 숨 쉬는 철학이 될 수 있을 것이다.

3
풍수지리의 구성 요소

 풍수지리는 단순히 땅을 고르고 묘를 쓰는 기법이 아니다. 그것은 수천 년 동안 자연과 인간이 조화롭게 살아가기 위해 쌓아온 철학과 이론의 집합체이다. 특히 음양오행, 용과 수, 기(氣)는 풍수지리를 이해하는 데에 반드시 알아야 할 기본 요소다.

1) 음양오행(陰陽五行)

 풍수의 근본 사상 음양오행은 풍수지리뿐 아니라 동양철학 전체의 뿌리라 할 수 있다. 우주는 음과 양이라는 두 기운의 조화와 충돌 속에서 생성되며, 이는 다시 오행(목·화·토·금·수)이라는 다섯 가지 원소로 작용하여 세상의 모든 변화를 설명한다.

풍수지리는 이 음양오행 사상에 뿌리를 두고 자연과 인간의 조화를 추구하는 학문이다. 풍수에서는 산을 음(陰), 물을 양(陽)으로 본다. 산은 움직이지 않고 고요하여 정적이며, 변화가 적다. 반면 물은 항상 흐르고 형태가 바뀌며 동적이기 때문에 양에 해당한다. 또한, 풍수에서는 사람의 삶의 공간인 집터를 양택(陽宅)이라 부르고,

죽은 이의 묘소를 음택(陰宅)이라 한다. 이처럼 풍수는 생과 사, 땅 위와 땅 아래, 움직임과 고요함을 모두 음양의 흐름 속에서 해석한다.

2) 용(龍)과 수(水) - 산과 물, 풍수의 중심축

풍수지리에서 가장 중요한 요소 중 하나는 '용'과 '수', 즉 산과 물이다.

산은 풍수에서 '용(龍)'으로 표현되며, 기(氣)가 흐르는 맥으로 본다. 이 '용'은 겉보기에는 움직이지 않지만, 그 산줄기와 지맥은 마치 살아있는 용처럼 대지를 따라 기운을 운반하는 역할을 한다. 그런데 이 산(용)은 혼자만으로는 기를 멈추게 할 수 없다. 풍수에서는 반드시 물(水)이 필요하다. 물이 있어야 산이 제자리를 찾아 기를 머물게 하고, 그 자리에 혈(穴)이 맺힌다고 본다. 이 혈이야말로 풍수에서 말하는 명당, 즉 가장 기운이 응집된 곳이다. 명리학에서 물은 종종 음으로 보지만, 풍수에서는 그 움직임에 주목하여 양(陽)으로 본다.

산은 음이요, 물은 양이며, 두 요소가 조화를 이룰 때 비로소 풍수가 완성된다는 것이 전통적 관점이다.

3) 기(氣) - 생명과 공간을 흐르는 힘

풍수에서 가장 핵심이 되는 개념은 '기(氣)'이다.

기는 눈에 보이지 않지만, 모든 생명과 자연 현상에 영향을 미치는 우주의 에너지다. 이 기가 모이고 흐르고 머무는 자리를 찾는 것이 풍수의 목적이다. 풍수에서는 기를 양기와 음기로 구분한다.

① 양기(陽氣): 바람, 햇빛, 기온, 물 등 살아 있는 생명체에 필요한 에너지이다. 사람들의 거주지인 양택에 작용한다.

② 음기(陰氣): 땅속의 물기, 영양분 등 죽은 자가 머무는 곳, 즉 음택에 작용하는 기운이다.

그중에서도 풍수가 궁극적으로 얻고자 하는 것은 생기(生氣)이다. 생기는 우주의 만물을 생성하고, 자연을 순환시키며, 인간의 삶에 활력을 주는 긍정적 기운이다. 풍수지리학은 이 생기를 최대한 끌어들이고 누릴 수 있는 공간을 찾는 학문이다.

좋은 생기를 가진 터에 집을 짓고, 묘를 쓰면 사람은 건강하고 운이 따르며, 자손도 번성한다고 믿는다. 그래서 풍수는 단순한 땅 고르기의 기술을 넘어, 삶의 질을 결정짓는 철학적 실천이 된다.

4
풍수지리의 실제 적용

풍수지리는 결코 책 속에만 머무는 이론이 아니다.

그 본질은 사람이 살아가는 공간과 삶에 기운을 불어넣는 실천적 철학이다.

죽은 이를 위한 묘지에서부터 우리가 매일 생활하는 집, 더 나아가 도시와 국가의 도읍지까지, 풍수는 우리의 삶과 터전 속에 깊이 스며들어 일상생활에서 활용하고 있는 것이다. 풍수지리는 음택과 양택, 양기(陽氣)풍수에 적용하고 모든 일상생활에 적용할 수 있다.

1) 음택(陰宅)의 풍수: 묘지(墓地). 조상을 모시는 자리

음택이란 죽은 이를 모시는 공간, 즉 묘지(墓地)를 의미한다.

풍수에서는 조상의 묘를 좋은 자리에 모셔야 후손이 복을 받고 집안이 번성한다고 믿는다. 이러한 믿음은 단지 미신이 아니라, 유교적 효(孝) 사상과 밀접한 관련이 있다. 조상을 명당(明堂)에 모신다는 것은 그들이 편안히 쉴 수 있는 곳에 모셔 드림으로써 그 기운이 자손에게 이어지도록 하는 것이다. 이때 중요한 것은 '기'가 잘 응집되고 흐르는 위치를 찾는 일이다. 산의 흐름(龍)과 물길(水), 바람(風)의 방향, 햇빛의 조건 등을 모두 살펴야 하며, 이는 후손의 건강, 재물, 사회적 위치에까지 영향을 미친다고 여긴다.

2) 양택(陽宅)의 풍수: 우리가 살아가는 공간, 집, 주거 공간, 사무실 공간

양택은 바로 현재 우리가 살아가는 집과 생활 공간이다.
풍수는 이 양택에 대해 더욱 실질적이고 직접적인 영향을 미친다.
과거에는 터를 잡을 때 배산임수(背山臨水)를 가장 이상적인 조건으로 보았다. 뒤에는 산이 있고, 앞에는 물이 흐르는 형태로, 이는 자연스럽게 기온과 습도, 채광, 바람의 흐름까지 고려한 입지다.
현대에 들어서는 집뿐 아니라 사무실, 상가, 건축물의 인테리어까지 풍수의 적용 범위가 확장되었다. 예컨대 문을 여는 방향, 창의 크기, 책상이나 침대의 위치까지도 풍수의 원리에 따라 조정하는 경우가 있다. 풍수에 따르면, 공간의 배치가 기의 흐름을 좌우하며, 이는 곧 거주자의 건강, 관계, 일의 성과에 영향을 미친다고 본다.
최근에는 인테리어 풍수라는 개념이 유행하면서 빛, 색상, 식물, 물건의 배치 등을 통해 기운을 조절하고 조화를 이루는 방식이 주목받고 있다.

3) 양기(陽氣)의 풍수: 도시와 국가의 터전, 마을, 도읍지, 취락지

풍수는 단지 개인의 집이나 무덤에만 머물지 않는다. 더욱 큰 차원에서는 국가의 도읍지, 도시, 마을의 입지를 결정하는 데에도 적용된다. 이를 '양기풍수' 혹은 '국세풍수(局勢風水)'라 한다. 대표적인 사례가 바로 조선의 수도인 한양(서울)이다.

조선 건국 초 무학대사와 정도전은 풍수지리학적 원리에 따라 도읍지를 결정했다.

한양은 그 지형상 북쪽에 북악산, 동쪽엔 낙산, 남쪽엔 남산, 서쪽엔 인왕산, 그리고 중심에는 청계천의 역수와 안산 너머로 한강이 흐르는 전저후고(前低後高)의 이상적인 배치 조건을 갖춘 땅이었다. 이처럼 배산임수, 좌청룡·우백호, 앞은 열려 있고 뒤는 감싸는 구조는 국가의 수도뿐 아니라 마을, 학교, 절터, 성지 선정에도 중요한 기준이 되었다. 풍수는 말한다. 땅이 크고 형세가 웅장하면 수도가 되고, 작으면 도성, 더 작으면 마을이나 주택이 된다. 풍수는 이처럼 공간의 크기와 지세에 따라 각각의 역할을 한 것이다.

5
풍수지리 이론의 갈래

세 가지 시선, 하나의 목적

풍수지리는 땅의 기운을 읽고, 사람의 삶과 연결시키려는 시도에서 출발한 실천적 학문이다. 하지만 그 해석 방법과 이론적 접근은 시대와 사람에 따라 다양하게 발전해 왔다. 그 결과 풍수지리 이론은 크게 물형론(物形論), 형기론(形氣論), 이기론(理氣論)의 세 가지 갈래로 나뉜다.

각각의 이론이 어떤 배경에서 등장하였고, 어떤 방식으로 '명당'을 해석하는지를 살펴보며, 그 차이점과 특징을 비교해 본다.

1) 물형론(物形論) - 자연을 상징으로 읽는다

　물형론은 풍수지리에서 자연의 지형을 동물이나 사물의 형상에 비유하여 해석하는 이론이다. 예를 들어, 어떤 산세를 보면 호랑이가 웅크린 듯한 모습(맹호출림형)이라든가 닭이 알을 품는 모습(금계포란형), 혹은 연꽃이 물 위에 떠 있는 형상(연화부수형) 등으로 표현하기도 한다. 이 이론은 마치 자연을 상징적 언어로 읽는 시(詩)와도 같다. 산의 겉모습(物形)과 그 안의 정기(精氣)는 하나로 이어진다는 전제를 가지고 형상을 통해 지기의 흐름을 파악하고자 한다. 그러나 이 물형론(형국론)은 매우 주관적이며 추상적이다. 어떤 사람은 같은 산을 보고 호랑이라고 하며, 다른 사람은 용이라고 할 수도 있다. 이로 인해 풍수 경력이 부족한 사람은 혈(穴)을 찾기 어렵고, 때로는 맹신으로 흐를 위험성도 있다. 또한 대부분의 물형론은 이미 정해진 지형에서 상징을 찾는 방식이기 때문에, 자연을 인위적으로 바꾸어 명당을 만드는 '술법화'의 경향도 존재한다. 그럼에도 불구하고 물형론은 자연을 해석하는 상징적 감수성을 담고 있어, 풍수의 시각적·예술적 접근으로는 여전히 가치 있는 이론이다.

2) 형기론(形氣論) - 지형의 흐름을 따라 기를 읽는다

　형기론은 풍수지리에서 가장 전통적이며 중심적인 이론 체계로 여겨진다. 이 이론은 산세의 형태(形)와 그 안에 흐르는 기운(氣)을 함께 고려하여 혈이 맺힐 수 있는 명당을 찾아내는 데 초점을 둔다.

형기론은 명확하고 구체적인 방법론을 갖고 있다.

대표적으로 다음과 같은 네 가지 접근이 있다.

① 간룡법(看龍法): 산의 맥을 따라 기운의 흐름을 읽는 법

② 장풍법(藏風法): 바람을 피하고 기를 머무르게 하는 법

③ 득수법(得水法): 물이 어떻게 흐르고 모이는지를 관찰하는 법

④ 정혈법(定穴法): 그 모든 조건이 충족되어 '혈'이 맺히는 지점을 판단하는 법

이 외에도 집의 방향을 정하는 좌향법(坐向法) 역시 형기론의 일부이다.

형기론은 비교적 물리적이고 시각적인 요소에 기반하기 때문에, 풍수 경험이 많은 사람은 지형만 봐도 기운의 흐름을 감지할 수 있다고 한다. 다만 개인의 감각과 관찰력이 크게 작용하므로 '십인십색(十人十色)', 즉 사람에 따라 해석이 달라질 수 있다는 한계도 존재한다. 그럼에도 불구하고 형기론은 지금까지도 음택과 양택 모두에 가장 보편적으로 적용되는 이론이며, 풍수를 배우는 이들이 가장 먼저 익히는 기초 이론이기도 하다.

3) 이기론(理氣論) - 보이지 않는 이치를 따라 기를 정한다

이기론은 풍수를 보다 철학적이고 이론적인 흐름이라 할 수 있다.

형기론이 산세와 지형 등 가시적 요소에 집중한다면, 이기론은 보

이지 않는 바람과 물의 순환 원리, 즉 이치(理)와 기운(氣)의 흐름에 집중한다. 이기론에서는 나경(羅經)을 사용하여 방위, 기운의 분포, 시간적 흐름 등을 살핀다. 특히 산의 형세가 뚜렷하지 않거나, 넓은 산줄기가 없는 평지형 공간에서 실제로 유용한 이론으로 사용되었다. 이기론은 수학적이며 논리적 접근을 갖추었기 때문에, 단순하고 명료하다는 장점이 있었다. 이 때문에 과거 양반 지식층에게는 큰 관심을 받지 못했지만, 일반 백성들에게는 접근성과 활용도가 높아 널리 사용되었다. 다만 현대에 들어와 철근과 콘크리트 구조물 등으로 인해 나경의 방위가 제대로 작용하지 않는 경우도 많아 실제 건축 적용에는 어려움이 있다. 이기론은 주로 양택, 즉 살아 있는 사람의 공간 설계에 중심을 두는 이론이며, 체계화된 매뉴얼에 따라 명당을 인위적으로 설계할 수 있다는 점에서도 현대적 응용 가능성이 존재한다.

　세 이론의 조화는 보는 눈이 다를 뿐, 목적은 하나로써 물형론이 자연을 '읽는 방식'이라면, 형기론은 자연을 '보는 방식', 이기론은 자연을 '이해하는 방식'이라 할 수 있다. 각 이론은 강조점이 다를 뿐, 결국 사람과 자연이 가장 조화롭게 연결될 수 있는 자리, 즉 명당을 찾는 것이 공통된 목표이다.

6
풍수의 논리와 생활
− 삶 속에서 살아 있는 지혜 −

풍수지리는 결코 어렵거나 멀리 있는 학문이 아니다. 조금만 배우고 관심을 가지면 누구나 자기 삶에 직접 적용할 수 있는 실용적인 생활 철학이자, 자연과 사람의 관계를 조화롭게 풀어내는 지혜이다.

1) 누구나 적용할 수 있는 실용 풍수이다

풍수는 특별한 전문가만이 다루는 영역이 아니다.
생활의 크고 작은 결정에 풍수의 원리, 특히 '생기의 흐름'을 고려한다면, 우리는 보다 안정적이고 건강한 삶의 터전을 마련할 수 있다.
예를 들어, 다음과 같은 상황에서 풍수는 현실적인 길잡이가 될 수 있다.

(1) 땅을 매입하거나 주택을 구매할 때

입지의 방향, 주변 산세, 물길, 도로의 흐름 등을 살펴보면 단순히 가격만으로는 알 수 없는 '땅의 기운'을 파악할 수 있다. 이는 미래의 자산 가치뿐 아니라, 건강과 운세에도 영향을 미칠 수 있다.

(2) 사업장이나 점포를 개업할 때

풍수는 '장사가 잘되는 자리'를 정하는 데에 중요한 역할을 한다.

출입문의 방향, 고객의 동선, 주변 상권의 흐름까지 풍수의 눈으로 살핀다면 단순한 감에 의존한 입지보다 훨씬 합리적 선택이 가능하다.

(3) 공장이나 대규모 부지 개발 시

풍수는 자연의 순리와 지기의 흐름을 고려해 장기적인 안정을 추구한다.

이는 많은 글로벌 대기업들이 사옥이나 공장을 지을 때 풍수를 참고하는 이유이기도 하다.

2) 음택과 양택 - 삶과 죽음, 모두를 품는 풍수

풍수의 적용은 살아 있는 공간인 양택(陽宅)에만 국한되지 않는다. 조상의 묘를 의미하는 음택(陰宅)에서도 풍수는 중요한 역할을 한다. 나쁜 터에 조상의 묘를 모시면 후손에게 좋지 않은 영향을 줄 수 있다는 믿음은 오랜 세월 동안 전해져 내려온 조상숭배와 효 사상의 표현이기도 하다. 양택에서의 풍수는 더욱더 직접적이다.

집의 구조, 방향, 방의 배치, 마당의 형태, 빛과 바람의 흐름 등은 모두 거주자의 건강, 재물, 인간관계, 운세 등과 연결된다고 본다. 실제로 주택의 구조만 살펴도, 그 가족의 삶의 흐름을 짐작할 수 있다는 말이 전해진다. 건강이 약해지거나 재정적인 어려움을 겪는 집의 경우, 풍수적으로 기가 막히는 구조나 배치를 가진 경우가 많다.

3) 전통 유산과 풍수 - 문화 속의 지혜

우리의 전통 건축물과 문화유산은 풍수지리의 원리를 기반으로 한 것이 많다.

궁궐, 왕릉, 사찰, 서원, 고택 등을 풍수의 시선으로 다시 보면 그 위치 선정과 건축 배치 속에 담긴 철학과 지혜를 더욱 깊이 이해할 수 있다. 예컨대 조선의 경복궁은 북악산을 주산(主山)으로 두고, 남쪽으로 한양 도성의 중심을 향해 트여 있으며, 동·서에는 청룡과 백호의 역할을 하는 산이 감싸고 있다. 이는 모두 풍수지리적 배치 원리를 충실히 반영한 결과다. 또한 사찰 역시 명당에 세워졌으며, 부도탑과 탑의 위치도 기(氣)의 흐름을 고려한 정밀한 배치로 구성되어 있다.

4) 풍수의 세계화 - 현대와 글로벌 기업의 풍수 응용

풍수는 더 이상 동양의 전통문화에만 머물지 않는다. 미국, 일본, 유럽의 대기업들은 이미 풍수의 원리를 건축, 인테리어, 도시계획, 산업단지 조성 등 다양한 분야에 적극적으로 활용하고 있다. 세계적인 기업의 CEO나 총수들 또한 사옥을 지을 때, 본사의 방향과 구조, 입지를 풍수에 따라 조정하는 경우가 많다. 이는 풍수를 '신비주의'가 아닌, 사람과 공간의 에너지를 균형 있게 설계하는 기술적 도구로 이해하기 때문이다. 이처럼 풍수지리는 단순한 믿음을 넘어 경영 전략과 공간 기획의 한 축으로 작용하고 있으며, 우리 또한 그 전통적 지혜를 실용적으로 되살릴 수 있는 시점에 와 있다. 풍수, 자연과 인간이 공존하는 삶의 기술, 풍수지리는 결국 자연과 인간이 상호작용하며 살아가는 방식에 대한 탐구다.

어느 방향에서 바람이 불고, 어디에 물이 흐르며, 땅은 어떤 기운을 품고 있는지 이해하려는 노력이다. 삶의 자리를 어떻게 정하느냐에 따라 우리의 삶의 질은 달라진다. 그 자리에 조금 더 관심을 두고, 자연의 흐름에 귀를 기울이는 것, 그것이 풍수를 실천하는 첫걸음이 된다. 풍수는 선택이 아니다. 우리가 숨 쉬는 곳, 살아가는 공간이 바로 풍수이기 때문이다.

7
동기감응론(同氣感應論)

1) 동기감응이란?- 조상과 후손을 잇는 기(氣)의 연결이다

풍수지리는 인간과 자연의 상호 교감을 통해 이루어지는 학문이다. 이러한 교감을 통해 길지(吉地)에 안장(安葬)한 조상의 묘(墓)나 생기(生氣)가 감도는 주택(住宅)과 건물(建物)에서 어떻게 기(氣)를 얻을 수 있을까? 이를 설명하는 것이 바로 풍수의 동기감응론(同氣感應論)이다.

이 이론은 '같은 기운은 서로 감응한다'라는 기본 전제 위에서, 조상의 묘와 그 후손 사이에 기(氣)의 유통과 교감을 할 수 있다는 내용을 담고 있다.

고대 풍수 경전인 『장경(葬經)』에서 곽박은 "장자승생기야(葬者乘生氣也)"라 하였다. 즉, "장사는 생기의 흐름을 타야 한다."라는 뜻이다.

사람이 죽으면 흙으로 돌아가지만, 만일 그 시신이 생기가 충만한 진혈지에 안장된다면, 그곳의 기운이 육신에 스며들어 후손에게 영향을 미칠 수 있다는 것이다.

여기서 말하는 생기는 단순한 기운이 아니라, 자연과 우주의 에너지이며 생명의 근원이다. 조상의 유해가 이 생기를 품은 땅에 묻히면, 그 기운이 후손에게 복을 감응시킨다는 것이 풍수의 믿음이다.

이를 곽박은 "본해득기 유체수음(本骸得氣 遺體受蔭)"이라 표현하였다. 즉, 조상의 유골이 생기를 얻으면 자손은 자연스럽게 그 덕을 입는다는 것이다.

또, 『장경』의 '기감편(氣感篇)'에는 흥미로운 내용이 전한다.

한(漢)나라의 미앙궁에서 어느 날 이유 없이 종이 울렸다. 이에 동방삭은 "서쪽의 구리광산이 무너졌을 것"이라 예측했고, 곧이어 실제로 서촉(西蜀) 진령(秦領)의 구리광산 붕괴 소식이 전해졌다. 놀란 황제가 "어떻게 알았느냐?"고 묻자, 동방삭은 "종은 구리로 만들어졌고, 광산의 구리와 동일한 기를 지녔기에 서로 감응한 것"이라 답했다.

이 고사는 기(氣)는 동일한 성질을 가진 존재들끼리 서로 감응한다는 동기감응의 원리를 상징적으로 보여준다. 그리고 동방삭은 이렇게 덧붙인다.

"천한 물건도 감응하는데, 하물며 사람 사이의 기운이야 어떻겠는가."

또한, 봄이 오면 나무는 꽃을 피우고, 방안의 곡식조차 싹을 틔운다.

이는 따스한 계절의 기운과 생명이 서로 감응한 결과다.

마찬가지로, 후손과 조상 역시 그 기(氣)의 공명과 파장을 통해 서로 연결된다고 본다. 현대 과학 역시 모든 물질이 입자와 파동으로 이루어져 있으며, 모든 존재는 고유한 파장을 지닌다고 설명한다. 좋은 파장은 긍정적인 영향을, 나쁜 파장은 부정적인 영향을 미친다.

풍수지리에서 말하는 동기감응도 바로 이러한 자연 에너지의 파동 교류에 대한 이론이다. 조상의 묘는 단지 과거를 기념하는 공간이 아니다. 그곳에 깃든 생기가 여전히 후손과 공명하며, 그 파장이 조용히 후손의 삶에 영향을 미친다. 동기감응론은 풍수지리의 실천 이론 중에서도 음택풍수의 중심 철학이다. 무덤이나 납골당에 안치된 유골은 시간이 지나면 원소로 환원된다. 하지만 그 에너지적 본질은 사라지지 않고, 후손의 기와 같은 파장의 진동을 통해 감응을 일으킨다. 혼백(魂魄) 개념으로 보면, 혼은 하늘로 가고 백은 땅에 남는다.

이 땅속의 백에 좋은 기운이 스며들면, 백은 여전히 자손과 교류하며 동기감응을 매개하게 된다. 만약 백이 감응할 수 없는 탁한 땅에 묻히면, 그 기운은 흐려지고, 후손은 복이 아니라 화를 입게 될 수도 있다는 것이다. 동기감응은 음택풍수의 핵심이자, 풍수지리가 왜 인간의 삶에 깊이 영향을 미치는가에 대한 근본 해석이다.

조상의 묘를 정성껏 모시는 이유, 집터와 건물에 생기를 불어넣으려는 노력, 이 모든 것이 단지 형식적인 관념이 아니라, 보이지 않는 기(氣)의 파장을 통한 공명(共鳴)의 실천이다. 결국 풍수는 우리가 어디에서 살아야 하는가를 묻는 학문이 아니다. 그보다는 우리가 어떻게 자연과 감응하며 살아갈 것인가를 묻는 철학이다.

2) 동기감응을 과학으로 연결

고대의 풍수 이론은 오랜 세월 동안 신비주의 혹은 직관적 감성의 영역으로 간주했다. 그러나 20세기 후반부터 현대과학은 점차 풍수의 핵심 개념, 즉 동기감응(同氣感應)의 가능성을 실험과 연구를 통해 조명하기 시작했다.

'기(氣)의 연결', '파장의 공명', 'DNA의 감응성'은 더 이상 단지 철학적 개념에 머무르지 않는다는 것이다.

(1) 유전자의 파장과 기(氣)의 연결성 - 방사성 탄소의 발견

1960년, 미국의 화학자 윌러드 프랭크 리비(Willard Frank Libby) 박사는 방사성 탄소 연대 측정법(C-14 Dating) 개발로 노벨 화학상을 받았다.

그는 인간의 체내에는 14종류의 방사성 탄소가 존재하며, 이것은 사람이 사망한 후에도 오랜 시간 동안 뼈에 남아 있다는 사실을 밝혀냈다. 이러한 연구는 풍수의 핵심 개념인 동기감응과도 일맥상통한다. 조상과 후손은 같은 혈통, 동일한 유전정보를 가지고 있으며, 이들이 방출하는 파장 역시 유사하거나 동일하다는 것이다.

그 결과, 조상의 유골에서 발산되는 기운은 후손에게 감응할 수 있다는 설명이 가능해진다. 전통적으로 조상의 제사를 4대까지 지내는 이유도 여기에 있다.

4대 이내는 유전적 공명이 강하게 작용하므로 조상의 기운이 후손에게 영향을 직접 줄 수 있으며, 세대가 멀어질수록 그 연결성은 점차 희미해진다고 본 것이다.

(2) 미군 실험 - 감정과 DNA의 실시간 교감

1993년, 미국 육군 생명과학부는 인간의 감정이 세포조직에 어떤 영향을 미치는지에 대한 흥미로운 실험을 진행하였다.

그 결과는 과학 전문지 《Advance》에 소개되며 큰 반향을 일으켰다. 한 피험자의 세포조직에서 채취한 DNA를 별도로 분리하여 수십 미터 떨어진 실험실에 두고, 피험자는 다른 방에서 감정 자극을 유도하는 극단적인 영상물을 시청하였다. 전쟁 장면, 사고 현장 등 감정의 파동이 클 때, 떨어져 있던 DNA가 즉각적인 전기 반응을 보이는 것이 확인되었다. 이 실험을 주도한 클리버 백스터(Cleaver Baxter) 박사는 이후 수백 킬로미터 떨어진 거리에서도 동일한 실험을 반복하였고, 결과는 동일하게 나타났다. 즉, 감정의 에너지는 시간과 공간의 제약을 받지 않고, 같은 유전자를 공유하는 세포에 그대로 전달될 수 있다는 것이다. 이는 바로 풍수에서 말하는 기(氣)의 연결, 그리고 동기감응의 논리를 현대과학이 간접적으로 입증한 사례로 볼 수 있다.

결국 세포가 같은 장소에 있든, 수백 킬로미터 떨어져 있든 결과는 마찬가지였으며, 피험자가 감정적 경험을 하면 DNA는 여전히 몸 안에 있는 듯 즉시 반응했다.

이는 만물을 연결하는 형태의 장으로서 의식이 있는 존재라는 것이다. 이 에너지의 장은 같은 DNA끼리 서로 연결되어 있다는 것이다. 이것이 바로 동기감응이다.

《디바인 매트릭스: 무엇이 우리의 삶을 결정하는가?》 그렉 브레이든 지음, 김시현 옮김, 굿모닝미디어, 2008)

3) 식물로 본 동기감응

동기감응(同氣感應)의 이론은 비단 인간과 조상, 자연과 사람 사이의 기(氣) 순환에서만 작용하는 것이 아니다. 우리 주변의 식물이나 생물, 자연물 또한 특정 모양과 기운을 통해 사람의 몸과 감응하고, 치유의 효능을 발휘할 수 있다. 이는 오래전부터 동양의학에서 중요하게 여겨져 온 원리이며, 오늘날의 임상에서도 실제 적용되는 생생한 지혜로 자리 잡고 있다.

(1) 비슷한 형태는 같은 에너지로 통한다

예로부터 사람들은 같은 형태, 같은 성질을 가진 식물이나 생물이 사람의 비슷한 기관이나 증상에 효과가 있다고 믿어왔다. 이는 단순한 미신이 아니라 유사한 파장과 기운이 서로 통한다는 풍수의 동기감응 원리와 깊은 연관이 있다. 뼈가 약해졌을 때는 오골계나 우족을 먹고, 눈이 좋지 않을 때는 소의 생간을 섭취한다.

이러한 음식 재료들은 인체의 대응 기관과 관련된 형상이나 성분을 갖고 있기 때문이다.

(2) 자연의 형태와 인체의 연결

자연 속의 식물이나 생물들도 그 형상이 인간의 특정 부위와 유사한 경우, 그 기관의 치료에 효과를 발휘한다고 여겨진다.

① 호두(호도, 胡桃)는 외형이 사람의 뇌와 비슷해, 실제로 두뇌 활동을 촉진하고 기억력 향상에 도움이 된다고 알려져 있다.

② 지네는 몸통이 마치 척추처럼 길고 마디가 나뉘어 있어, 허리 통증이나 디스크 같은 증상에 효능이 있는 것으로 전해진다.

③ 옥수수는 알갱이와 줄기의 구조가 치아와 비슷하다는 점에서 잇몸 건강과 치아 강화에 좋으며, 실제로 관련 약품이 다양하게 활용되고 있다.

④ 민들레 줄기나 잎을 자르면 흰 즙이 나오는데, 이는 여성의 모유 분비 촉진에 좋다고 하여 민간요법에서 자주 사용되었다.

⑤ 우슬(쇠무릎풀)은 마치 소의 무릎처럼 생긴 뿌리를 가지고 있어, 무릎 관절 질환이나 퇴행성 관절염 등에 효과적인 한약재로 이용된다.

이렇듯 형상이 같거나 유사한 성질을 지닌 자연물은 사람의 그에 해당하는 기관이나 기운과 서로 연결되어, 동기감응의 원리에 따라 치료의 효과를 낳는다고 본 것이다.

(3) 풍수와 의학의 만남

자연치유의 원리는 단지 의학의 영역에만 머무르지 않는다.

풍수지리학에서 말하는 기(氣)의 흐름, 그리고 동종 에너지의 상호 작용이라는 관점으로 볼 때, 자연의 사물과 인간의 신체가 같은 에너지 파장을 지니고 감응한다는 것은 지극히 당연한 이치로 받아들여진다. 즉, 비슷한 형태는 같은 기운을 담고 있으며, 그 기운은 사람의 탈이 난 부위에 영향을 미쳐 회복을 돕는다는 것이다.

이것이 바로 풍수의 동기감응이 동양의학에서 실질적으로 응용되는 방식이다.

- 기운은 모양을 따라 흐른다.

'기운은 모양을 따른다.'라는 말처럼, 모든 사물은 자신만의 형상과 기(氣)를 지니며, 그 기운은 자연스럽게 비슷한 성질의 사물과 공명을 일으킨다. 식물과 생물이 사람과 감응하는 방식은 풍수지리가 단지 땅의 위치나 방향만을 보는 학문이 아니라, 자연 전체와 인간의 조화로운 상생을 추구하는 지혜라는 점을 다시금 보여준다.

결국, 풍수는 단순한 공간 이론이 아니라 우리의 삶, 건강, 환경, 심지어 음식과 약재까지도 아우르는 전인적(全人的) 삶의 철학인 셈이다.

8

장풍득수(藏風得水)
- 바람을 감추고, 물을 얻는 지혜 -

　풍수지리를 한마디로 압축하면 '장풍득수(藏風得水)'라는 말로 표현할 수 있다.

　이는 '바람을 피하고, 물을 얻는다'라는 뜻으로, 풍수에서 말하는 명당의 핵심 요건이기도 하다. 자연의 기운을 어떻게 모으고 활용할 것인가에 대한 가장 기본적인 원칙이며, '배산임수(背山臨水)'와도 같은 맥락으로 이해할 수 있다.

　우리나라의 지리적 여건에서도, 겨울철 찬 바람(북서 계절풍)을 막고 농경에 필요한 수자원을 확보할 수 있는 지형이 바로 이러한 풍수적 조건에 부합하는 명당이라 할 수 있다. 풍수에서는 산맥의 흐름(용맥)이 생기(生氣)를 머금고 흐르는 통로라고 본다. 그리고 그 생기를 잘 받아들이고 보존하는 역할을 하는 것이 바로 물(水)이다.

용과 수는 서로 보완하는 관계로, 기운을 저장하고 응축시키는 공간(혈)을 형성하려면 바람을 막고, 물을 머금어야 한다.

즉, 장풍(藏風)은 기운이 흩어지는 것을 방지하는 역할을 하며, 득수(得水)는 기운을 모아주는 결정적인 요소가 되는 것이다.

중국 동진시대 때 곽박(郭璞)이 지은 풍수 고전 『금낭경(錦囊經)』에서도 "풍수 지법은 물을 얻는 것이 으뜸이며, 그 다음은 바람을 피하는 것이다(風水之法 得水爲上 藏風次之)."라고 강조하였다.

사람은 산이 없는 곳에서는 살 수 있지만, 물이 없이는 살 수 없는 것과 같은 맥락으로 보면 된다. 물이 있는 곳에 사람이 모이고, 사람이 모이는 곳에 시장이 열리고, 도시가 형성되고 결국 도읍이 된다.

물이 작용하지 못하면 용(龍)은 혈을 맺지 못한다. 바람은 공기를 순하게 유통시키기도 하지만, 아울러 땅속에서 생성된 생기(生氣)를 흩어 놓기도 한다. 그러한 기를 흩어지지 않도록 하는 것이 바로 물의 역할이다. 물은 생기가 흩어지지 않도록 산맥을 따라 양쪽에서 보호하고 인도하며, 바로 직선으로 진행하는 산을 멈추도록 하여 생기를 이는, 곧 물의 존재가 생명의 근원이며, 그 물이 생기를 머물게 하고, 사람이 살기 좋은 터를 만드는 데 결정적인 역할을 한다는 의미이다.

1) 장풍(藏風) - 생기를 지키는 바람

풍수에서 바람은 양택(살아 있는 사람이 거주하는 집)이나 음택(묘지)을 막론하고 기운을 흩트리는 위험 요소로 간주한다.

세상의 모든 생명은 우주에 가득 찬 기(氣)를 받아 생겨난다. 이 기운이 모이면 생명이 움트고, 흩어지면 생명은 쇠하고 소멸한다. 이처럼 생사의 관건은 바로 기운의 모임과 흐름이며, 바람은 그 기운을 흩트리는 가장 큰 변수가 되기 때문에 풍수에서는 이를 반드시 조절해야 할 요소로 여긴다.

곽박은 『장경(葬經)』에서 "기(氣)는 바람을 만나면 흩어진다(氣乘風則散)."라고 하였다. 그래서 좋은 터를 만들기 위해서는 먼저 바람을 순화시키고 막아주는 지형이 필요하다. 특히 겨울철 북쪽에서 불어오는 찬 삭풍은 매우 강력한 기류이지만, 이를 뒤쪽 산세가 부드럽게 감싸고 있으면 바람은 따뜻하게 순화되어 생기를 품은 터로 바뀌게 된다. 이처럼 기운을 지키고 생기를 모으는 바람의 조절작용을 '장풍'이라 한다.

2) 득수(得水) - 생기를 모으는 물

물은 생명을 유지하는 데 필수적이며, 풍수에서는 물을 단지 자원의 개념으로만 보지 않고 기운의 그릇으로 여긴다. 즉, 생기를 품은 산맥(용)이 흐를 때, 그 기운을 담고 머물게 해주는 것이 바로 물이다.

『장경』에서는 "기란 물의 어미다(氣爲水之母)."라고 하였는데, 이는 곧 물이 기운을 담고 있는 그릇이라는 의미이다. 물은 구름이 되어 하늘로 올라가기도 하고, 땅으로 스며들어 생기를 품은 샘이 되기도 하며, 때로는 강과 하천이 되어 생명의 터전이 된다.

풍수 고서에는 다음과 같은 말이 전해진다.

"물이 깊으면 부자가 나고, 물이 혈 앞을 지나 직선으로 흘러가면 패가망신한다."

"물이 돌아 감싸주면 좋고, 등을 지면 흉하며, 물이 급하게 흐르면 재앙이 따른다."

"물이 빠져나가는 수구(水口)가 보이면 안 된다."

"물이 맑고, 느리게 흐르며, 멈추어 돌면 재물운이 따른다."

이처럼 풍수에서는 물의 흐름과 형태, 위치가 재물, 복, 화복을 좌우한다고 보며, 그 중요성은 아무리 강조해도 지나치지 않다.

장풍득수는 곧 생기를 지키는 길로, 기운을 보호하고 모으는 풍수의 핵심 이론이며, 좋은 명당을 이루는 가장 기본적인 조건이다.

바람은 생기를 흩트리기 때문에 잘 감싸는 지형이 필요하며, 물은 생기를 모아주는 역할을 하기에 적절한 물길이 있어야 한다. 사람은 산이 없어도 살 수 있지만, 물이 없이는 살아갈 수 없다. 그래서 물이 있는 곳에 사람이 모이고, 사람이 모이는 곳에 시장과 도시, 그리고 국가의 도읍이 형성되는 것이다. 장풍득수는 단지 음택의 묘지를 위한 조건이 아니라 삶의 터전인 양택, 더 나아가 도시와 국가를 이루는 핵심 원리이기도 하다. 풍수는 결국 자연과 사람이 하나 되는 터전을 찾아 그 안에 건강하고 복된 삶을 구현하고자 하는 지혜의 학문이다.

(조산과 안산 및 청룡 백호: 포천 김질 묘역)

제2장

풍수지리 이론

1. 풍수지리 용어 정리
2. 사신사(四神砂)
3. 산의 종류
4. 수의 형태

1
풍수지리 용어 정리

풍수지리에서 산을 '용(龍)'이라 하고, 그 산맥을 '용맥(龍脈)'이라 부르며, 사방의 지형을 '사신사(四神砂)'라 하여 동쪽은 청룡(靑龍), 서쪽은 백호(白虎), 남쪽은 주작(朱雀), 북쪽은 현무(玄武)로 상징한다. 이 사신사가 바르게 갖추어지고 기운이 응집되는 곳에 '혈(穴)'이 형성되며, 그 자리가 명당이다.

・간산(看山)
산에 들어가 풍수의 원리를 따라 지형을 점검하고, 생기가 모인 길지를 찾아 혈을 찾는 것.
・감여(堪輿)
천지의 기운을 하나의 틀로 보고 풍수를 분석하며 논하는 이론적 접근을 의미.

- **기(氣)**

  생명체나 물체에서 나오는 에너지. 풍수에서는 주로 지기(地氣)를 지칭하며, 생기의 원천이다.

- **간룡(幹龍)**

  사람의 등줄기에 비유되는 산맥의 주된 줄기. 큰 산에서 혈을 향해 뻗어 내려온 중심 용맥을 말한다.

- **감결(監訣)**

  현장에서 용(龍), 혈(穴), 사(砂), 수(水)의 구성 상태를 정밀하게 살펴 길흉을 판단하는 행위.

- **거수(去水)**

  혈 앞으로 물이 빠져서 나가는 것을 가리킨다.

- **곡장(曲墻)**

  바람으로부터 묘를 보호하기 위하여 묘 주위를 둘러싼 토담을 말한다.

- **과협(過峽)**

  산과 산을 연결하는 고개 지점으로, 벌의 허리처럼 잘록한 곳. 생기를 이어주는 탈살 작용이 있다.

- **관쇄(關鎖)**

  수구(水口) 양쪽 끝이 청룡과 백호에 의해 좁아져 물길이 자물쇠처럼 막히는 구조. 기운을 보호한다. 배 한 척이 지나가지 못할 정도로 관쇄가 되면 매우 길하다고 한다.

• 광중(壙中)

시신을 매장하는 경우 묻는 구덩이를 가리키며, 겉 내광(內壙)과 속 내광을 합하여 부르기도 한다.

• 굴곡(屈曲)

물이나 산이 오가는 모양이 이리저리 굽어져서 지현(之玄) 모양으로 상하좌우로 굽어지는 형태를 말한다. 풍수에서 산이나 수(水)가 굴곡함은 생동함에 비유되며, 생룡의 이치로 아주 길하게 본다.

• 기맥(氣脈)

생기가 지나가는 통로로 산줄기를 말하며 풍수에서는 용맥(龍脈)이라고 한다.

• 규봉(窺峰)

일명 월견(越肩)이라 하며, 앞이나 뒤나 좌우에서 혈을 향해 언뜻언뜻 넘겨다보는 작은 산봉우리로, 마치 숨어서 담장을 넘어 방 안을 들여다보는 형상이다. 혈을 향해 작게 언뜻언뜻 보이는 작은 산봉우리를 말한다. 재물을 손해 보거나 관재구설, 화재 등으로 집안에 우환이 생기고, 재산을 잃고 끝내 망하기도 한다. 하지만 앞에서 보이는 것이나 대 명당에서는 규봉의 역할이 미미하다.

• 나경(羅經)

패철이라고도 하며, 360도를 24방위로 나누고, 다시 지반정침, 인반중침, 천반봉침으로 나누어지고 용상팔살, 삼합오행, 천산72룡, 투지60룡, 봉침분금, 팔요풍 등이 동심원을 이루면서 그려져 있는 방위 측정 기구이다.

• 납골당(納骨堂)

화장한 유골을 모시는 공간. 일반적으로 유골함을 보관하는 장소이다.

• 내광(內壙)

광중을 할 때 일정한 깊이까지는 넓게 파 내려가다가 혈처에 이르러 관이 들어갈 정도로 좁게 판 것. 보통 폭 60센티, 깊이 50센티, 길이 2m로 한다. 탈관의 경우나 이장(移葬) 시에는 더 좁게 한다.

• 냉혈(冷穴)

용맥이 없고 사방이 막혀 있어 기가 흐르지 않는 차가운 땅. 시신이 부패하지 않는 흉지.

• 단산(斷山)

산줄기가 도로나 공사 등으로 인해 끊어진 상태. 생기의 흐름이 단절되어 흉하다.

• 독산(獨山)

산줄기가 이어지지 않고 홀로 떨어져 외롭게 솟은 산이다. 독산은 보통 혈을 맺지 못하는 경우가 대부분이다. 때론 은맥이 연결되어 생기를 받아 결지조건을 갖추면 혈이 될 수 있다.

• 동산(童山)

돌과 암석으로 이루어져 식물이 자라지 않는 산. 흉지로 분류된다.

• 득수(得水)

혈에서 보아 혈 앞으로 흐르는 물로, 물이 처음 시작되는 지점을 말한다.

• 맥(脈)

　산줄기를 말하며, 산의 흐름으로 기운이 이동하는 길. 용맥(龍脈)이라 한다.

• 명당(明堂)

　혈 앞마당을 말하나, 혈을 포함한 주변의 평평한 땅을 포함하여 명당이라 한다. 생기가 응결된 지점이다. 즉, 혈이나 혈장보다는 좀 더 넓은 개념으로 혈의 앞을 내명당, 그 밖을 외명당이라 한다.

• 목산(木山)

　형태가 삼각형을 이루나 정상이 모나지 않고 평평한 산이다. 목산이 청수하면 대귀하고 준결한 사람이 나타난다. 덕성, 관운이나 발전에 관여하는 산으로 여긴다.

• 배면(背面)

　산이나 혈의 앞뒤를 가리키는 용어. 앞은 완만하고 뒤는 경사진 형태를 말한다.

- 박환(剝換)

  바위처럼 험준한 물체가 세월 속에 비바람과 햇빛을 받아 점차 삭아 흙으로 바뀌어 순해지는 과정을 말한다. 이는 뾰족하고 거친 산이 오랜 시간에 걸쳐 둥글게 다듬어지거나 흘러내리며, 단단한 바위가 점차 삭아 들어가 돌도 흙도 아닌 상태인 '비석비토(非石非土)'로 변해 가는 것이다. 박환이 클수록 귀한 혈이 맺힌다.

- 백호(白虎)

  백호는 혈의 오른쪽에서 혈을 보호하는 형세를 말한다. 가까운 산을 '내백호', 먼 산을 '외백호'라 하며, 혈을 중심으로 우측을 지키는 역할을 한다.

- 비보풍수(裨補風水)

  우리나라의 전통적인 풍수 사상으로, 부족한 지세를 보완하고 과한 부분은 덜어내어 조화를 이루려는 지리관이다. 예를 들어, 국토에 허함이나 병이 있을 때 절이나 탑을 세워 기운을 보완하고, 바람을 막기 위해 방풍림을 조성하는 등 인위적으로 지세를 조절하는 행위를 비보라 한다.

- 상지(相地)

  땅을 관찰하여 좋은지 나쁜지를 판단하는 일을 말하며, 이와 관련된 기술이나 학문을 각각 상지술, 상지학이라 부른다.

- 사(砂)

  혈을 에워싼 주변의 모든 산봉우리를 뜻하며, 현대적으로는 주택 주변의 모든 건물도 사에 포함된다. 풍수에서 말하는 사신사(四神砂)는 청룡, 백호, 주작, 현무를 일컫는다.

• 사룡(死龍)

　사룡은 생기가 없는 용맥을 말하며, 굴곡이나 기복 없이 일직선으로 뻗은 산줄기를 뜻한다. 이러면 혈이 맺히기 어렵다.

• 산경표(山經表)

　조선 영조 때 여암 신경준(申景濬)이 옛 지도에 나타난 산맥을 도표로 정리한 책이다. 전국의 산맥을 하나의 대간(大幹), 하나의 정간(正幹), 13개의 정맥(正脈)으로 규정하고, 여기에서 다시 가지처럼 뻗은 기맥(氣脈)까지 족보 책을 엮듯이 상세하게 분류 기록한 책이다.

• 삼재(三才)

　우주와 인간 세계의 기본 구성요소인 천(天)·지(地)·인(人)을 말하며, 풍수에서는 천문, 지리, 그리고 사람에 관한 모든 것이 조화를 이루도록 터와 시간을 잡는 것을 말한다. 풍수가를 '삼재를 터득한 사람'이라 부르기도 한다.

• 삼재(三災)

　민간에서 신앙이 되는 사람에게 닥치는 세 가지 재해(災害)로 수재(水災)·화재(火災)·풍재(風災)가 있다. 십이지(十二支)로 따져 들게 되는데, 사(巳)·유(酉)·축(丑)이 든 해에 태어난 사람은 해(亥)·자(子)·축(丑)이 되는 해에 삼재가 들고, 신(申)·자(子)·진(辰)이 든 해에 태어난 사람은 인(寅)·묘(卯)·진(辰)이 되는 해에 삼재가 들며, 해(亥)·묘(卯)·미(未)가 든 해에 출생한 사람은 사(巳)·오(午)·미(未)가 되는 해에 삼재가 들고, 인(寅)·오(午)·술(戌)이 든 해에 출생한 사람은 신(申)·유(酉)·술(戌)이 되는 해에 삼재가 든다.

- **상부(相符)**

  청룡과 백호가 혈장을 중심으로 나란히 뻗어 있는 형국을 말한다. 이 경우 후손 간에 우애가 약하고 다툼이 자주 일어난다고 본다.

- **생기(生氣)**

  자연의 상태에서 흙 속에 머무는 것으로, 우주와 자연을 변화시키고, 천지 만물을 창조하고 생육하는 빛, 산소, 물, 영양분, 온도 등 다양하고 복합된 기운이다.

- **생토(生土)**

  산의 겉면을 덮고 있는 흙을 걷어내면 돌도 흙도 아닌 상태가 나오는데, 보기에는 돌 같으나 만지면 흙처럼 곱게 바스러진다. 바로 생기가 응집되거나 흘러가는 통로로 홍황자윤(紅黃滋潤)의 비석비토(非石非土)가 좋다.

- **사성(莎城)**

  사성(砂城)이란 수도권과 경기도 일원에서는 묘지(墓地)를 만들고 묘지(墓地)의 봉우리를 감싸게 하여 묘지(墓地)의 두뇌에서 양쪽으로 날개처럼 만들어서 바람을 막기 위하여 인위적으로 만들어 놓은 것이다. 남쪽 지방(地方)의 묘에서는 찾아보기가 힘들다.

- **석산(石山)**

  박환이 덜 이루어져 아직 토질이 암석이나 돌로 된 산이다. 생기를 품지 못한 산으로 불가 장지의 대표적인 곳이다.

- 소수(消水)

  물이 밖으로 빠져나가는 위치를 말한다.

- 소조산(小祖山)

  생기 에너지를 응결시키는 입수가 있기 직전에 생기가 집합된 산으로 주산(主山) 혹은 현무라고도 부른다. 혈(穴)이 멈춘 바로 뒤의 큰 산을 말한다.

- 수구(水口)

  혈(穴)의 앞에서 보아 물이 마지막으로 빠지는 지점을 가리킨다.

- 수맥파(水脈波)

  수맥이 흙 또는 암반에 부딪힐 때 발생하는 일종의 에너지 파장으로, 인체에 해로운 에너지 파장이다.

- 안대(案對)

  묘의 방향을 정할 때 안산이나 조산의 봉우리와 일치시키는 좌향법의 일종이다.

- 안산(案山)

  혈 앞에 낮게 엎드린 산, 집터나 묏자리의 맞은편에 있는 산이다. 주인이 손님과 마주 앉은 책상과 같은 역할을 한다. 높으면 눈썹 정도고, 낮으면 배꼽의 위치로 보여야 좋다.

- 암장(暗葬)

  남의 땅에 몰래 장사를 지내거나, 남의 묘를 파내거나 그 위에 조상의 시신을 묻는 경우를 말한다.

• 압혈(壓穴)

혈 앞에 안산(案山)이나 조산(朝山)이 혈보다 지나치게 높으면서 가까이 있으면 혈의 생기를 눌러 흉하게 하는 경우를 말한다.

• 양기(陽氣)

태양의 빛, 따뜻한 기운, 생명력을 가진 양의 속성의 기운으로, 자연을 변화시키는 주된 에너지이다.

• 역수(逆水)

물길이 혈을 향해 들어오는 형상으로, 풍수는 재물이 몰려온다고 해석하여 귀하게 본다. 산과 물이 반대로 가는 상황에 해당한다. 명당수라고도 한다.

• 요풍(凹風)

용맥의 일정 부분이 푹 꺼져서 그 너머로 들이나 물, 산이 보이고, 이 부분을 통해 혈로 불어오는 흉한 바람을 말한다. 청룡 부분이면 장남이 요절하고, 백호면 작은아들, 딸이 화가 미친다고 한다.

• 용(龍)

산줄기를 가리키며, 일어섰다 엎드렸다 하는 산줄기를 용이 꿈틀거리며 달려가는 모습으로 본 것이다.

• 위이(逶迤)

앞으로 비스듬히 가로막으며 굽이쳐 나가는 형상으로, 살아서 움직이는 것이다.

• 월견(越肩)

일명 '규봉(窺峰)'이라 하며, 청룡과 백호, 안산 등 혈을 향해 언뜻언뜻 넘겨다보는 산으로, 마치 구경꾼이 담장을 넘어 방 안을 들여다보는 형상이다. 풍수적으로 흉(凶)하다.

- 유혈(乳穴)

용맥이 늘어지면서 혈장의 핵심인 혈심을 향해 봉긋하게 도드라진 형상이며, 여자의 가슴과 같은 모양이라 하여 유혈이라 한다. 우리나라의 음택 명당은 대부분 유혈에 해당한다.

- 육탈(肉脫)

시신을 땅에 묻으면 피와 살은 썩어 흙으로 돌아가는데, 이를 육탈이라 한다. 특히 겨울철에는 육탈이 잘 이루어진다.

- 음풍(陰風)

산세가 험준한 곳에서 골짜기를 따라 자연적으로 형성되는 차가운 바람을 의미한다. 음풍은 혈 주변의 산세나 입수, 묘 앞의 전순 등을 훼손하거나 허약하게 만들 수 있으며, 주거지의 경우 암 발생의 원인이 되기도 한다.

- 입수(入首)

혈을 만들기 위해 최종적으로 생기 에너지를 응결시킨 곳으로, 묘의 바로 뒷부분의 볼록한 부분이다.

- 용맥(龍脈)

산의 능선을 의미하며, 큰 산줄기, 즉 산맥을 가리킨다. 풍수에서 매우 중요한 요소로, 혈을 생성하는 에너지의 흐름이라 볼 수 있다.

- 장법(葬法)

사람의 시신을 지리적인 이치에 맞추어 장사 지내는 방법을 말하며, 장례의 갈무리 방식이다.

• 전순(氈脣)

혈장의 바로 앞에 맞닿아 있으면서 혈장의 생기를 보호하고 지탱해 주는 역할을 담당한다. 묘 앞 끝부분의 평범한 땅, 흙이나 암석으로 되었고, 단단하고 크고 길면 좋다.

• 절(節)

산의 맥이 흐르다 멈추거나 좌우로 꺾이는 지점을 말하며, 나무의 마디와 같은 개념이다. 풍수에서는 중요한 변화 지점으로 본다.

• 조산(朝山)

혈 앞쪽의 안산 너머로 높고 웅장하게 서 있는 산으로, 모양은 마치 새가 날개를 펼치고 날아가듯이 우아하고 수려한 것을 최고로 친다. 앞의 멀고 높은 산을 통틀어 조산이라고 한다. 혈 앞에 멀리 있는 산은 조산(朝山)으로 쓰이며, 혈 뒤에 멀리 있는 산은 조산(祖山)으로, 한자로 구분한다.

• 조산(祖山)

태조산에서 줄기가 뻗어와 기봉하면서 멈춘 크고 높은 산을 말하며, 혈의 발원점이 되는 중요한 산이다.

• 좌향(坐向)

좌는 시신의 머리 방향이고, 향은 발의 방향을 가리킨다. 좌는 사람의 무덤에서의 머리 쪽 부분. 앉은 뒤편의 방향. 360°에서 좌우로 나누어 뒤편의 180° 부분. 180도 앞부분을 향이라 한다.

• 주산(主山)

　혈을 맺게 해주는 혈 뒤쪽에 높게 솟은 산을 일컫는다. 마을이나 도읍지를 보는 양기론 풍수에서는 진산(鎭山)이라 부른다. 뒷산을 말한다.

• 주작(朱雀)

　혈의 앞쪽에서 혈을 지켜주는 산으로, 조안산(朝案山)과 같은 개념이다. 새가 날개를 펼치듯 수려한 형상일수록 명당으로 여긴다.

• 지각(枝脚)

　내룡의 몸체에 붙은 작은 산줄기로, 내룡이나 지룡의 방향을 지탱하거나 변화시켜 주는 역할을 한다.

• 지룡(支龍)

　내룡보다 작고 가지처럼 뻗은 산줄기로, 내룡에서 갈라져 나온 작은 산맥이다.

• 진혈(眞穴)

　눈에 잘 보이진 않지만, 기운이 모인 자리로, 혈임이 증명된 혈(穴)을 말한다. 영혼을 편안하게 하며, 좋은 운을 발복시켜 성공한다고 한다.

• 천마사(天馬砂)

　산봉우리가 연이어 높이 솟은 산으로, 말의 등처럼 생긴 산이다. 복을 빨리 가져온다고 한다. 건(乾), 오(午)자에 천마가 있으면 속발한다.

• 천옥(天獄)

　둘러싸인 산(山)이 너무 높고 하여 마치 병풍을 둘러놓은 것처럼 되고, 들어오고 나가는 곳이 없는 것을 말한다. 이런 곳은 마치 감옥이나 다를 바가 없다. 하지만 가끔 시인이나 소설가 등이 나오기도 한다.

- 충염(蟲炎)

  광중이 습하거나 자갈과 모래가 섞여 있어 개미, 뱀, 쥐 등의 벌레가 서식하는 흉한 형태를 말한다.

- 천장지비(天藏地秘)

  하늘이 감춰두고 땅이 비밀스럽게 숨겨준 곳이란 뜻으로, 보통 큰 대명당을 말한다.

- 청룡(靑龍)

  혈의 좌측에서 혈을 감싸주는 산줄기로, 생기를 보호하고 외부의 기운을 막아주는 역할을 한다.

- 태조산(太祖山)

  혈의 발원이 되며, 혈에서 가장 멀리 떨어져서 위용이 빼어난 산이다. 한국의 태조산은 백두산이다.

- 파구(破口)

  혈의 앞에서 물이 흘러 빠져나가는 지점을 말하며, 물의 빠져나가는 방향이 바로 보이면 흉하다고 본다. 수구가 보이지 않도록 숨겨진 형태가 이상적이다.

- 현무(玄武)

  주산을 말하며, 거북이처럼 원만한 산세로 혈을 향해 예를 표하듯이 고개를 숙인 것이 으뜸이다.

- 혈(穴)

  생기 에너지가 최고로 응집된 지점으로, 명당의 핵심에 해당한다.

혈장(穴場)과 같은 의미로 사용되며, 묘지의 경우 시신이 놓인 지점을 말한다.

• 화표(華表)

물이 빠져나가는 수구(水口) 사이에 있는 산(山)인데, 서로 마주 보고 있어서 물이 그 사이로 빠져나가게 되는 형태로, 마주 보고 대치해 있는 산(山)을 말한다.

• 회도살(回到殺)

하관하는 순간의 일진(日辰)을 보면, 산 사람이 화를 입을 수 있다는 이론이다. '호충'을 피해야 하며, 하관 시점 전후 3분을 보지 않는 것으로 예방할 수 있다고 한다.

• 환포(環抱)

용호나 물줄기가 혈을 둥글게 감싸는 지형을 의미하며, 풍수에서는 매우 좋은 형세로 간주한다.

• 혈토(穴土)

홍(紅)황(黃)자(紫)흑(黑)백(白)의 오색이 밝고 단단하며 기름진 흙이다. (非石非土)

• 홍황자윤(紅黃滋潤)

진혈의 흙 색깔은 붉고 노란빛이 밝게 감돌아야 좋다. 진혈토(眞穴土)라고도 한다.

2

사신사(四神砂)

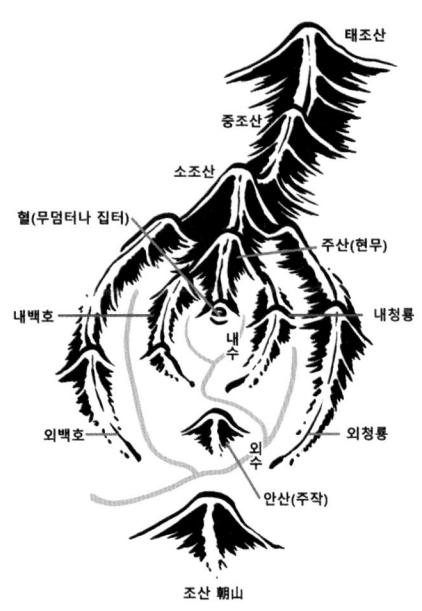

1) 사신사란?

　사신사란 풍수지리에서 혈(穴)을 중심으로 사방에 위치하여 혈을 감싸고 보호해 주는 네 가지 주요 산세를 말한다. 이는 고대 동양철학의 사방신 개념과 연결되어 풍수에서 매우 중요한 개념으로 사용된다. 사신사는 혈장의 안정성과 생기 유입, 외부 기운의 차단과 같은 기능을 수행하여, 명당의 형세와 길흉을 판단하는 핵심 요소가 된다.

(1) 청룡(靑龍)

　혈의 좌측에 있는 산줄기로, 곡선처럼 부드럽게 뻗어 내려오며 혈을 포근히 감싸주는 형상을 이상적으로 여긴다. 청룡은 바람을 막고 생기를 받아들여 혈로 이끄는 역할을 하며, 풍수적으로는 문서 운, 지혜, 장남의 운과 연결된다. 청룡이 높고 길며 우아하게 뻗어 내려와 감싸주는 형세를 '좌청룡'이라 하여 명당의 조건으로 삼는다.

　혈에서 보아 청룡이 여러 겹으로 겹쳐 있어 산 너머에 또 다른 산이 보일 때에는 가장 가까운 곳에 있는 청룡을 '내청룡'이라 하고, 내청룡 뒤에 있는 산을 '외청룡'이라 한다.

(2) 백호(白虎)

　혈의 우측에 있는 산줄기로, 청룡보다 다소 낮고 짧으며 억센 기세를 띠지 않는 것이 좋다. 백호는 혈의 생기를 지켜주는 방어적 역할을 하며, 풍수적으로는 여성 운, 부인, 재물운과 관련이 있다. 우측의 백호가 너무 강하거나 높으면 기세가 세어 충돌과 분쟁, 재난을 초래할 수 있으므로, 좌측 청룡보다 낮고 부드러운 형세가 길하다. 혈이나 명당에 가까이 있는 백호를 '내백호'라 하고, 내백호 뒤에 있는 산맥을 '외백호'라 한다.

(3) 주작(朱雀)

주작은 혈(穴)의 앞에 있는 모든 산을 말한다. 전순부터 멀리 있는 조산까지의 산을 모두 말하며, 바로 앞에서 혈과 마주하는 산을 안산(案山)이라 하고, 좀 멀리 떨어진 산을 조산(朝山)이라 한다. 안산의 높이는 높지 않아야 하며, 조산 또한 유정해야 좋다. 멀리 조산(朝山)이 받쳐주면 이상적이다.

주작은 혈의 기운이 발현되는 출구로, 생기가 자연스럽게 펼쳐지는 방향이며 출세, 명예, 후손의 번영과 관련된다. 주작의 형태가 안정되고 힘이 있어서 마치 노적봉의 형태를 이루고 있으면 부자가 배출되고, 문필봉 형태를 이루고 있으면 관직으로 출세하는 인물이 나온다.

(4) 현무(玄武)

혈의 배후(뒤쪽)를 든든하게 떠받치는 산세로, 일반적으로 가장 높고 웅장한 주산(主山)이 여기에 해당한다. 혈판에 가장 가까운 곳에 취기(聚氣)된 산봉우리로, 내룡의 기운이 결집하여 혈(穴)에 지기를 직접 전달하고 있어서 사신사 중에서 가장 중요한 곳이다. 현무는 크고 웅장하며 힘차야 한다. 살아서 움직이듯 꿈틀거리며 위용(威容)이 있으면서도 순하여야 한다. 현무는 혈을 생성하고 지탱하는 근본적인 에너지의 원천으로 안정, 조상 운, 기초, 수명 등과 관련된다. 현무는 너무 높아도, 너무 가파르게 내려와도 좋지 않으며, 거북이처럼 둥글고 완만하게 혈을 내려다보며 감싸는 형세가 이상적이다.

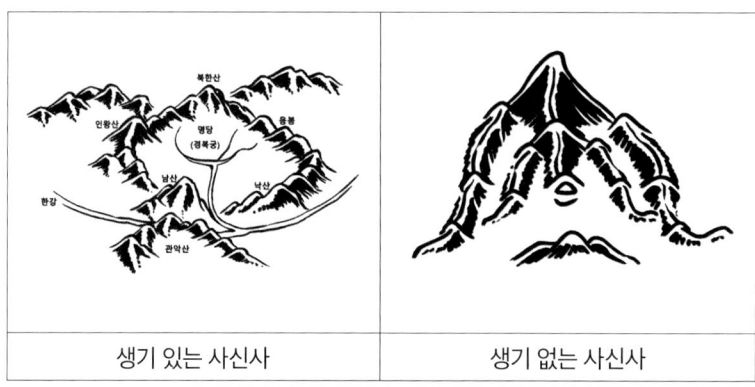

| 생기 있는 사신사 | 생기 없는 사신사 |

2) 사신사의 조화

사신사는 청룡이 감싸고, 백호가 따르고, 현무가 받치며, 주작이 조응하는 형국일 때 명당이라 한다. 이 네 방향이 균형을 이루고 조화를 이룰 때, 혈은 생기를 최대한 응집할 수 있으며, 인간에게는 건강, 장수, 재복, 자손 운, 출세 운 등 여러 방면에서 좋은 기운을 준다.

방향	신명(神名)	상징색	동물 상징	의미 및 작용
동	청룡(靑龍)	푸름	용	지혜, 문서, 장남, 생기 수용
서	백호(白虎)	흰색	호랑이	재물, 부인, 지킴, 감정 조절
남	주작(朱雀)	붉음	새	명예, 출세, 기운의 발산
북	현무(玄武)	검정	거북이	조상, 근원, 안정과 보호

3) 사신사의 응용사례

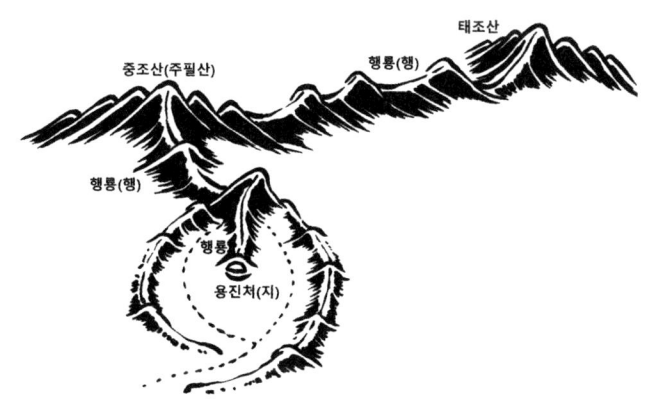

　사신사의 이론은 단순한 상징이 아니라 실제 지형 분석과 공간 배치, 묏자리 선택, 주거지 구성에 적용되는 실질적 원칙이다. 묘지(음택), 주거지(양택), 도시 설계, 건축 배치 등 다양한 사례에 사신사 개념이 응용되어 사용하고 있다.

(1) 음택풍수: 조선시대 왕릉의 배치

조선 왕릉 중 대표적인 예인 건원릉(태조 이성계의 능)은 사신사의 원칙에 따라 자리 잡았다.

- 현무: 북쪽에는 주산인 구리 검암산 줄기가 능 뒤를 든든히 받친다.
- 청룡: 좌측 산세는 부드럽고 길게 이어지며, 생기가 능으로 스며들도록 유도한다.
- 백호: 우측 산세는 청룡보다 낮고 짧아 균형과 안정감을 준다.
- 주작: 능 앞은 시야가 탁 트인 평지에 안산 너머로 멀리 조산 역할을 하는 산이 자리하고 있다.

이처럼 사신사의 형국이 조화를 이루는 곳은 혈의 안정성과 생기 유입이 뛰어나 후손의 번창, 왕업의 지속성으로 연결된다고 믿었다.

(2) 양택풍수: 전통 한옥의 배치 원리

전통 한옥의 입지나 배치도 사신사의 원칙에 근거를 두었다.

- 현무: 안채 뒤편에 높은 담장이나 언덕, 산을 두어 안정감을 부여했다.
- 청룡: 집 좌측에 나무나 담장, 또는 창고 등을 두어 지혜와 문서 운을 상징하는 기운을 끌어들인다.
- 백호: 집 우측은 청룡보다 낮은 담이나 길로 설계해 여성과 가정의 안정을 꾀했다.
- 주작: 대문 앞은 마당이나 마을 길이 열려 있어, 생기와 기운이 앞으로 자연스럽게 흐르도록 구성했다.

이러한 구조는 단지 미관뿐 아니라 건강, 재물, 자녀 교육 등 실생활의 길흉에 영향을 준다고 여겨졌다.

(3) 신도시 아파트 단지 배치

신도시에서 명당의 조건을 참고하여 설계된 일부 고급 아파트 단지는 다음과 같은 배치를 취한다. 아파트 단지의 뒤쪽(현무)에는 나지막한 언덕이나 공원이 배치되어 심리적 안정감을 유도한다.

좌측(청룡)에는 도서관, 문화센터, 초등학교 같은 교육시설이 배치되어 학업과 지혜의 기운을 상징한다.

우측(백호)에는 주차장이나 상가가 위치하되, 규모나 높이를 좌측보다 낮게 조정한다. 전면(주작)에는 공원이나 도로가 있어 시야가 트이고 개방감을 준다.

이러한 배치는 주민에게 심리적 안정감, 사회적 기운, 생활의 균형을 제공하는 설계 전략이다.

(4) 상징적 응용: 사무실·책상 배치

풍수는 작은 공간에도 적용할 수 있다. 사무실 배치나 책상 정리도 사신사의 원리를 응용할 수 있다.

- 현무: 책상 뒤에 벽이 있거나 높은 책장이 있어야 등 뒤가 든든하다.
- 청룡: 좌측에는 노트북이나 자료 파일 등 지식과 관련된 도구 배치.
- 백호: 우측은 마우스, 전화기 등 실무적 장비 배치. 과하게 높거나 복잡하지 않게.

- 주작: 앞면을 탁 트이게 하여 시야를 확보하고 기운의 흐름을 좋게 한다.

이런 원리는 집중력 향상, 대인관계 개선, 업무 성취에 도움이 된다.

3
산의 종류

1) 산의 형태

 풍수지리에서 산의 기운은 해당 지역이나 그곳에 거주하는 사람들의 운명에 큰 영향을 미친다. 산의 형태에 따라 그 산이 주는 기운이 다르고, 이는 사람들의 삶과 직결될 수 있다. 각 산의 형태에 따라 구분되는 기운을 설명하는 중요한 개념으로 주인형, 방룡형, 반배형으로 구분해 보았다. 이들은 각각 그 지역이나 장소에 거주하는 사람들의 성격, 운명, 경제적 위치 등을 나타내며, 그에 맞는 기운의 흐름이 어떻게 나타나는지를 결정한다.

 (1) 주인형(主人形)

위엄이 있는 산으로, 목금성체(木金水體)의 기운을 지니고 있다.

산의 형태가 강하고 균형이 잘 잡혀 있으며, 산이 중심을 잡고 기운을 모은다는 특징이 있고, 이 산은 주인처럼 강하고 웅장하며 위엄을 갖춘 형태로, 지도력과 부유함을 상징한다.

주인형 산은 그 지역에 강력한 지도자나 경제적으로 부유한 사람이 배출될 가능성이 크고, 이 산은 안정적이고 조화로운 기운을 만들어내며, 지역 내에서 중심적인 역할을 한다. 목금성체의 산은 자연의 흐름을 그대로 받아들이며, 그 지역에 안정성과 풍요를 제공한다. 이런 산이 있는 지역은 경제적으로 번영하고, 강한 지도자나 성공적인 인물을 배출하는 경향이 많아, 고위직에 오른 사람이나 유력한 인물이 나오는 경우가 많다.

(2) 방룡형(傍龍形)

기운이 분산되거나 기운이 중심에 모이지 않는다는 특징이 있다.

산의 중심이 낮고, 좌우로 휘거나 기운이 분산되어 흐름이 불안정한 형태로, 방룡형 산은 주인형 산에 비해 기운이 약하고, 산의 기운이 주인형 산과 비교했을 때 덜 집중적이다. 방룡형 산은 강한 지도자나 경제적으로 부유한 사람을 배출하는 데 어려움이 있을 수 있고, 이 산은 주로 주인형 산의 옆에서 호종하는 형태로, 그 기운을 보조하는 역할을 한다. 이 산은 강한 성취나 주도적인 위치를 만들기보다는 주변에서 도움을 주는 역할에 정도로 생각하면 된다. 방룡형 산이 있는 지역은 주인형 산에 비해 경제적 성취나 권력적인 위치가 약할 수 있지만, 주변의 보조적 역할로 인해 풍요롭거나 안정적인 생활을 유지할 수 있다.

(3) 반배형(反背形)

이 산은 모체 산에 응(應)하지 않으며, 산이 마주 보지 않고 등을 지고 돌아서는 형태로 갈라지거나 기운이 없으며, 그 기운이 제대로 흐르지 않거나 흩어져 있는 산이다. 반배형 산은 갈라지고 도망가는 산이다.

산은 배반이나 기운의 결핍을 초래할 수 있는 산으로, 이 산을 따르는 사람은 배반당하거나 피해를 보는 경우가 많다. 이 산은 기운이 잘 흐르지 않아 성공적인 인물이 배출되기 어렵고, 불리한 기운을 지닌 산이다. 반배형 산이 있는 지역은 갈라짐이나 배반을 겪을 수 있으며, 불운이나 피해를 겪는 사람이 많을 수 있다. 이러한 산은 신뢰를 잃거나 경제적 손해를 입을 가능성이 크다.

주인형 산은 강하고 균형 잡힌 기운을 가진 산으로, 성공적인 지도자나 부유한 사람을 배출하는 데 유리하며, 방룡형 산은 보조적 역할을 하며 기운이 분산되기 때문에, 강한 지도자나 경제적 성공을 끌어내기에는 부족할 수 있다.

반배형 산은 기운이 결핍되고 갈라지며 배반이나 피해를 초래할 수 있어, 불리한 운명을 만들어내기 쉬운 형태이다.

풍수지리에서 이러한 형태의 산들은 기운의 흐름을 결정짓는 중요한 요소로, 각각의 산이 만들어내는 기운에 따라 그 지역의 성격이나 사람들의 운명이 달라질 수 있다.

형태	산의 형태
주인형	
방룡형	
반배형	

2) 오성산(五星山)의 성질

오성산(五星山)은 풍수지리에서 중요한 역할을 하는 다섯 가지 주요 산의 유형을 정의하는 개념으로, 오행(五行)의 이론을 바탕으로 각 산의 특정한 기운을 상징하며, 그 기운을 통해 인간 세계와 자연의 상호작용을 설명한다. 오행은 목(木), 화(火), 토(土), 금(金), 수(水)의 다섯 기운으로 나누어지며, 각 산은 그에 상응하는 성질을 갖고 있다.

오행에서 '수'는 물과 같이 수직으로 하강하는 기운의 성질을 나타내며, '화'는 불과 같이 확산하며 폭발하는 기운을 말하고, '목'은 나무와 같이 수직으로 상승하는 기운, '금'은 금속과 같이 수축력이 강한 기운, '토'는 여러 가지 기운을 모두 포함하여 균형을 이루는 기운을 말한다. 오성산은 오행의 각각의 성질을 가진 산을 말하며, 목성산, 수성산, 토성산, 금성산, 화성산 등 다섯 가지로 나눈다. 목산, 수산, 토산, 금산, 화산, 또는 행자를 넣어서 부르기도 한다.

〈베트남 다낭의 오성산〉

'목성산(木星山)'은 산의 형태가 정상부에 세모꼴 나무형태의 모양을 이룬 산을 말하며, 수직으로 상승하는 기운이 많은 산이다. 청수하면서 높이 솟아 겉으로는 강하나 안으로는 유순하며 양명하다. 특히 목성산 중에서도 산의 정상부가 마치 붓의 끝부분같이 뾰족한 산을 문필봉(文筆峰)이라 한다. 문필봉의 대표적 지역은 임실군 삼계면의 박사마을과 강화도 초피봉의 이건창 생가, 하회 마을의 양진당에서 보이는 안산이다.

목성산이 있는 지세에서는 학문을 숭상하는 사람들이 많이 배출되고, 고급 공무원이 많이 나타난다.

* 목성산의 형태는 곧으나 모나지 않으며, 성질은 유순한 것이 특징이다.

'화성산(火星山)'은 산의 정상부의 끝이 뾰족한 봉오리가 높이 솟아 마치 하늘을 찌르는 듯한 형태를 닮은 산을 말한다. 확산과 발산의 성질이며, 불은 기운이 폭발하는 기질을 띠고 있다. 서울의 도봉산과 관악산이 대표적인 화성산의 형태이다.

화성산이 사신사로 보이는 지역에서는 화재가 발생하기도 한다.

*화성산의 형태는 불꽃같이 폭발하는 성격으로, 산의 바로 밑에는 혈을 결지하지 못한다.

'토성산(土星山)'은 산의 형태가 정상부가 평평하게 수평으로 펼쳐진 산으로, 그 형체가 순후(純厚)하다. 묵직한 느낌을 주며, 일자문성(一字文星)이라고도 한다. 오행에서 토는 중용을 말하므로, 균형을 이룬 상태를 나타내고 있다. 경상북도 구미시에 있는 고 박정희 대통령의 선산 앞에는 천생산이 안산으로 있는데, 이 산이 바로 토성산의 형태이다. 고 육영수 여사의 고향인 충청북도 옥천군 생가 바로 옆에도 토성산이 있다.

| 구미 천생산 | 옥천 마성산 |

깨끗하고 잘생긴 토산이 있는 곳에서는 왕후장상이나 대현군자 등을 배출한다. 토성산이 흉하면 어리석은 사람이나 유약한 사람이 태어나고, 때론 감옥에 가는 사람을 배출한다.

* 토성산의 형체는 포용하며 반듯하고, 모나지 않고 중용하며 고요하다.

'금성산(金星山)'은 산의 정상부 형태가 전체적으로 둥근 모양을 한 형태로, 철모나 종, 바가지를 엎어 놓은 듯한 부드러운 산을 말한다. 노적가리를 쌓아 놓은 형태와 유사하다 하여 노적봉(露積峰)이라고도 한다.

금성산이 있는 지역에서는 재물이 많이 모여 부자가 되는 사람이 많다. 경주 최 부잣집과 노태우 전 대통령의 대구 생가에도 금성산 형태의 안산이 있다.

* 금성산의 형체는 둥글고, 성질은 고요하며 움직이지 않는다.

　'수성산(水星山)'은 산 정상부에 뚜렷한 봉우리는 솟아 있지 않고 부드러운 봉우리가 연속적으로 이어져 마치 물이 흐르는 듯한 형태의 산을 말한다. 거의 비슷한 크기의 봉우리가 연결된 것이 특징이며, 마을이나 음택 뒤에 병풍처럼 둘러친 산의 모습도 수성산의 형태이다. 예산 추사 김정희 고택의 안산이 수성산의 형태이다.

　*수성산의 형체는 움직이지만 고요하고, 성질은 온순하다.

4

수의 형태

풍수에서 물은 상당히 중요하다. 『금낭경』에서 물에 관하여 '풍수지법 득수위상 장풍차지(風水之法 得水爲上 藏風次之)'라고 한 말처럼, 풍수의 법은 "물을 얻음이 먼저이고 다음으로 장풍의 보국이다."라고 했다.

산은 풍수에서 인물을 관장하고, 물은 재물을 관장한다고 한다.(山管人丁 水管財物)

풍수고서인 『지리인자수지』에서는 물의 형세에도 대소(大小), 원근(遠近), 심천(深淺)에 따라 길흉이 있는데, 혈에서 볼 때 물이 직접 부딪히지 않고 명당이 기울지 않으며, 물의 흐름이 빠르거나 급하지 않고, 물길이 등을 돌려 달아나는 형상이 아니고, 명당으로 들어오는 물은 보여도 밖으로 빠져나가는 물은 보이지 않아야 길한 수세(水勢)의 요건이 되는 것이라 하였다.

풍수에서는 혈 앞으로 흘러오는 것을 득(得), 흘러가는 것을 파(破)라고 한다. 또 물의 기본적인 형세인 득수(得水), 취수(聚水), 거수(去水)를 물의 삼세라고 한다. 득수는 혈이 물을 얻는 것으로, 유정하게 흘러와 감아주며 구불구불하면서 천천히 들어와야 길격(吉格)이다. 취수는 득수한 물이 혈 앞에 모여드는 것으로, 많이 고여 있으면 좋다. 연못이나 저수지, 호수 등은 상당히 좋은 것이다. 거수(去水)는 혈 앞에 모인 물이 보국을 빠져나가는 것을 말하며, 혈 앞을 직류로 흘러가면 흉(凶)하고, 혈을 감싸주며 천천히 나가야 좋은 것이다.

1) 오성수(五星水)의 형태

풍수지리에서 산의 형태와 물의 형태를 오행(五行)으로 차용하여, 산과 마찬가지로 물에서도 오행을 배속해서 목, 화, 토, 금, 수를 오성수(五星水)라 한다.

금성수, 수성수, 토성수는 기를 잘 갈무리하여 좋은 것으로 보고 화성수, 목성수는 흉한 기를 누설시켜 흉하게 본다.

① 목성수

수세가 혈을 중심으로 일직선으로 곧게 뻗어나가는 직류수를 말하며, 흉한 물길이다.

② 화성수

물의 흐름이 불꽃처럼 날카롭게 각진 모양으로 돌아 급격히 방향을 틀어 흐르는 물이다. 급류 직거하는 흉한 물의 종류이다.

③ 토성수

혈의 앞 좌우 어느 방향이든 일직선으로 흐르는데, 어느 쪽이든 직진으로 굽어 흐르는 형태로, 혈의 앞을 감싸주면 길하고 반배하면 흉하다.

④ 금성수

수세가 혈장을 중심으로 둥글게 환포되어 유정하게 흐르는 물로, 오행수 중 가장 길한 물길의 흐름이다. 용과 혈이 반대로 등을 돌려 흐르면, 이것을 반궁수라고 한다.

⑤ 수성수

물길이 구불구불 굴곡하여 흘러가는 모양, 빙글빙글 돌아가는 형상으로 극히 귀한 물이며, 둥글게 환포하면 더 좋다.

2) 길한 물의 종류

① 진응수(眞應水)

혈이 맺힌 산자락 양쪽에서 보이지 않게 흘러 혈장 앞에 솟아나는 샘물을 말하며, 『지리인자수지』에서는 물이 많고 작음을 불문하고 깨끗하고 맛이 좋아야 한다고 했다. 항시 물이 마르지 않아야 한다.

② 요대수(腰帶水)

물길이 땅을 휘감아 흐르는 물로 물길 안쪽에 해당하는 곳으로 길격(吉格)의 수이다. 금성수와 같은 말이다.

③ 호수(湖水)

강이나 하천에서 흘러나오는 물이 모인 곳으로 자연 호수나 저수지, 댐 등이 해당한다. 깨끗하고 맑으면 길격(吉格)이다.

④ 암공수(暗拱水)

청룡이나 백호, 안산 밖에서 흐르는 큰물을 말한다. 혈에서 모이지는 않지만, 보국의 기운을 밖으로 나갈 수 없게 하여 좋으면 상당한 길격(吉格)이다.

진응수	요대수
호수	암공수

3) 흉한 물의 종류

① 견비수(牽鼻水)

주룡을 따라온 원진수가 혈 앞에서 직선으로 나가는 것으로 재물이 파산되고 요절하게 된다. 원진수가 직출(直出)하게 되면 산수가 횡란(橫蘭)하여 막아주어야 한다.

② 반궁수(反弓水)

물길이 굽어 흐를 때, 감싸주는 바깥쪽에 위치하여 보이는 물길을 말하며, 등을 돌리고 흐르는 현상을 말한다. 흉하고, 가난하고, 이별한다.

③ 임두수(淋頭水)

혈의 뒤에 맥이 없어 골이 파인 곳을 따라 물이 묘두로 흘러내리는 물을 말하며, 이 경우 인정(人丁)이 끊겨 절사(絶嗣)한다. 와혈(窩穴)과 겸혈(鉗穴)에서 조심해야 한다.

④ 폭포수(瀑布水)

높은 산이나 계곡에서 소리 나게 쏟아지는 물을 말하며, 혈에서 폭포수 소리가 들리면 집안이 상하고 망한다.

견비수	반궁수
임두수	폭포수

제3장

음양오행 및 나경론

1. 음양오행(陰陽五行)
2. 나경론(羅經論)

1
음양오행(陰陽五行)

　풍수지리학은 동양사상의 핵심 이론 중 하나인 음양오행(陰陽五行) 이론을 근간으로 한다. 이는 명리학을 비롯한 동양철학 전반의 기초를 이루는 사상으로, 자연과 인간, 우주 만물의 생성과 소멸, 변화의 원리를 설명하는 체계이다.

　음양(陰陽)은 세상에 존재하는 모든 것이 상반된 두 가지 성질을 지니고 있다는 음양설(陰陽說)에 기반한다. 크고 밝고 뜨겁고 상승하는 것은 양(陽), 작고 어둡고 차갑고 하강하는 것은 음(陰)으로 구분된다. 이처럼 음과 양은 대립하면서도 서로 보완하고 의존하는 관계로, 어느 하나만으로는 존재할 수 없고, 반드시 함께 존재하며 끊임없이 순환하고 변화한다.

　풍수지리에서는 이 음양을 하나의 에너지(Energy)로 간주하여, 양기

(陽氣)는 하늘에서 내려오는 천기(天氣), 음기(陰氣)는 땅속에서 올라오는 지기(地氣)로 해석한다. 공기, 바람, 햇빛, 온도 등 외부적이고 상승적인 에너지가 양기라면, 땅속의 수분, 영양분, 지열 등 내부적이고 수렴적인 에너지는 음기로 본다. 이러한 음기와 양기가 서로 조화를 이룰 때, 하나의 생명력 있는 기운이 형성된다.

한편, 오행(五行)은 음양의 영향을 받아 만물이 생성되고 소멸하는 과정을 다섯 가지 원소, 즉 목(木), 화(火), 토(土), 금(金), 수(水)로 나누어 설명하는 이론이다. 이 다섯 가지는 각각 고유의 성질과 상호작용을 가지며, 생(生)하고 극(剋)하며 변화하는 순환의 원리를 따른다. 이는 자연계는 물론 인간의 심리, 건강, 환경, 공간 구성 등 다양한 영역에 적용되어 풍수지리의 실제 활용에 중요한 지침이 된다.

결국, 음양오행이란 음양설과 오행설을 통합한 이론으로, 모든 자연 현상과 인간 삶의 변화를 이해하고 조화롭게 조정하려는 동양사상의 중심 개념이라 할 수 있다.

1) 음양(陰陽)

음양은 동양사상에서 사물의 이치를 설명하기 위한 기본 개념으로, 춘추전국시대에 이르러 구체적인 철학 체계로 발전하였다. 처음에는 사물을 구분하는 부호적 개념으로 출발했지만, 점차 현실 세계의 대상을 실제로 음양이라는 성질로 나누어 설명하는 방식으로 자리 잡았다. 모든 사물과 현상은 서로 대립하고 상반된 두 측면을 가지며,

그중 한 측면을 음(陰), 다른 한 측면을 양(陽)이라 한다. 예를 들어, 크고 밝고 상승하는 외향적인 성질은 양으로, 작고 어둡고 하강하는 내향적인 성질은 음으로 분류된다. 이러한 음양의 원리는 사물의 생성과 변화, 발전의 원인을 설명하는 동양사상의 핵심이며, 특히 주역(周易)을 비롯한 고전에서 중심 철학으로 다뤄진다. 서양 철학의 상대성 또는 이원론(二元論)과 유사한 개념으로, 우주에 존재하는 모든 만물은 이 음양의 조화 속에서 생성된다고 본다.

우주의 이치와 인간 사회의 현상은 모두 상대적인 음양 구조로 이해된다. 하늘이 있으면 땅이 있고, 해가 있으면 달이 있으며, 따뜻함이 있으면 차가움이 있는 것처럼, 모든 존재는 짝을 이루며 균형을 이룬다. 이를 현대적 개념으로 환원하자면, 플러스(+)와 마이너스(-)의 전기적 관계와도 유사하다고 볼 수 있다. 음과 양은 고정된 것이 아니라, 서로 교체하며 변화하는 속성을 지닌다. 이 변화는 '소장(消長)'이라 하여, 한쪽 기운이 극에 달하면 반대 성질이 생겨나는 자연의 순환을 의미한다.

우주는 끊임없이 순환하며 무한하게 변화하지만, 그 속에는 변하지 않는 일정한 질서가 존재한다. 양의 기운이 동(動)하여 극에 이르면 음의 기운이 생성되고, 음의 기운이 정(靜)하여 극에 이르면 다시 양의 기운이 동하여 생사의 순환을 반복한다. 이처럼 음과 양은 서로가 원인이자 결과가 되어 조화를 이루며 펼쳐지는 양기와 움츠리는 음기의 성질이 교차하며 우주와 인간의 현상을 지속해서 변화시키는 것이다. 우주에 존재하는 모든 사물은 음과 양으로 구분되지 않는 것이 없으며, 음양의 원리는 풍수지리를 비롯한 동양사상의 근간이 되는 세계관이자 생명의 원리라고 할 수 있다.

음양의 원리를 살펴보면, 하늘은 양이고 땅은 음이며, 태양은 양이고 달은 음이다. 이처럼 낮과 밤, 여름과 겨울 등 음과 양은 항상 우리의 일상과 자연 속에 공존하고 있다. 그러나 이 음양은 단순히 '밝음은 양, 어둠은 음'과 같은 절대적인 개념으로 구분되지 않는다.

음양은 상대적인 개념이다. 어떤 사물이나 현상도 고정된 음 또는 양으로만 존재하지 않으며, 항상 서로에게 영향을 주고받는다. 즉, 양 속에도 음이 있고, 음 속에도 양이 존재하는 것이다. 예를 들어, 조개의 딱딱한 껍데기는 음에 속하지만, 그 안에 있는 부드러운 속살은 양에 해당한다. 반대로 감이나 복숭아와 같은 과일은 부드러운 겉은 양이지만, 그 안의 딱딱한 씨는 음이다.

이처럼 음과 양은 서로 떨어져 존재할 수 없으며, 반드시 함께 존재하고 상호 작용한다. 양은 밝고 따뜻하며, 동적이고 분열하려는 성질이 있으며, 음은 어둡고 차분하며, 정적이고 통일하려는 성질을 갖고 있다. 이 두 기운이 조화를 이루게 되면 만물이 성장하고 번성하게 된다.

우리의 일상에도 음양의 원리는 살아 숨 쉬고 있다. 제사를 지낼 때 두 번 절하는 것은 음(陰)의 상징인 죽은 이를 향한 예이기 때문이며, 살아 있는 사람에게는 양(陽)의 기운으로 한 번 절한다. 결혼식장에서 신랑이 오른쪽에 서고 신부가 왼쪽에 서는 것도, 부부가 잠자리를 함께할 때 남편은 오른쪽, 아내는 왼쪽에 눕는 것도 모두 음양의 조화 원리를 따른 것이다.

『주역(周易)』의 〈계사전(繫辭傳)〉에는 '일음일양지위도(一陰一陽之謂道)'라는 말이 있다. 이는 "하나의 음과 하나의 양이 바로 도(道)이다."라는 의미로, 우주의 모든 운동과 변화는 음과 양이라는 서로 다른 두 기운이 승부 작용과 상호작용을 반복하면서 이루어진다는 것을 뜻한다.

결국, 음과 양이 균형과 조화를 이루는 상태가 곧 도(道)이며, 이 도를 따르는 삶이 곧 풍수와 인간 삶의 바른길이라 할 수 있다.

2) 음양(陰陽)의 분류

◆ 음양의 대표적인 예

- 천지(天地): 하늘은 양이고, 아래는 음이다.
- 전후(前後): 전은 양이고, 후는 음이다.
- 고저(高低): 높으면 양이고, 낮으면 음이다.
- 일월(日月): 해는 양이고, 달은 음이다.
- 명암(明暗): 밝은 것은 양이고, 어두운 것은 음이다.
- 부모(父母): 아버지는 양이고, 어머니는 음이다.
- 남녀(男女): 남자는 양이고, 여자는 음이다.
- 철요(凸凹): 철은 양이고, 요는 음이다.
- 자웅(雌雄): 수컷은 양이고, 암컷은 음이다.
- 표리(表裏): 겉은 양이고, 속은 음이다.
- 강약(强弱): 강한 것은 양이고, 약한 것은 음이다.
- 면배(面背): 면은 양이고, 배는 음이다.

- 동정(動靜): 움직임은 양이고, 정지함은 음이다.
- 승강(昇降): 상승은 양이고, 하강은 음이다.
- 진퇴(進退): 나아감은 양이고, 물러섬은 음이다.
- 개폐(開閉): 열림은 양이고, 닫힘은 음이다.
- 성쇠(盛衰): 성함은 양이고, 쇠함은 음이다.
- 주객(主客): 주체는 양이고, 객체는 음이다.
- 활정(活靜): 생기 있고 활발한 것은 양이고, 정적이고 고요한 것은 음이다.
- 낙엽과 새싹: 봄에 돋는 새싹은 양이고, 가을에 떨어지는 낙엽은 음이다.
- 아침과 저녁: 해가 떠오르는 아침은 양이고, 해가 지는 저녁은 음이다.
- 생사(生死): 삶은 양이고, 죽음은 음이다.

양(陽)	적극적	가벼움	낮	상승	외향	운동	직선
음(陰)	소극적	무거움	밤	하강	내향	정지	곡선

양(陽)	동(動)	천(天)	밖(外)	명(明)	철(凸)	남(男)	양택(陽宅)
음(陰)	정(靜)	지(地)	내(內)	암(暗)	요(凹)	여(女)	음택(陰宅)

(1) 수(數)의 음양

- 1, 3, 5, 7, 9, 등 홀수는 모두 양에 속한다.

- 2, 4, 6, 8, 10 등 짝수는 모두 음에 속한다.

* 끝자리가 홀수(11, 47, 63)면 양, 끝자리가 짝수(22, 44, 56)면 음이다.

(2) 간지음양(干支陰陽)

- 10 천간(天干): 갑(甲), 을(乙), 병(丙), 정(丁), 무(戊), 기(己), 경(庚), 신(辛), 임(壬), 계(癸)
- 12 지지(地支): 자(子), 축(丑), 인(寅), 묘(卯), 진(辰), 사(巳), 오(午), 미(未), 신(申), 유(酉), 술(戌), 해(亥)
- 간지의 양: 갑(甲), 병(丙), 무(戊), 경(庚), 임(壬)
- 간지의 음: 을(乙), 정(丁), 기(己), 신(辛), 계(癸)
- 지지의 양: 자(子), 인(寅), 진(辰), 오(午), 신(申), 술(戌)
- 지지의 음: 축(丑), 묘(卯), 사(巳), 미(未), 유(酉), 해(亥)

3) 팔괘(八卦)

팔괘는 『주역(周易)』에 기반한 상징적 기호체계로, 동양사상의 깊은 철학을 담고 있는 구조이다. '괘(卦)'는 효(爻)라는 선으로 이루어진 상징으로, 한 개의 효는 가로획 하나로 표현되며, 양효(⚊)는 끊기지 않은 선, 음효(⚋)는 가운데가 끊긴 선으로 나타낸다. 이러한 효를 세 개씩 쌓아 올려 하나의 괘를 이루는데, 이렇게 구성된 여덟 개의 괘를 '팔괘(八卦)'라고 한다. 팔괘는 하늘과 땅, 불과 물, 산과 못, 천둥과 바람이라는 자연 현상과 방향, 인간 가족관계까지 상징적으로 담아낸 체계로, 자연의 원리를 형상화한 도식이다. 이 여덟 괘는 각기 고유의 의미와 속성을 지니며, 서로의 관계 속에서 변화와 조화를 이루어낸다.

팔괘는 다음과 같은 여덟 가지 상(象)으로 구성된다.

① 건(乾 ☰): 하늘을 상징하며, 양의 기운이 가장 강한 괘로 아버지를 뜻한다. 방위는 서북쪽이다.

② 곤(坤 ☷): 땅을 상징하며, 음의 기운이 가장 강한 괘로 어머니를 뜻한다. 방위는 남서쪽이다.

③ 진(震 ☳): 우레(천둥)를 상징하며, 생동과 시작의 기운을 나타낸다. 장남을 상징하며, 방위는 동쪽이다.

④ 손(巽 ☴): 바람을 상징하며, 부드러움과 침투력 있는 기운을 의미한다. 장녀를 뜻하며, 방위는 동남쪽이다.

⑤ 감(坎 ☵): 물을 상징하며, 깊이와 지혜를 상징한다. 중남(둘째 아들)을 의미하며, 방위는 북쪽이다.

⑥ 리(離 ☲): 불을 상징하며, 밝음과 명료함을 뜻한다. 중녀(둘째 딸)를 의미하며, 방위는 남쪽이다.

⑦ 간(艮 ☶): 산을 상징하며, 멈춤과 안정, 경계의 의미를 지닌다. 막내아들을 의미하며, 방위는 동북쪽이다.

⑧ 태(兌 ☱): 못(연못)을 상징하며, 기쁨과 수용의 의미를 지닌다. 막내딸을 의미하며, 방위는 서쪽이다.

팔괘는 단순한 기호가 아니라 자연과 인생의 원리를 형상화한 철학적 도식이다. 풍수지리에서는 이 팔괘를 바탕으로 땅의 형세, 인간의 삶, 공간의 구조를 해석하며, 집터나 묘터 등의 길흉화복을 판단하는 데 핵심적인 기준이 된다. 태극기에도 건, 곤, 감, 리 네 개의 괘가 사용되어 음양과 사상의 조화를 상징하고 있다.

〈 팔괘의 성정 〉

곤(坤)	간(艮)	감(坎)	손(巽)	진(震)	리(離)	태(兌)	건(乾)
곤삼절	간상련	감중련	손하절	진하련	리중절	태상절	건삼련
☷	☶	☵	☴	☳	☲	☱	☰
음(陰)	양(陽)	양(陽)	음(陰)	양(陽)	음(陰)	음(陰)	양(陽)
노모	소남	중남	장녀	장남	중녀	소녀	노부
토(土)	토(土)	수(水)	목(木)	목(木)	화(火)	금(金)	금(金)
서남	동북	북	동남	동	남	서	서북
未坤申	丑艮寅	壬子癸	辰巽巳	甲卯乙	丙午丁	庚酉辛	戌乾亥

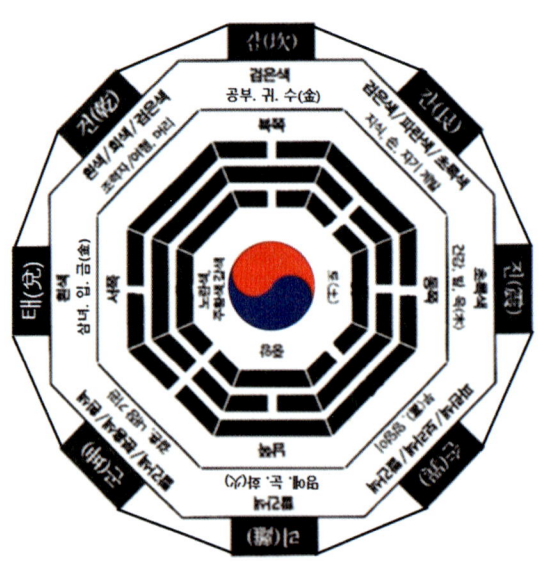

숫자	1	2	3	4	5	6	7	8
부호	☰	☱	☲	☳	☴	☵	☶	☷
팔괘	건	태	리	진	손	감	간	곤
사상	태양		소음		소양		태음	
양의	양				음			
태극	태극							

* 팔괘의 양: 건(乾) 진(辰) 감(坎) 간(艮)
* 팔괘의 음: 태(兌) 리(離) 손(巽) 곤(坤)

다시 강조하면 팔괘(八卦)는 역학(易學)의 기본 구조를 이루는 기호체계로, 각각의 괘(卦)는 '효(爻)'라 불리는 세 개의 선으로 구성된다. 이때 연속된 하나의 직선(—)은 양효(陽爻)라 하며, 중간이 끊어진 선(--)은 음효(陰爻)라고 한다. 이렇게 음효와 양효가 세 개씩 조합되어 총 여덟 가지의 괘, 즉 팔괘가 만들어진다.

팔괘는 자연의 다양한 현상과 인간의 삶을 상징적으로 표현하며, 각각의 괘는 음과 양의 비율에 따라 구분된다. 세 개의 효 중 양효가 하나뿐일 경우에는 음괘(陰卦)로, 음효가 하나뿐일 경우에는 양괘(陽卦)로 본다. 이처럼 팔괘는 단순한 선의 조합을 넘어서 자연, 인간, 사회의 원리를 상징하는 중요한 도구로 활용된다.

4) 오행(五行)

우주의 삼라만상은 음(陰)과 양(陽)으로 구분되며, 이 둘은 상반되는 성질을 가지고 있다. 음과 양은 서로의 존재를 인정하고 상호작용을 통해 변화와 균형을 이룬다. 이 음양의 이론을 바탕으로, 자연의 모든 현상과 존재가 오행(五行)으로 분류된다. 오행은 목(木), 화(火), 토(土), 금(金), 수(水)의 다섯 가지 기운으로 구성되어 있으며, 각 기운은 음과 양으로 나뉜다.

오행의 기운은 서로 상생(相生)하고 상극(相剋)을 반복하며, 우주와 자연의 변화를 이끌어낸다. 각 요소는 특정한 법칙에 따라 성쇠(盛衰)와 화복(禍福)의 과정을 거친다. 즉, 오행의 기운은 일정한 주기에 따라 변화하고, 이 변화의 법칙에 따라 모든 만물은 탄생하고, 성장하며, 소멸하는 것이다.

◆ 목(木); 성장과 발전

목은 나무의 기질처럼 수직으로 상승하는 기운을 의미한다. 봄을 뜻하는 기운으로, 솟아나는 기운이 강하고, 처음 시작하는 의미를 내포하고 있다. 목은 화양기(和陽氣)에 속하며 교육, 기획, 컨설팅 등 창조적이고 발전적인 활동을 상징한다. 목의 성질은 성장과 발전을 의미하며, 무엇인가를 시작하고 계획하는 과정에 적합한 에너지를 발산한다.

◆ 화(火); 에너지와 열정

화는 여름을 뜻하는 기운이다. 불꽃처럼 모든 기운을 사방팔방으로 확산시키려는 성질을 지닌다. 불은 힘에 의해 격렬하게 분출되며,

마치 태양열과 같은 뜨겁고 강한 기운을 지닌다. 여름이면 나무가 무성하고 꽃이 만개하는 것도 이 화의 기운이 확산하려는 현상과 관련이 있다. 화는 열정적이고 뜨겁다. 광고, 마케팅, 인터넷, 명예 등의 분야에서 이 화의 성질을 드러낼 수 있다.

◆ 토(土); 안정과 균형

토는 계절과 계절을 연결하는 중간의 기운으로 목, 화, 금, 수의 기운을 골고루 함유하고 있다. 토는 균형을 유지하려는 작용을 하며, 서로 다른 기운이 분열되지 않도록 포용하는 성질을 지닌다. 계절로는 환절기(換節氣), 즉 각 계절에서 다른 계절로 이어지는 중간에 위치한다. 부동산, 집, 터전과 관련된 의미를 지니며, 안정과 조화를 상징한다.

◆ 금(金); 정리와 질서

금은 가을을 뜻하는 기운이다. 수축하고자 하는 힘의 기운을 지니며, 가을에 서늘한 숙살기(肅殺氣)가 발동하면 모든 물체가 쌀쌀한 기운으로 변화하면서 중심점을 향해 움츠러든다. 이는 금의 성질을 반영하는 현상이다. 금은 결실을 맺는 의미가 있으며 금융, 재무, 회계, 경찰, 끝맺음과 같은 분야에서 중요하다. 금은 정리, 마무리, 마감 등의 역할을 한다.

◆ 수(水); 흐름과 유동성

수는 겨울을 뜻하는 하강하는 기운이다. 물은 항상 아래를 향하고

자 하는 성질을 지닌다. 겨울의 기운과 함께 혹한기(酷寒氣)가 되면 온도가 아래로 내려가고, 모든 생명체는 거의 활동을 중지한다. 이는 다음 계절을 위한 준비 과정으로 들어가는 시기이다. 수는 지식, 학문, 공부, 인문학, 해외 등과 관련이 있으며, 침착하고 차분하게 사물을 깊이 이해하려는 성질을 내포하고 있다.

양(陽)	목	생명을 뚫고 나오는 첫 기운, 움직임의 시작
	화	생명이 최대로 분열하는 기운, 활발한 움직임
중립	토	계절과 계절 연결, 매개체, 중립적
음(陰)	금	생명을 수렴시키는 첫 기운, 결실, 단단함
	수	생명이 완전히 수렴된 기운, 마무리

5) 오행의 분류

(1) 천간(天干) 오행

천간	갑(甲)	을(乙)	병(丙)	정(丁)	무(戊)	기(己)	경(庚)	신(辛)	임(壬)	계(癸)
음양	+	-	+	-	+	-	+	-	+	-
오행	목	목	화	화	토	토	금	금	수	수

(2) 지지(地支) 오행

지지	자(子)	축(丑)	인(寅)	묘(卯)	진(辰)	사(巳)	오(午)	미(未)	신(申)	유(酉)	술(戌)	해(亥)
음양	+	-	+	-	+	-	+	-	+	-	+	-
오행	수	토	목	목	토	화	화	토	금	금	토	수

(3) 숫자 오행

숫자	1, 6	2, 7	3, 8	4, 9	5, 10
오행	수	화	목	금	토

(4) 방위 오행

방위	동	서	남	북	중앙
오행	목	금	화	수	토

(5) 색 오행(色五行)

색	청색	적색	황색	백색	흑색
오행	목	화	토	금	수

(6) 인체 오행

인체 내부인 오장육부도 각각의 오행이 소속되었다.

오장(五臟): 간장(肝腸), 심장(心腸), 비장(脾臟), 폐장(肺臟), 신장(腎臟)

육부(六腑): 담장(膽臟), 소장(小腸), 위장(胃臟), 대장(大腸), 방광(膀胱), 삼초(三焦)

천간	갑(甲)	을(乙)	병(丙)	정(丁)	무(戊)	기(己)	경(庚)	신(辛)	임(壬)	계(癸)
오장육부	담	간	소장	심장	위장	비장	대장	폐	방광	신장
오행	목	목	화	화	토	토	금	금	수	수

(7) 음양오행 배속표

	위치/오행	목	화		토	금	수
1	오장(五臟)	간(肝)	심장	(심포)	비(脾)	폐(肺)	신(腎)
2	육부(六腑)	담(膽)	소장	삼초	위(胃)	대장(大腸)	방광(膀胱)
3	오체(五體)	근(筋)	혈(血)		육(肉)	피(皮)	골(骨)
4	오규(五竅)	눈(目)	혀(舌)		입(口)	코(鼻)	귀(耳)
5	오지(五志)	노(怒)	희(喜)		사(思)	우(憂)	공(恐)
6	오미(五味)	신맛(酸)	쓴맛(苦)		단맛(甘)	매운맛(辛)	짠맛(鹹)
7	오색(五色)	청(靑)	적(赤)		황(黃)	백(白)	흑(黑)
8	오음(五音)	각(角)	치(緻)		궁(宮)	상(商)	우(羽)
9	오기(五氣)	풍(風)	열(熱)		습(濕)	조(燥)	한(寒)
10	방향(方向)	동	남		중앙	서	북
11	오축(五畜)	닭	양		소	말	돼지
12	오곡(五穀)	보리	기장		피	벼	콩
13	오취(五臭)	누린내	타는내		단내	비린내	썩는 내
14	오수(五數)	3. 8	2. 7		5. 10	4. 9	1. 6
15	천간(天干)	갑을(甲乙)	병정(丙丁)		무기(戊己)	경신(庚辛)	임계(壬癸)
16	지지(地支)	인묘(寅卯)	사오(巳午)		진술축미	신유(申酉)	해자(亥子)
17	계절(季節)	봄	여름		늦여름	가을	겨울
18	오상(五常)	인(仁)	예(禮)		신(信)	의(義)	지(智)
19	오채(五菜)	부추	염교		아욱	파	콩잎
20	오과(五果)	오얏	은행		대추	복숭아	밤
21	시간(時間)	자시, 축시	오, 미, 술, 해		진시, 사시	인시, 묘시	신시, 유시
22	육신(六神)	청룡	주작		구진등사	백호	현무

2

나경론(羅經論)

1) 나경(패철)의 개요

나경(羅經)은 풍수지리에서 방위를 정밀하게 측정하기 위한 도구로, 원래는 묘지를 정할 때 풍수가나 지관이 사용하였다. 이는 음양오행, 천간·지지, 육십갑자, 방위 등을 종합적으로 고려한 복합적인 측정 기구로서, "포라만상(包羅萬象) 경륜천지(經綸天地)"라는 말처럼 하늘과 땅, 우주의 이치를 담고 있다.

'나경'은 '포라만상'의 '나(羅)' 자와 '경륜천지'의 '경(經)' 자를 따온 것으로, 일명 '패철(佩鐵)'이라 불리는데, 이는 옛날 지사들이 나경을 허리에 차고 다녔기 때문이다. 둥근 원반 형태로 되어 있어 '윤도(輪圖)'라고도 한다. 나경은 양택과 음택 모두에서 길흉을 판단하는 데 반드시 사용되는 도구다.

나경의 기원은 기원전 1100년경 주나라 성왕 시대로 거슬러 올라간다. 후천팔괘를 이용하여 방위를 측정한 것이 시초이며, 이후 한나라 장량이 24방위 체계를 만들고 당나라 양균송이 이를 개량하였다. 현재의 나경은 청나라 때의 지리학자인 매곡천이 지은 『강희윤도』를 근간으로, 왕도형의 『나경투해』를 바탕으로 제작되었다. 나경은 총 36층으로 구성되어 있으나, 실무에서는 주로 9층 나경을 사용한다.

2) 나경(패철)의 구조

나경은 원형이며, 중심에는 태극이 위치한다. 태극은 음양을 의미하며, 중심의 자침은 자오선을 맞추어 방위를 측정한다. 층별 구조는 다음과 같다.

◆ **제1층: 팔요황천살**

입수룡에 대한 흉한 방위를 나타낸다. 8방향에 해당하는 진술(辰戌), 인(寅), 신(申), 유(酉), 해(亥), 묘(卯), 사(巳), 오(午)가 표시되며, 해당 방향으로 득수되면 해롭다.

◆ **제2층: 팔로사로황천살**

향(向)에 대한 황천살 방위를 나타낸다. 팔천간(甲乙丙丁庚辛壬癸)과 사로(乾坤艮巽)의 12방위가 표시되어 있어 향에서 물이 들어오는 경우 길흉을 판단한다.

◆ 제3층: 삼합오행

목국, 화국, 금국, 수국의 4국이 표시되며, 각국의 삼합 오행으로 생궁, 왕궁, 묘궁을 구성한다. 명당의 형국 판단에 중요하다.

◆ 제4층: 지반정침

24방위가 큰 글자로 표시되며, 용과 좌향 측정의 기준이 된다. 나경의 중심층으로 실측의 출발점이다.

◆ 제5층: 천산72룡

60갑자와 12공란(대공망)이 배열된 층으로, 용맥의 흐름을 세분화하여 입수룡을 판단한다. 현재는 화장률 증가로 사용 빈도가 낮다.

◆ 제6층: 인반중침

지반정침보다 7.5도 뒤쪽에 배열된 24방위로, 혈 주변 산봉우리의 사격 방위를 측정한다. 오행의 상생상극을 판단하는 데 사용된다.

◆ 제7층: 투지60룡

60갑자를 6도 단위로 나눈 60방위가 표시되어 있으며, 지기의 흐름을 확인하고 혈의 중심을 결정하는 데 사용된다.

◆ **제8층: 천반봉침**

지반정침보다 7.5도 순행된 24방위로 구성되며, 물의 방향(득수, 수구, 지호수 등)을 측정한다.

◆ **제9층: 분금**

총 120칸으로 나뉘며, 음택의 장사 시 하관 방향을 정하여 자손의 부귀와 왕정을 기원하는 층이다.

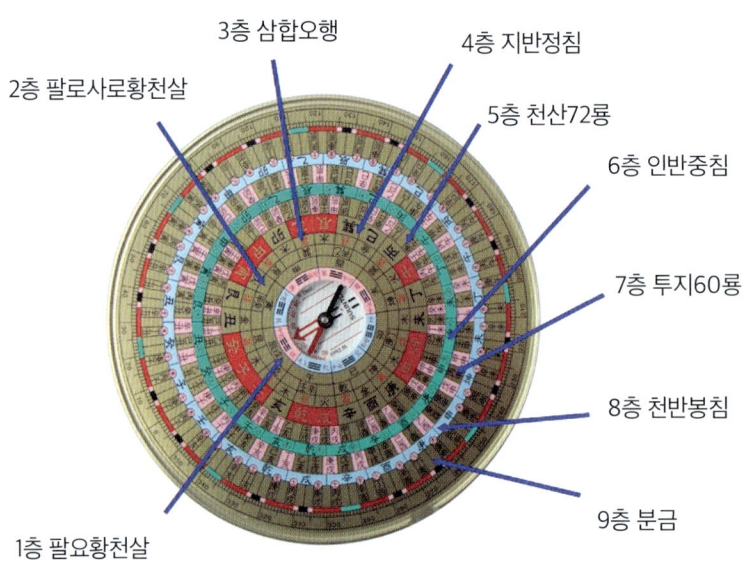

〈나경 / 출처: 풍수백화점〉

3) 정반정침(正盤正針)

나경 측정의 첫 단계는 나경을 수평으로 놓고 4층의 자침이 정확히 자오선과 일치하도록 맞추는 것이다. 자침은 보통 북쪽에 구멍이 있거나 빨간색으로 표시되어 있으며, 이를 자(子)와 오(午)가 남북으로 일치하게 조정하는 것이 정반정침이다. 철근, 전자제품 등 자성 간섭 요소를 피하는 것이 중요하다.

4) 측정방법(測定方法)

(1) 음택 측정

묘지가 있으면 상석 중앙에 나경을 두고 정반정침하여 좌향을 측정한다. 상석이 없으면 그 위치에서 측정하며, 새로운 혈처라면 중심점에서 측정한다.

주로 사용하는 층은 4층(지반정침), 6층(인반중침), 8층(천반봉침)이며, 일반적으로 4층으로 좌향을 보고 8층으로 득수를 측정한다.

(2) 양택 측정

양택의 경우 중심점의 설정이 중요하다. 건물의 중심인지, 대지의 중심인지를 먼저 파악하고 기두(起頭)를 설정해야 한다. 대지가 작고 건물이 있으면, 전체의 중심점에서 우선 나경을 정반정침하고 4층을 기준으로 방위를 측정한다. 단독주택은 가장 중심점에서 측정하고, 아파트는 현관 출입문에서 측정하는 것이 일반적이다. 새로운 대지의 경우에는 대지 중심점에서 측정한다.

측정 시에는 항상 정반정침을 우선 수행하고, 이어서 4층 지반정침을 통해 건물의 전체 방향, 부엌, 대문, 거실, 화장실 등의 방위를 세밀하게 측정한다. 측정된 결과는 팔택론(八宅論)을 바탕으로 해석하며, 감(坎)은 임자계(壬子癸), 간(艮)은 축간인(丑艮寅), 진(震)은 갑묘을(甲卯乙), 손(巽)은 진손사(辰巽巳), 리(離)는 병오정(丙午丁), 곤(坤)은 미곤신(未坤申), 태(兌)는 경유신(庚酉辛), 건(乾)은 술건해(戌乾亥)의 세 방향이 대응된다. 이러한 팔 방위 체계를 활용하여 가상의 공간 배치를 분석하고 입지를 판단한다.

제4장

양택풍수

1. 양택풍수(陽宅風水)란?
2. 고전 양택풍수
3. 동·서사택론
4. 양택풍수의 길흉
5. 수맥론(水脈論)

1
양택풍수(陽宅風水)란?

1) 양택의 의미

　풍수지리는 살아 있는 사람의 공간을 다루는 양택(陽宅)풍수와 죽은 사람의 공간을 다루는 음택(陰宅)풍수로 구분된다. 양택풍수는 살아 있는 사람을 위한 주거 및 생활공간으로, 예컨대 주택, 사무실, 공장, 상가, 마을 터, 도읍지 등을 포함한다. 특히 사찰 터, 촌락, 취락 등은 양기(陽基)라는 용어로도 불린다. 풍수에서는 주택의 입지뿐 아니라 방위별 배치와 내부 공간의 구조가 생기를 받아야 건강과 재물을 누린다고 본다. 따라서 양택풍수는 인간의 생기를 극대화하는 터의 선정과 공간 배치에 관한 이론이다.

2) 양택과 음택의 차이

　양택과 음택의 기초 이론은 같지만, 양택은 인간이 직접 거주하고 활동하는 공간이기에 다음과 같은 차이를 가진다. 용세(龍勢)가 더욱 튼튼하고 충실해야 하며, 혈장(穴場)이 넓어야 한다. 생기(生氣)는 일편(一片)으로 퍼져야 하며, 다양한 국세(局勢)와 사격(砂格)이 조화를 이루어야 한다. 양택은 광범위하고 입체적인 환경을 고려하므로 포괄적이고 거시적인 판단 기준이 적용된다. 반면 음택은 일선으로 오며 통통하고 능선을 타고 있다.

3) 양택풍수의 역사

　양택풍수는 고대로부터 한국 고유의 풍속과 중국의 이론체계가 융합되어 형성되었으며, 고려시대에 국가와 민간에 널리 퍼졌다. 조선시대에는 유교적 가치관과 함께 양택풍수가 궁궐과 민가의 건축 이론으로 발전하였다. 그러나 일제강점기에는 풍수가 미신으로 폄훼되어 쇠퇴하였고, 해방 후와 산업화 시기에는 전쟁과 경제 재건으로 인해 풍수에 관한 관심이 줄어들었다. 현재는 건축, 도시개발, 인테리어 등 다양한 분야에 풍수 원리가 재적용되며, 그 중요성이 재조명되고 있다.

4) 양택의 우선순위 3요소

양택을 평가할 때 고려해야 할 3가지 요소는 다음과 같다.

① 지세(地勢) 및 국세(局勢)

터의 생기와 흐름을 결정짓는 기본 요소로, 터 자체의 형세와 주변 환경이 가장 우선시된다.

② 대지(垈地)의 상(相) 및 가상(家相)

터의 형태, 건물의 배치 등 가시적 구조와 형태를 분석하여 길흉을 판단한다.

③ 공간의 배치와 향(向)

동·서사택(東西舍宅)의 원리에 따라 방위와 배치를 고려하여 길한 기운을 끌어들인다.

※ 지세가 나쁘면 가상이나 방위를 좋게 해도 한계가 있으므로, 무엇보다 터 자체의 기운이 가장 중요하다.

5) 양택의 3요소

양택이 갖추어야 할 기본적 요소는 다음과 같다.

(1) 배산임수(背山臨水)

산을 등지고 물을 향한 형태를 의미하며, 생기 유입의 핵심적인 조건이다. 주산은 안정감 있고 단정한 노적봉 형태가 이상적이며, 앞은 트여야 한다. 북서풍이나 북풍을 막아주고 공기의 흐름을 원활하게 해 생기를 보존한다. 현대에는 높은 건물이나 언덕도 배산으로 간주할 수 있다.

(2) 전저후고(前低後高)

앞이 낮고 뒤가 높은 지형은 개방감을 확보하면서 생기와 바람의 흐름을 조절한다. 건물을 도로보다 높게 배치하면 먼지와 나쁜 공기의 유입을 막고 위압감과 안정감을 제공한다. 대개 사찰, 대궐, 관사 등에서 이 형태가 많이 나타난다.

(3) 전착후관(前窄後寬)

입구는 좁고 내부는 넓은 형태가 재물을 모으고 기운의 순화를 돕는다. 바람이 좁은 입구를 지나 넓은 내부에 들어오며 완충작용을 해준다. 상가 입지에서도 고객이 유입되기 쉬운 구조로 활용된다. 전통 한옥 다수가 이 구조를 따른다.

| 배산임수 | 전착후관 |

2
고전 양택풍수

양택풍수는 오랜 역사 속에서 다양한 문헌과 사상가들에 의해 발전해 왔으며, 고전 문헌은 양택 이론의 기초를 이해하는 데 중요한 역할을 한다. 이 장에서는 대표적인 고전 문헌인 『황제택경』과 『택리지』, 『산림경제』, 『십승지』, 『임원경제지』를 중심으로 전통적인 양택 이론의 핵심을 살펴보고자 한다.

1) 『황제택경(黃帝宅經)』

『황제택경』은 당나라 시대에 편찬된 가장 오래된 양택풍수 문헌으로, 집의 구조와 배치를 통해 길흉을 판단하는 기준을 제시하고 있다. 이 가운데 '오실오허(五實五虛)'는 주거지의 형세에 따라 그 집에 사는 사람의 부귀빈천이 달라질 수 있음을 설명한 핵심 이론이다.

(1) 오실(五實) - 길한 집의 다섯 조건

오실은 좋은 기운을 불러들이는 집의 조건으로, 이러한 집에 거주하는 사람은 경제적으로 윤택해진다고 본다.

- 소택다인(小宅多人): 집은 작지만, 거주 인원이 많을 경우.
- 대택소문(大宅小門): 집은 크지만, 대문은 작을 경우.
- 장원완전(牆垣完全): 담장이 견고하고 완전할 경우.
- 소택다육축(小宅多六畜): 작은 집에 비해 가축이 많을 경우.
- 수구동남류(水溝東南流): 물길이 집의 동남 방향으로 흘러갈 경우.

(2) 오허(五虛) - 흉한 집의 다섯 조건

오허는 나쁜 기운을 불러들이는 집의 조건으로, 점차 궁핍해질 수 있다고 경고한다.

- 대택소인(大宅少人): 집은 크지만, 거주 인원이 적을 경우.
- 소택대문(小宅大門): 집은 작지만, 대문이 클 경우.
- 장원불완(牆垣不完): 담장이 허물어졌거나 불완전할 경우.
- 정조불처(井竈不處): 우물과 부엌의 배치가 부적절한 경우.
- 택지다옥소(宅地多屋小): 대지 면적은 넓지만, 건물이 협소한 경우.

이러한 기준은 오늘날에도 일부 적용이 가능하며, 거주지의 배치와 공간 활용이 인간의 생활에 끼치는 영향을 고려한 선현들의 지혜라 할 수 있다.

2) 『택리지(擇里志)』 복거총론(卜居總論)

조선 영조 때 실학자 이중환(李重煥)이 저술한 『택리지』는 조선시대의 지리, 사회, 경제, 풍속 전반을 아우르는 실용 지리서로서, 양택풍수의 현실적 적용을 설명하는 중요한 자료이다. 특히 '복거총론(卜居總論)'에는 사람이 살기 좋은 땅을 고르는 기준을 네 가지로 정리하고 있다.

"집터를 잡는 데는 첫째는 지리(地理)가 좋아야 하고, 다음은 생리(生利), 다음은 인심(人心), 그다음은 산수(山水)라 하였다. 이 중 어느 하나라도 부족하면 살기 좋은 곳이 아니며, 지리만 좋고 생리가 모자라도 오래 살 수 없고, 반대로 생리가 좋으나 지리가 나쁘면 이 또한 장기적인 거처가 되지 못한다."라고 했다.

◆ 복거의 4요소

① 지리(地理): 풍수지리적 조건으로, 지형과 혈의 형세를 중시한다.

② 생리(生利): 생활의 이로움, 곧 토지의 비옥도와 경제적 이익, 교역의 편리함 등을 뜻한다.

③ 인심(人心): 마을 사람들의 풍속, 화합, 도덕적 수준을 뜻하며, 사회적 안정성이다.

④ 산수(山水): 주변의 산세와 수려한 자연환경으로서, 정서적 안정과 심신의 건강에 기여한다.

이중환은 위 네 요소가 조화를 이루어야 비로소 '복거지(卜居地)'라 할 수 있다고 보았으며, 이는 고전 양택풍수 이론이 단순히 형국이나 방향만을 보는 것이 아니라 실제 삶의 질과 공동체적 요소까지 포함한 통합적 사고였음을 보여준다.

◆ 『택리지』 복거총론 요약정리

· 수구(水口)

좋은 땅은 수구가 꼭 닫힌 듯 관쇄되어 있고, 형국 안에 넓은 평야가 펼쳐져 있으며, 물길은 반드시 역수 판국처럼 가로막혀 있는 구조여야 한다. 반면 나쁜 땅은 수구가 교쇄되지 않고 사방이 터져 있어 기운이 흩어지며, 물이 자유롭게 빠져나간다.

· 야세(野勢)

길지는 항상 해와 달, 별빛이 드는 곳으로, 바람과 비, 기후가 고르게 알맞은 곳이다. 흉지는 사방의 산이 너무 높아 해가 늦게 들고 일찍 지며, 빛이 부족하고 음습한 기운이 감돌며, 아침저녁으로 안개와 장기(瘴氣)가 자주 끼는 곳이다.

· 산형(山形)

좋은 형국은 주산이 수려하고 단정하며, 청명하고 아담한 모습이다. 반대로 산의 내맥이 약하고 생기 없는 기운이 퍼지며, 산형이 부서지고 비뚤어진 곳은 흉지로 본다.

· 토색(土色)

길지는 토질이 단단하고 치밀한 사토이며, 우물물이 맑고 차다. 흉지는 붉은 찰흙, 검은 자갈, 누런 진흙 등이 많고, 물이 흐리며 냄새가 나는 경우가 많다.

· 수리(水理)

좋은 곳은 산과 물이 조화를 이루고, 물의 흐름이 지세와 합리적으로 맞아떨어진다. 산속이라도 시냇물이나 골짜기 물이 모이는 곳이 좋다. 반면 물이 전혀 없는 곳은 살기에 부적합하다.

· 조산(朝山)

조산은 멀리 있으면서도 맑고 빼어난 산이 좋고, 가까이 있어도 깨끗한 형태가 바람직하다. 울퉁불퉁한 바위산이나 흉하게 생긴 돌산, 비뚤어지고 고립된 산, 무너질 듯하거나 넘겨다보는 형상의 산은 흉하다.

· 조수(朝水)

좋은 터는 작은 시냇물이라도 좌향과 음양의 이치에 맞게 역으로 흘러들며, 구불구불 길게 흘러드는 수류가 있다. 흉한 곳은 큰물이 거칠게 역류하거나 물살이 활을 쏘듯 급하게 흐르는 곳이다.

· 생리(生利)

토지가 기름지고 비옥하여 오곡과 목화를 잘 가꿀 수 있는 곳이 좋다. 예를 들어, 미곡은 남원, 구례, 진주 등 지리산 주변에서 생산된 것이 좋고, 목화는 충청도 중부 내륙에서 생산된 것이 좋다. 반면 한강 이북 산간 지역이나 함경·강원도 일부, 황해안 일부지역 등은 토질이 척박하여 농사에 부적합하다.

· 무천(貿遷)

교통과 상업이 활발하여 배와 수레, 사람과 물자가 모이는 곳이 좋다. 강과 바다가 연결되어 물류가 순환되는 곳, 예를 들어 김해 칠성포, 나주 영산강, 강경, 공주, 강화, 한강 좌우 등은 좋은 입지다. 동해안이나 강원·함경도 산간, 해안지역은 교통이 불편하여 불리하다.

• 인심조(人心條)

사대부가 없는 곳은 인심이 순박하고 소박하여 좋은 살 자리다. 반면 사대부가 모여 사는 곳은 자칫 교만하고 탐욕스럽기 쉬워 살기엔 부적합하다고 보았다.

• 산수조(山水條)

산과 물이 조화를 이루는 곳이 길지다. 산이 수려하고 물이 맑으며, 강이나 바다가 서로 만나는 지역으로, 기이한 바위가 없고, 음침하거나 험한 모습이 없는 곳이 좋다. 반대로 험한 산세, 급류, 여울이 많고 절이나 도관은 지을 수 있어도 대대로 거주하기엔 부적합하다.

• 입지(立地)

좋은 입지는 예를 들어 평양 외성, 춘천 우두촌, 여주읍 등 한강 상류의 포근한 지형이다. 반면 외적의 침범이 잦은 곳(예: 울산~해남 해안선), 토지가 척박한 곳(강원 해안, 충남 천안 인근), 수질이 나쁜 곳(예성강 상류 일대) 등은 장기 거주에 불리하다.

이처럼 『택리지』 복거총론은 풍수적 형국뿐 아니라 기후, 토질, 교통, 생리, 인심 등 현실적인 요소들을 여러모로 고려하여 주거지의 길흉을 판단하고 있다. 서민의 실생활에 맞춘 합리적 주거지 선택 기준으로서, 전통 양택풍수의 현실적 응용 사례로 매우 중요한 문헌이다.

3) 홍만선의 『산림경제(山林經濟)』 복거조(卜居條)

조선 후기의 실학자 유암 홍만선은 『산림경제』에서 16항목 가운데 가장 먼저 복거(卜居)에 대해 언급하며 양택의 입지 조건을 상세히 기술하였다.

◆ **좋은 집터의 조건**
- 좌우가 넉넉하고 평탄하며 토지가 기름지고 수목이 무성할 것
- 골짜기 안 평지에 위치하고, 뒤로 산이 감싸며 앞에 문전옥답이 있을 것
- 동고서저(東高西低), 배산임수(背山臨水)의 형세가 좋음
- 남향 또는 동남향이 바람과 채광에 유리함
- 집터는 앞이 좁고 뒤가 넓을수록 부귀가 들어옴
- 평야에서는 약간이라도 솟은 지대를 택할 것

◆ **피해야 할 집터**
- 북쪽에 큰길이 있거나 정북향의 집
- 신궁, 무덤, 절, 사당, 대장간, 군영 근처
- 막다른 골목길, 연못이 마당에 있는 집
- 집터 사면이 높고 가운데가 움푹한 곳
- 파산한 집 자리를 다시 쓰는 경우

홍만선의 복거 이론은 실용적이며 관찰 중심으로 구성되어 있어, 농

촌 생활과 긴밀한 연관 속에서 풍수의 적용을 설명한 점이 특징이다.

4) 남사고의 십승지(南師古 十勝地)

남사고(南師古, 1509~1571)는 조선 중기의 대표적인 풍수학자이며, 『산수십승보길지지(山水十勝保吉之地)』에서 전란, 흉년, 전염병 등의 삼재(三災)를 피할 수 있는 십승지(十勝地)를 제시하였다. 이는 양택풍수 이론에서 말하는 이상적 주거 입지 조건을 현실에서 구체적인 지명으로 제시한 것으로 의미가 있다.

◆ 십승지의 핵심 조건
- 풍수적으로 길지
- 삼재불입(三災不入)의 지세
- 내륙에 위치해 외부 침입에 안전
- 명산을 등지고 수구(水口)가 안정
- 넓은 경작지와 수자원 확보
- 인심이 순후하고 자립이 가능한 생활 기반 존재

◆ 십승지의 목록과 특징

번호	지명	현재 위치	주요 풍수 및 지리 특징
1	금계촌(金鷄村)	경북 영주 풍기	소백산 아래, 금계천과 남천 합류 지점에 있는 명당 촌

2	내성(奈城)	경북 봉화	태백산 아래, 춘양목이 많은 양지바른 지역
3	증항(甑項)	충북 보은	속리산 아래, 산지 안부(鞍部)로 군사적 안전성 확보
4	동점촌	경남 함양·산청 경계	지리산(두류산) 동남 기슭, 실제 위치는 미상
5	금당실(金塘室)	경북 예천	사방이 산으로 둘러싸인 분지로 풍수 명당의 전형
6	유마·마곡	충남 공주	유구천과 마곡천 사이, 전란을 피하기 적합한 지역
7	정동 상류	강원 영월	한강 상류가 흐르고 경작지 풍부한 평야 지대
8	무풍 북동	전북 무주	덕유산 인근의 내륙 산간지대로 은거지 조건 충족
9	호암 아래	전북 부안	변산반도 동쪽, 숲이 울창하고 외부로부터 차단된 마을
10	만수동	위치 미상 (전설상 지리산 청학동)	실재 여부 불분명하나 풍수 이상향으로 전해짐

◆ 십승지의 공통적 특징

- 대로변 및 해안 인접지 피함
- 산을 등지고 수를 앞에 둔 배산임수형
- 경작지 확보 및 인심이 순후한 내륙 고립지
- 서울, 부산, 목포 등 도시 접근로에는 없음
- 명산 인근, 재해 위험이 낮은 자연 지리적 조건

5) 서유구(徐有榘)의 『임원경제지(林園經濟志)』 중 「상택지(相宅志)」

서유구(1764~1845)는 조선 후기의 대표적인 실학자이며, 농정서이자 백과전서인 『임원경제지』를 통해 농업·산림·의약·주거 등 다양한 생활 기술을 총망라하였다. 그 중 「상택지」는 양택 선정과 주거환경 조성에 대해 실용적이고도 풍수지리적 관점에서 접근한 중요한 자료이다.

(1) 집터 살피기
지리적 여건, 토질, 수맥, 생업 조건, 인심 등을 종합적으로 고려.
바람의 방향, 일조량, 수리(水利), 교통 접근성 등 실용적 분석 포함.

(2) 집 가꾸기
황무지를 개간하고, 집을 짓고 배치하는 구체적인 방법 제시.
나무 심기, 연못·우물 배치, 마구간·화장실 등 위생 요소도 포함.

(3) 전국 명당 소개
전국 233곳 명당을 도별로 수록
집터 선정 시 고려할 4요소: 지리, 생리, 인심, 산수

⟨ 『산림경제』 복거조, 『택리지』 복거총론과의 관계 ⟩

항목	풍수적 접근	생활 조건 반영	대표 문헌
『황제택경』 오실오허	가상법(家相法) 중심	X	『황제택경』
『산림경제』 복거조	양택 입지 조건 중심	△	『산림경제』
『택리지』 복거총론	양택 입지 조건 + 생리 중심	◎	『택리지』
『임원경제지』 상택지	생활 조건 + 풍수 조화	◎	『임원경제지』

3

동·서사택론

1) 양택(주택)의 3요소

　양택의 3요소란 대문, 안방, 부엌을 일컫는 말로, 이는 명나라의 지리학자 조구봉(趙九峯)이 『지리오결(地理五訣)』에서 강조한 중요한 구성 요소이다. 이 세 가지는 주택의 길흉을 판단할 때, 반드시 함께 고려해야 할 핵심 요소들로, 이들이 서로 조화를 이루어야 생기가 충만한 집이 될 수 있다.

　• 대문(門)은 주택의 기운이 드나드는 입구로, 기의 유입구인 '기구(氣口)'라 불린다. 이는 사람의 입처럼 외부의 기운을 받아들이고 내보내는 통로이므로, 그 위치와 형태가 바르고 청결해야 한다. 『설심부(雪心賦)』에서는 대문이 바르면 집안에 생기를 들이며, 그로 인해 호흡과 식

음이 편안해진다고 하였다. 즉, 기의 흐름을 조절하는 핵심 요소가 바로 대문이다.

• 안방(主)은 집의 중심 기운이 머무는 공간으로, 집주인이 거주하며 휴식하는 가장 중요한 생활 공간이다. 생기가 머물러야 할 자리이며, 부부가 생활하는 공간인 만큼 집안의 중심으로 기능한다. 안방의 배치는 주거 계획의 핵심이며, 주인의 운세와 직접적으로 관련되므로 길한 방향에 배치하는 것이 중요하다.

• 부엌(竈)은 가족이 섭생을 준비하는 곳으로, 생명의 원천인 음식이 만들어지는 장소이다. 부엌의 기운은 집안의 건강과 재물운에 큰 영향을 주며, 화(火)의 성질이 강한 곳이므로 신중한 배치가 필요하다.

이 세 요소는 서로 조화를 이루며, 같은 방향의 기운으로 구성하는 것이 중요하다. 이를 '일기구성(一氣構成)'이라 하며, 동사택은 동사택의 방향으로, 서사택은 서사택의 방향으로 구성하는 것이 바람직하다.

2) 동사택과 서사택 구분

양택풍수에서는 주택을 동사택과 서사택으로 구분한다. 이는 기의 성질에 따라 나누는 개념으로, 각각 음양의 방향성과 관련되어 있다.

• 동사택(東舍宅)은 감(坎), 진(震), 손(巽), 리(離)의 방향을 말하며, 이는

곧 북(감), 동(진), 남동(손), 남(리)의 방향이다. 이 방위들은 모두 '양(陽)'의 성격을 띠며, 귀(貴)의 기운을 상징한다. 동사택에 속한 사람은 대문, 안방, 부엌을 이 네 방향에 배치해야 길하다.

• 서사택(西舍宅)은 건(乾), 태(兌), 곤(坤), 간(艮)의 방향으로, 이는 곧 북서(건), 서(태), 남서(곤), 북동(간)의 방향이다. 이 방위들은 '음(陰)'의 성격을 띠며, 부(富)의 기운을 상징한다. 서사택에 해당할 때는 집의 핵심 요소들을 서사택 방향에 일기를 구성해야 길하다.

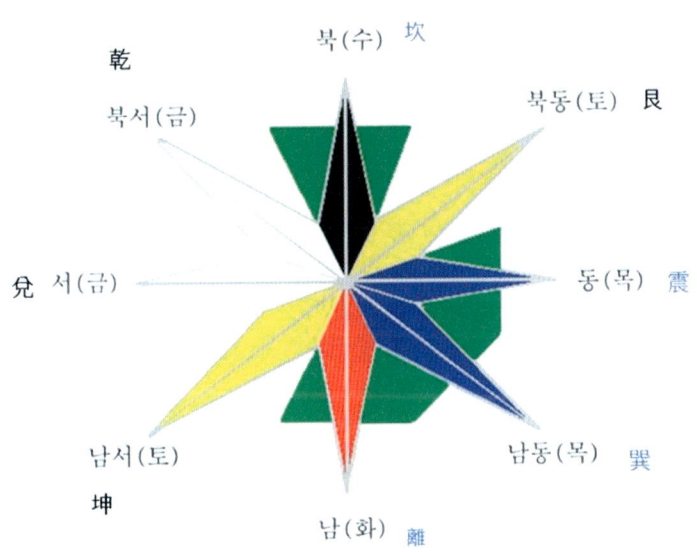

3) 방위별 해설 및 인물 상징

동사택 방위와 상징 인물

- 감방(壬子癸): 북쪽. 수(水)의 기운. 중남(中男)을 상징.
- 진방(甲卯乙): 동쪽. 목(木)의 기운. 장남(長男)을 상징.
- 손방(辰巽巳): 남동쪽. 목(木)의 기운. 장녀(長女)를 상징.
- 리방(丙午丁): 남쪽. 화(火)의 기운. 중녀(中女)를 상징.

서사택 방위와 상징 인물

- 건방(戌乾亥): 북서쪽. 금(金)의 기운. 노부(老父)를 상징.
- 태방(庚酉申): 서쪽. 금(金)의 기운. 소녀(少女)를 상징.
- 곤방(未坤申): 남서쪽. 토(土)의 기운. 노모(老母)를 상징.
- 간방(丑艮寅): 북동쪽. 토(土)의 기운. 소남(少男)을 상징.

위와 같이 방위는 단지 방향의 문제가 아니라, 사람과 가족 구성원, 오행의 기운을 함께 내포하고 있으며, 이를 바탕으로 공간을 구성함으로써 더욱 풍요롭고 조화로운 주거환경을 조성할 수 있다.

4) 오행과 수리 결합

천간인 甲乙丙丁戊己庚辛壬癸은 각각 오행과 수리(數理)를 내포하고 있다. 이 수리는 길흉화복을 판단하거나 시기와 장단을 측정할 때 활용되며, 음양의 특성도 내포한다. 홀수는 양(陽), 짝수는 음(陰)이다.

- 甲(3), 乙(8) → 목(木)
- 丙(7), 丁(2) → 화(火)
- 戊(5), 己(10) → 토(土)
- 庚(9), 辛(4) → 금(金)
- 壬(1), 癸(6) → 수(水)

이를 외우는 방식으로는 "삼팔목, 이칠화, 오십토, 사구금, 일육수"라 한다. 이러한 수리의 활용은 특히 기의 흐름을 시계적 시간과 연계하거나, 방위에서의 오행 성분을 구체적으로 설명할 때 중요하게 사용된다.

동·서사택의 구분과 양택의 3요소, 오행의 수리 적용 등을 통해 주거지의 길흉을 판단하고 설계하는 풍수지리 실천적 이론이지만, 현재에는 많이 적용하지 않고 있다.

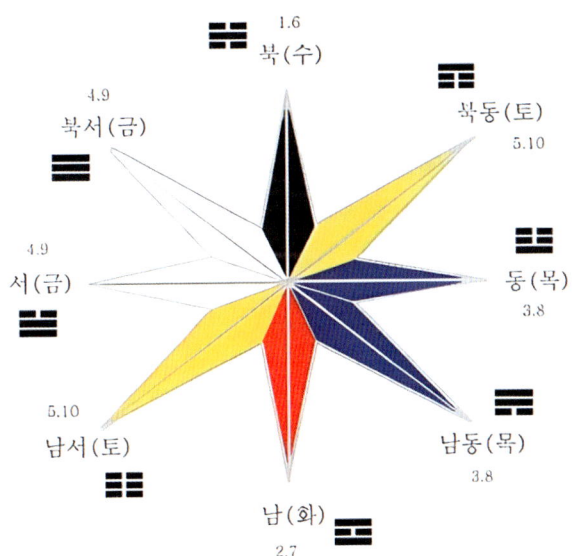

4
양택풍수의 길흉

1) 양택풍수의 핵심

양택풍수는 크게 두 가지 학문으로 나뉜다. 하나는 풍수지리에서 용혈과 사수를 고려하여 생기 있는 터를 잡는 양택학이고, 다른 하나는 터 위에 건물의 구조와 방위, 공간 배치를 어떻게 할 것인지 논하는 가상학이다.

가상학에서 중요하게 여기는 건물의 구조는 반듯하고 안정적인 형태여야 하며, 정방형 구조나 황금비율(1:1.618)의 장방형이 좋다. 방위는 팔택론과 지형지세론에 근거하여 정하고, 공간 배치는 동·서사택론, 팔택론, 현공풍수론 등 이기적(理氣的) 방법에 따라 구성한다.

2) 양택의 기본 요건

양택은 다음의 세 가지 기본 요건을 충족해야 길한 터로 본다.

① 입지가 가장 좋아야 하고
② 집의 가상이 맞아야 하며
③ 동·서사택의 원리가 부합해야 한다.

3) 양택 불가지(不可地)

① 주변 건물이나 산이 충(衝) 하는 곳
② 사원이나 사당 부근
③ 초목이 살지 못하는 터(동산(童山))
④ 병영, 군사 주둔지, 전적지
⑤ 택지 앞으로 물이 흘러나가는 곳
⑥ 산이나 건물이 나를 향해 찌른 곳
⑦ 성문 입구, 터널 입구
⑧ 구치소, 교도소가 있는 곳이나 과거에 있던 곳
⑨ 택지의 뒤로 큰 도로나 물이 흐르는 곳

* 강물이 서에서 동으로 흐르거나 강물이 모여들면 길하고, 남쪽에 도로가 있으면 부귀한 터이다. 택지 주변에 나무나 물이 택지 방향으로 흐르거나 감싸주면 길하고, 택지와 반 배 하면 흉한 것이다.

4) 명당의 조건

명당은 용(龍), 혈(穴), 사(砂), 수(水), 향(向)이 확실하게 갖추어진 곳이며, 산천의 기운을 받고 바람을 갈무리하며 물을 품은 곳이어야 한다. 명당의 구체적인 조건은 다음과 같다.

① 주산(主山)이 든든하고 기세가 있어야 한다.
② 사신사(四神砂)의 역할이 확실하게 이뤄져야 한다.
③ 안산, 조산이 유정하여야 한다.
④ 물이 들어오거나 감싸주는 곳이어야 한다.
⑤ 지세에 순응하여야 한다. 단순한 남향보다 지형·지세가 더 중요하다.
⑥ 나성(羅星)이 있고, 흙이 쌓이는 곳이 명당이다.

5) 가상(家相)과 배치

가상은 기의 흐름이 원만해야 하며, 안정적인 구조가 중요하다. 황금비율(1:1.618)의 장방형이나 정사각형, 원형, 팔각형, 육각형, 오각형 등이 이상적이다. 배산임수, 전저후고, 전착후관의 원리를 적용하여 집을 배치해야 한다. 좌우의 균형과 조화로움이 중요하고, 입구는 좁고 내부는 넓은 구조가 바람직하다.

가상은 기의 흐름이 원만한 원형구조, 1대 1.618의 황금비율의 안정감이 있는 장방형이나 직사각형의 건물이 좋다.

6) 동·서사택에 의한 양택의 배치

양택의 3요소인 대문, 안방, 부엌은 동·서사택의 원리에 따라 기운이 일치하는 방향으로 배치하는 것이 가장 중요하다. 동서의 기운이 혼합되면 흉택이 되므로 철저히 구분해야 한다.

- 동사택: 동기(東氣): 상승 기운, 진방(동쪽), 손방(동남), 리방(남방), 감방(북쪽)
- 서사택: 서기(西氣): 하강 기운, 곤방(남서), 태방(정서), 건방(북서), 간방(북동)

동사택이 잘 조합되면 인물이 나는 복택, 서사택이 잘 조합되면 부자가 나는 복택이 된다.

7) 좋은 터와 흉한 터

(1) 살기 좋은 터

① 지형과 산세

- 음택의 명당은 큰 산의 높은 곳에 위치함
- 양택의 뒤편 산은 경사가 완만해야 함
- 산의 후면보다 전면이 좋음
- 주변 산은 아름답고 유정(有情)해야 함

- 산이 주인을 향해 인사하거나 조응(照應)하는 형상
- 형국이 좋은 산의 형태

구슬 모양, 솥뚜껑 모양, 삼각형, 반원형, 집 모양, 장화 모양, 눈썹 모양, 일자형 등

- 산이 어머니 품처럼 포근하게 감싸는 형태

② 바람과 양지, 토질

- 바람이 순화되고 양지바른 곳
- 토질이 밝고 오색토이면 길지
- 습기가 없는 땅이 좋음

③ 물의 형세

- 물이 돌아가는 안쪽은 생기(生氣)가 충만한 자리
- 합수(合水)가 이루어지고, 천천히 구불구불 흘러나가는 앞 물
- 상업지로는 물이 모이고 사람들이 모이는 곳이 좋음

④ 주변 환경과 지세

- 안산(案山)은 책상처럼 낮고 평탄한 산
- 명문가가 태어난 터는 좋은 터
- 입수도두, 혈, 선익, 전순이 조화로운 명당

⑤ 대지 형태

- 대지의 모양은 원형, 팔각형, 육각형, 정방형이 이상적

(2) 살기 나쁜 터

① 습기와 토질

- 항상 습하고 질퍽한 땅
- 골짜기는 바람이 많고 범람 및 습기 우려

② 기의 흐름이 막힌 곳
- 막다른 골목 끝 집은 기가 막힘
- 철탑, 건물이나 담장의 모서리가 향한 곳
- 철학관, 음습한 기운이 있는 주변

③ 주변 환경과 시설물
- 경사가 심한 산이나 언덕이 인접한 곳
- 공항, 고속도로, 기찻길, 터널 등 소음이 많은 지역
- 뒤로 향한 산이나 건물이 있는 자리
- 교회, 성당, 사찰 옆 주택

④ 수리적으로 불리한 곳
- 큰 하천 옆의 낮은 땅
- 용맥이 끊긴 곳(과협처)
- 산의 허리가 잘리거나 파인 곳(채석·도로 공사 등)

⑤ 흉형(凶形)의 대지와 형국
- 삼각형, 뾰족한 각이 많은 땅
- 좌청룡과 우백호의 끝이 벌어진 형태

⑥ 기타 흉지의 징후
- 교통사고가 자주 발생하는 주변
- 경매가 자주 나오는 집의 터

〈 산의 전·후면 구분 〉

전면(面)	후면(背)
땅의 경사가 급하지 않다.	땅의 경사가 가파르다.
앞을 바라보는 듯한 유정한 모습이다.	마치 등을 돌린 듯한 무정한 모습이다.
지반이 흙으로 구성되어 있다.	돌이나 암석으로 형성되어 있다.
깨끗하고 양명하다.	습하고 약간 어둡다.
뒷면이 껴안고 있다.	강한 버팀으로 전면을 껴안고 있다.
눈으로 보아 편안하고 안정감이 있다.	눈으로 보아 불안정하고 거부감이 있다.
남향이거나 마을이 있다.	철학관이나 점집, 상엿집이 있다.
물이 거리를 두거나 감싸고 나간다.	산의 밑으로 물이 반궁수로 감아 나간다.

8) 주택(住宅)의 장점 만들기

(1) 대문(大門)

대문은 집터에서 가장 낮은 곳이 좋고, 도로보다 약간 높은 위치에 두며 큰 나무를 심지 않는다.

(2) 방(房)

네모반듯하거나 직사각형이 좋고, 안방은 중심에 위치시켜 가장이 거주해야 하며, 필로티 위에는 방을 배치하지 않는다.

(3) 부엌(竈)

햇볕과 통풍이 좋은 위치에 두며, 출입구나 화장실 옆은 피한다.

(4) 화장실

통풍이 잘되는 곳, 집 중앙이나 출입문 정면은 피하고, 방문과 정면 배치도 좋지 않다.

(5) 마당

정사각형이 좋고, 정원수는 작게 하며 연못은 두지 않는 것이 좋다.

(6) 담장

좌청룡과 우백호의 역할을 하며, 높이는 1~1.5m 정도로 조화를 이뤄야 한다.

(7) 나무

건물 가까이에 심지 않고, 건물 높이보다 키가 큰 나무는 피하며, 일조와 바람, 소음을 고려해 수종을 선택한다.

9) 양택풍수의 중요성

양택은 현재 살아 있는 사람들이 머무는 활동공간으로, 그 효과는 바로 나타나며 금시발복한다고 본다. 좋은 터에서 살면 그 기운을 곧바로 받아 건강과 행복을 누릴 수 있다. 풍수는 인간과 자연이 조화를 이루는 생활의 지혜이며, 풍수적 조건을 잘 이해하고 적용하면 삶의 질이 눈에 띄게 향상될 수 있다. 양택풍수는 단지 미신이 아니라, 실제 생활과 조화를 이루는 과학적 이론이자 경험에서 나온 것이다.

국가기관, 기업, 개인이 좋은 터를 활용하고 그에 맞는 구조와 방향을 설계하면 노력 이상의 효과를 얻을 수 있으며, 이것이 바로 풍수가 오늘날에도 여전히 활용되는 이유다. 풍수는 전부가 아니지만, 경쟁이 치열한 시대에 분명 도움이 되는 지혜다.

5
수맥론(水脈論)

　수맥(水脈)은 지하 10~50m 깊이에 존재하며, 지표 아래에서 혈관처럼 흐르는 수많은 지하수의 흐름을 말한다. 이들은 얽히고설켜 복잡한 네트워크를 형성하며, 평균 수온은 약 14도 정도를 유지한다. 수맥은 얕은 지표에서 흐르기도 하고, 온천수나 약수로 나타나기도 하며, 때로는 깊은 지하수가 되어 식수, 농업용수, 공업용수로 사용되기도 한다. 결국 수맥은 순환을 통해 대자연과 밀접한 관계를 가지며 우리 삶과 함께한다.

　지상에 흐르는 물을 양수(陽水), 지하에 흐르는 물을 음수(陰水)라 한다. 음수가 지표로 솟아오르면 양수가 되어 생명체의 생존에 필수적인 물이 된다. 수맥은 땅속 공극(孔隙)을 통과하면서 암석과 접촉하여 자연정화 과정을 거치며, 이로 인해 비교적 깨끗한 물이 된다. 그러나 이 과정에서 발생하는 수맥의 압력과 파장은 땅을 갈라놓거나 움푹 패게 하며, 때에 따라 건축물의 벽이나 기초에도 영향을 줄 수 있다. 또, 인체나 동식물에 좋지 않은 자극을 줄 수 있어, 결국 문제가 되는 것은 수맥 자체가 아니라 그로 인해 발생하는 수맥파(波)이다.

수맥파를 외국에서는 "해로운 지구 방사선(Harmful Earth Radiation)", "병원성 지대", "교란 지대" 등으로 불린다. 국내에서는 수맥이 암반과 흙이 부딪치는 과정에서 생겨나는 일종의 유해한 수직 종파(縱波)로 설명되며, 사람과 건물, 기계, 동식물에 부정적인 영향을 끼치는 것으로 알려져 있다.

수맥파의 영향은 과소평가할 수 없다. 본래 수맥에 관한 관심은 고대에는 가축이 잘 자라지 않는 터를 피하는 데서 시작되었으며, 현대에는 철근 콘크리트 건축에서 원인을 알 수 없는 균열 현상을 조사하면서 본격적인 연구가 이루어졌다.

수맥파는 단단한 콘크리트조차 갈라놓을 정도의 에너지를 가질 수 있으며, 인체에는 암, 뇌졸중, 중풍 등 다양한 질병을 유발할 수 있다고 보고된다. 한 연구에서는 환자의 90%가 수맥파의 영향을 받는 지역에 거주하고 있었다는 결과도 있다.

그러나 모든 사람에게 같은 반응이 나타나는 것은 아니다. 예를 들어, 옻나무에 어떤 사람은 알레르기 반응을 보이지만, 어떤 사람은 전혀 반응하지 않듯이, 수맥파에 대한 민감성도 개인차가 존재한다. 일반적으로 10명 중 3~4명이 민감하다고 하며, 그렇지 않더라도 장기적으로 노출되면 건강에 해로울 수 있다.

1) 수맥은 반드시 나쁜가?

수맥 자체는 인간의 생존에 필요한 자원이며 주택, 길, 산, 들판 등 어디에나 존재한다. 따라서 수맥이 있다는 사실만으로 그 자리를 '나쁜 자리'로 단정할 수는 없다. 문제는 수맥 그 자체가 아니라, 수맥파의 강도와 성질이다.

수맥파는 막을 수 없다는 전제에서 출발하지만, 모든 수맥파가 같은 강도를 지닌 것은 아니며, 약한 경우에는 동판, 은박지 등의 간단한 차단재로 대응할 수 있다. 수맥파의 영향을 줄이는 방법으로는 수맥이 흐르는 자리를 피하여 침대나 책상 등을 배치하는 것이 가장 안전한 방법이다. 때에 따라서는 이사를 고려할 수도 있으나, 일반적으로는 자연과의 조화를 이루는 것이 바람직하다.

2) 수맥의 역사는?

수맥 탐사의 기원은 약 3만 년 전으로 거슬러 올라간다. 남아프리카공화국 오렌지주 프란바아크의 동굴 협곡에는 사람이 나뭇가지를 들고 물을 찾는 장면이 암각화로 남아 있다. 기원전 6000년경, 아프리카 남부 알제리 타실리나제르 동굴에는 막대기를 든 사람의 형상이 있고 중국, 이집트, 잉카 제국 등에서도 다우징 기술을 활용한 수맥 탐사의 흔적이 벽화로 남아 있다. 성경에서도 모세가 지팡이로 물을 찾는 장면이 등장한다.

중국에서는 B.C. 2000년경 요 임금이 다우징으로 수맥을 찾았다는 기록이 있다. 그러나 종교개혁 이후 서구에서는 이러한 행위를 '악마의 장난'으로 간주하며 금지되기도 했다.

근대에는 1861년 영국의 하빌랜드(Haviland)가 수맥에 관한 논문을 발표하면서 본격적인 과학적 탐구가 시작되었다. 이후 독일을 비롯한 유럽 여러 나라에서는 물리학자, 생물학자, 의사 등 다양한 분야에서 수맥과 그 파장에 관한 연구가 활발히 이루어졌으며, 독일 정부는 수맥학에 연구 기금을 지원하기도 했다.

한국에서는 1836년 프랑스 선교사를 통해 처음 소개되었으며, 1900년경 에밀리오 신부와 임응승 신부가 우물 파기와 광맥 탐사에 응용하며 널리 알려졌다.

3) 수맥을 찾는 방법

수맥 탐사는 고도의 이론과 실기를 겸해야 하며, 오랜 시간의 훈련과 실습이 필요하다. 감정 상태나 신체 상태에 따라 탐사의 정확도가 달라질 수 있으며, 탐사자는 좌뇌적 사고보다 우뇌적 감성과 직관력이 요구된다. 칼 융은 "강한 집중 속의 집단적 무의식은 우주를 관통한다."라고 하였듯, 감성적이고 직관력이 뛰어난 사람일수록 수맥 탐사 능력이 높다. 그러나 독일 정부 연구 결과에 따르면, 수맥 탐사를 정확히 수행할 수 있는 사람은 5%에 불과하다. 이는 탐사에 대해 신중함과 과학적 접근이 필요함을 시사한다.

4) 수맥의 탐사 도구와 L 로드 사용 방법

수맥 탐사를 위한 도구로는 L 로드, Y 로드, 펜듈럼 등이 있으며, 그중 L 로드가 가장 보편적이다. L 로드는 양손으로 가볍게 잡고 어깨너비로 벌린 상태에서 팔꿈치를 허리에 붙이며, 지면과 평행하게 유지한 채 전방을 주시하고 천천히 걸으면서 탐사한다.

5) 간단한 수맥 진단법

- 건물의 벽에 균열이 생기거나 외부 석재가 자주 떨어진다.
- 실내가 음습하고 습기가 많다.
- 피로, 두통, 집중력 저하 등 이상 증세가 나타난다.
- 화초가 자라지 않고 시들거나 나무가 굽는다.
- 개미, 벌레, 고양이 등이 자주 출몰한다.
- 전자기기 고장 및 통신 장애가 자주 발생한다.
- 아기가 이유 없이 우는 등 이상 행동을 보인다.
- 문이 잘 맞지 않거나 휘어진다.
- 개가 편안히 잠을 자는 곳은 수맥이 없는 장소이다.

6) 스스로 진단하기

영국의 수맥 연구가 데이비드 코완(David Cowan)은 저서 『Safe as

Houses』에서 수맥 자가진단 질문을 다음과 같이 제안한다.

① 나의 병은 현재의 집으로 옮긴 후 생겼는가?

② 집안의 특정 장소에서는 부자연스럽게 오싹하거나 음습한 기분이 드는가?

③ 가족 중 누군가는 집안 분위기를 불편하게 느끼는가?

④ 귀신을 보거나 환청, 가위눌림 등의 경험이 있는가?

⑤ 집을 떠나면 몸과 마음이 한결 편안한가?

⑥ 침대 위나 아래에서 고양이가 자주 머무는가?

⑦ 이전 거주자 중 중병을 앓은 사람이 있었는가?

⑧ 봄과 가을에 증상이 더 악화하였는가?

이처럼 현대 과학으로도 설명하기 어려운 수맥과 자연 기운의 작용을 이해하고, 유해한 기운을 피하는 것이 건강한 주거 생활과 이민 생활의 중요한 요소가 될 수 있다. (워싱턴 중앙일보 2013. 05. 08일 인용 재정리)

7) 수맥에 관한 연구 논문

수맥파는 인체와 자연환경에 지대한 영향을 미치며, 각종 질병과 특히 암 발생과도 깊은 연관이 있는 것으로 보고되고 있다. 여러 연구자는 다음과 같은 사례와 논문을 통해 수맥파의 유해성을 말한다.

하거 박사는 1910년부터 1932년까지 암 환자 5,348명의 수면 장소를 조사한 결과, 98%가 강력한 수맥파 위에서 잠을 자고 있었다고 발표하였다.

구스타프 남작은 1929년 논문에서 "수맥이 교차하는 지점에는 강력한 유해파가 존재하며, 장시간 머무르면 암까지 유발될 수 있다."라고 보고하였다.

한스 슈만은 자연요법서에서 "잠자리 위치를 바꾸는 것만으로도 환자의 상태가 즉각적으로 호전되었다."라고 주장하였다.

트롬프 박사는 유네스코에 제출한 1968년 보고서에서 수맥이 인체를 자극하여 아드레날린 분비, 심장박동 증가, 근육 긴장, 산소 소비 증가 등의 생리 반응을 유도한다고 설명하였다.

람보오 박사는 말브르크 의사협회 회장으로서 암 환자의 수면 공간을 조사한 결과, 거의 모두가 수맥 교란 지대에 잠자리를 두고 있었다고 밝혔다.

이규학 박사는 한국의 지자기 세기가 평균 0.5mG(밀리 가우스)인데, 수맥파로 인해 0.25mG의 변화가 발생하면 암 발생 위험이 급격히 증가한다고 주장하였다.

이영숙 의사는 저서 『생명장, 보이지 않는 그물』에서 터와 수맥의 기운이 건강에 영향을 미친다는 사실이 이제는 상식이 되었다고 언급하였다.

정윤숙 한의사는 간 질환을 앓던 12세 환자의 원인이 수맥에서 비롯되었다고 진단하였다. 또한 동판은 수맥을 차단하지 못한다고 강조하였다.

8) 수맥파의 영향

(1) 인체에 미치는 영향

수맥파에 지속해서 노출되면 인체 건강에 다음과 같은 부정적 영향이 나타난다.

① 수면장애: 수맥이 잠자리를 통과하면 교란된 파장이 뇌에 영향을 주어 깊은 수면을 방해한다.

② 노화 촉진: 수면 부족은 TNF-a(종양괴사인자)의 분비를 감소시켜 면역력을 떨어뜨리고 노화를 촉진시킨다.

③ 면역 저하와 암 유발: 수맥파는 인체의 면역체계를 약화시키고 생체리듬을 파괴하여 암을 포함한 각종 질환을 유발한다.

④ 임산부와 태아에 악영향: 수맥파에 노출된 임산부는 유산, 사산, 기형아 출산 가능성이 커진다.

⑤ 심혈관 질환자 위험 증가: 수맥파는 혈압을 상승시키며, 고혈압 환자나 심장질환자에게 특히 위험하다.

⑥ 신체 통증 유발: 목, 어깨, 허리, 무릎, 다리 등의 통증, 디스크, 마비 증상 등이 발생할 수 있다.

⑦ 환자와 암 환자에게 더욱 위험: 환자가 수맥 위에서 잠을 자면 회복이 늦고 병세가 악화될 수 있으며, 암 환자에게는 특히 치명적이다.

⑧ 생체리듬과 정신 건강의 교란: 우울증, 피로감, 가슴 답답함, 두근거림, 전신 통증 등의 증상이 나타날 수 있다.

⑨ 유아 및 노약자에 미치는 영향: 수맥파의 영향은 연약한 생명체

일수록 더욱 민감하게 나타난다. 특히 유아나 노인은 면역력과 저항력이 약하기 때문에, 수맥 위에서 장시간 머무르면 성장 지연, 만성 피로, 불면, 짜증, 울음 등으로 표현된다. 노약자의 경우 기존 질병의 악화와 더불어 우울증이나 치매 증상이 심화되기도 한다.

⑩ 공동체나 가족 구성원 간의 갈등 유발: 수맥파는 공간의 기운을 어지럽혀 인간관계에도 부정적인 영향을 줄 수 있다. 가정 내에 수맥이 흐르면 대화가 줄어들고 사소한 일에도 갈등이 생기며, 가족 간의 정서적 유대가 약화된다. 사무실이나 식당처럼 사람들이 모이는 공간에서도 잦은 언쟁과 협력 부족, 이직률 증가로 이어지며 조직의 안정성을 해칠 수 있다.

(2) 학습에 미치는 영향

졸음, 집중력 저하, 기억력 감퇴, 학습 의욕 상실, 짜증, 공격성 증가 등 정신적·심리적 문제를 유발한다.

(3) 사무실에 미치는 영향

업무 집중력 저하, 건망증, 졸음, 실적 하락, 말다툼 증가, 직원 이직률 상승 등의 문제가 발생한다.

(4) 공장·정밀기계에 미치는 영향

정밀기계와 전자기기의 고장, 오작동, 시스템 오류 등이 증가하며, 불량률이 높아진다. 일부 전자업체는 수맥 중화 장치를 설치하여 불량률을 감소시키고 있다.

(5) 상가에 미치는 영향

출입구에 수맥파가 있으면 손님이 무의식적으로 들어오지 않으며, 점포 내 체류 시간이 짧고 재방문율이 낮다.

(6) 동식물에 미치는 영향

발육 부진, 번식률 저하, 동물의 돌연사, 식물 고사 현상이 나타나며, 일부 위치에 식물이 자라지 않거나 이끼가 자라는 현상이 발생한다.

(7) 건축물에 미치는 영향

수맥파는 건물 기초에 지속해서 영향을 주어 바닥에서 시작된 균열이 상층까지 이어진다. 일부 건설사는 수맥 중화 공법을 도입하고 있다.

(8) 자동차에 미치는 영향

교통사고는 수맥 교차 지점에서 빈번히 발생하며, 저기압 시 수맥파가 강화되어 운전자의 집중력을 방해하고 급발진 등 이상 행동을 유발할 수 있다.

(9) 식당 경영에 미치는 영향

매출 감소, 소화 장애, 음식 맛 변화, 냉기 흐름, 직원 이직률 증가 등의 문제로 인해 장기적으로 폐업에 이를 수 있다.

(10) 에너지 흐름 및 기(氣) 순환에 미치는 영향

수맥파는 공간의 에너지 흐름, 즉 기의 순환을 교란시킨다. 이는 풍수지리학에서 말하는 '지기(地氣)의 막힘'으로 이어져 해당 공간에 머무는 사람들의 기운이 쇠하고, 심리적 불안이나 무기력감을 느끼게 한다. 오랜 시간 수맥파의 영향을 받으면 사람은 정서적 안정을 잃고, 부정적인 사고에 쉽게 휘둘릴 수 있다.

(11) 영적·정신적 현상의 증가

수맥파는 때때로 심령적 또는 영적 현상과도 관련이 있다고 여겨진다. 특정 장소에서 귀신을 보았다는 증언, 설명할 수 없는 소리, 반복되는 악몽이나 가위눌림 등은 그 지점이 강력한 수맥파가 흐르는 곳임을 의미할 수 있다. 이는 단순한 미신이 아닌, 인간의 뇌파나 감각 기관이 미세한 파동에 반응한 결과로 해석할 수 있다.

하지만 수맥파에 대한 주장은 다양한 분야에서 제기되고 있으나, 이를 뒷받침하는 과학적 연구나 논문은 부족한 실정이다. 따라서 수맥파의 존재와 그 영향에 관한 주장을 받아들일 때는 신중한 접근이 필요하며, 과학적 검증과 추가 연구가 요구된다.

제5장

양택풍수의 사례

1. 조선의 명문가: 경주 최 부잣집
2. 조선의 명문가: 안동 의성 김씨 종택
3. 조선의 명문가: 예산 추사 김정희 고택
4. 조선의 명문가: 해남 고산 윤선도 고택
5. 조선의 명문가: 영양 주실마을 호은 종택
6. 조선의 명문가: 아산 외암마을 이씨 종가
7. 명문가의 풍수적 공통점

1
조선의 명문가: 경주 최 부잣집

조선시대의 명문가는 단순히 재산이나 권력을 가진 집안이 아니라, 입지와 인재 배출, 사회적 책임 의식까지 겸비한 집안을 일컫는다.

명문가의 조건은 다음 세 가지로 요약할 수 있다.

첫째, 전통 고택을 현재까지 유지한 이름 있는 집안일 것. 입지가 좋아야 인물이 배출되고, 경제적으로 윤택해야 고택이 유지된다. 명당의 입지는 천덕(天德), 지덕(地德), 인덕(人德)의 삼 덕이 갖추어진 곳으로, 풍수지리적으로 안정되고 조화와 균형을 이루는 지세여야 한다.

둘째, 집안에 상신(相臣)이나 문형(文衡)을 꾸준히 배출해야 한다.

셋째, 대제학과 같은 존경받는 인물이 반드시 있어야 한다. "3대가 선을 쌓아야 대제학이 나온다."라는 말처럼, 수세대에 걸쳐 덕을 실천해야 한다.

1) 경주 최 부잣집의 역사와 철학

경주시 교촌안길 19-23에 있는 경주 최 부잣집은 12대, 약 400년간 부를 이어온 조선의 대표 명문가다. 중시조는 정무공 최진립(1568~1636)으로, 그는 공조참판에 제수되었으나 벼슬을 사양하고, 병자호란 당시 종들과 함께 청군과 싸우다 전사한 인물이다. 최씨 가문은 '9대에 걸쳐 진사를 배출한 12대 만석꾼'으로 불릴 만큼 인재를 꾸준히 배출했고, 진정한 의미의 노블레스 오블리주를 실천한 집안이었다.

이 집은 대지 약 2천 평, 후원 약 1만여 평에 달하는 대규모 저택이며, 99칸에 달하는 사랑채와 안채로 구성되어 있다. 한때 100명의 노비와 100명의 식객을 동시에 수용할 수 있었던 규모였다. 1970년에 화재로 소실된 사랑채는 최근 복원되었다.

"부불삼대(富不三代), 권불십년(權不十年)"이란 말이 있듯이, 부와 권력을 세대를 넘어 유지하는 일은 상당히 어려운 일이다. 그러나 최 부잣집은 이를 가능하게 한 육훈(六訓)과 육연(六然)이 있었다.

〈최 부잣집 곡식 창고〉　〈활인당 터에서 이웃들에게 죽을 쒀 나눠주던 곳〉

제5장 | 양택풍수의 사례

2) 육훈(六訓): 집안을 다스리는 원칙

① 과거에 응시하되 진사 이상의 벼슬은 하지 말라.

② 만석 이상의 재산을 모으지 말라.

③ 흉년에는 남의 논밭을 사지 말라.

④ 과객은 후히 대접하라.

⑤ 며느리는 시집온 뒤 3년 동안 무명옷을 입어라.

⑥ 사방 100리 안에 굶어 죽는 사람이 없게 하라.

이 중 첫 번째 훈계는 정쟁에 휘말리는 것을 경계한 것으로, 정경분리(政經分離)의 실천이다. 또한 재산에 대한 절제와 사회적 환원, 과객 대접을 통한 인망 유지 등은 이 집안이 단순한 부자에서 명문가로 거듭날 수 있었던 이유다.

3) 육연(六然): 자신을 수양하는 원칙

① 스스로 초연하게 지내라. (自處超然)

② 남에게는 온화하게 대하라. (對人靄然)

③ 일이 없을 때는 마음을 맑게 하라. (無事澄然)

④ 일을 당했을 때는 용감하게 대처하라. (有事敢然)

⑤ 성공했을 때는 담담하게 행동하라. (得意淡然)

⑥ 실의에 빠졌을 때는 태연히 행동하라. (失意泰然)

4) 경주 최 부잣집의 대표적 일화

1671년 현종 신해년, 삼남 지방에 대기근이 들었을 때, 최국선은 곳간을 열고 큰 솥을 걸어 굶주린 백성들에게 죽을 끓여 대접하였고, 헐벗은 사람에게는 옷을 지어 입혔다. 이후 이 집안에는 "사방 백 리 안에 굶어 죽는 사람이 없게 하라."는 훈계가 가훈으로 더해졌다.

최씨 가문은 해마다 수익의 1/3가량을 과객 접대에 사용했고, 매년 1천석 가량의 곡식을 사회에 환원했다.

5) 풍수적으로 본 최 부잣집: 음택

- 조상의 묘역은 청룡보다 백호가 월등히 좋은 지세다.
- 한 장소에 두 기 이상의 묘를 쓰지 않으며, 합장도 거의 없다. (일묘 일명당)
- 음택풍수를 중시하여, 명혈 점혈 시 풍수사를 사랑채에 유숙시키고 후손에게까지 점혈하게 했다.
- 백호가 좋아 부(富)를 이루었으나, 청룡이 약해 외동아들이거나 양자를 두 차례 들이는 등 귀(貴)와는 거리가 있었다.
- 대부분 묘가 낮은 곳에 있어 부귀 중 '부'의 기운이 강하다.

6) 풍수적으로 본 최 부잣집: 양택

- 혈은 약하지만, 용맥이 내려오는 지세다.
- 토·금성체의 안산이 수려하다.
- 배산임수이나, 배산이 약해 회화나무를 심어 비보하였다.
- 수세(水勢)는 목성수와 유사하나, 전체적으로는 월성을 감싸는 궁수형이다.
- 평지이지만 장풍국의 형세를 갖추었다.
- 향교와의 관계로 고택을 낮게 조성하였고, 반월성과 향교가 뒤를 감싸준다.
- 동출서류(東出西流)의 땅이며, 문을 열어도 안채가 보이지 않도록 배치하여 풍수에서 말하는 충(沖)을 피하고 전착후관의 이치를 따랐다.

최 부잣집은 본래 형산강 상류 두 물이 만나는 합수처에 위치한 내남면 이조리 개 무덤 마을에서 시작되었다. 이곳은 행주형 지세를 가진 장소로, 이조리 양택의 정기에서 출발하여 현재의 교동택으로 발전하였다.

7) 최 부잣집 가문의 특징

- 주민들과 원만한 관계를 유지하고 원성을 듣지 않았다.
- 관직에 적극적으로 나아가지 않았다.
- 지속해서 적선을 실천하였다.
- 해방 이후 토지개혁에 적절히 대응하지 못했다.

경주 최 부잣집은 풍수에서 말하는 "적선지가 필유여경(積善之家 必有餘慶)"을 실현한 전형적인 예로 평가된다. 인간과 공간, 부와 덕, 지리와 품성이 유기적으로 어우러져야 명문가가 완성된다는 진리를 보여주는 대표적 사례다.

〈 경주 최 부잣집 정무공 이후 직계 〉

대	이름	비고	사망년도(묘 소재지)
1대	최 진립	정무공	1636(울주 언양)
2대	최 동량		1624(울주 언양)
3대	최 국선		1682(경주 내남)
4대	최 의기		1722(경주 내남)
5대	최 승렬		1757(경주 내남)
6대	최 종률		1773(경주 서면)
7대	최 언경	양자	1804(울주 두동)
8대	최 기영		1834(경주 서면)
9대	최 세인		1846(경주 내남)
9대	최 세구		1848(울주 두동)
10대	최 만희	양자(세구의 자)	1879(경주 조양)
11대	최 현식		1928(경주 광명)
12대	최 준		1970(경주 내남)

2
조선의 명문가: 안동 의성 김씨 종택

경상북도 안동시 임하면 천전리, 이른바 내앞마을로 불리는 이곳에 자리한 의성 김씨 천전 종택은 조선의 명문가 가운데에서도 풍수적으로, 역사적으로 그 가치를 두루 인정받는 대표적 종택이다. 이 종택은 경동로 1949-9번지 일대 반변천 앞에 자리 잡고 있으며, 지형상 한자로는 '천전(川前)'이라 하고, 우리말로는 '내 앞'이라 부른다.

『택리지』의 저자 이중환은 이 마을을 영남의 4대 명당지 중 하나로 꼽았다. 그가 말한 4대 길지는 안동의 도산, 하회, 천전, 봉화의 달실이다. 이 가운데 천전마을은 '육부자등과지처(六父子登科之處)'로 널리 알려졌다. 청계(淸溪) 김진(金璡) 선생은 과거에 급제할 수 있었음에도 자손의 교육에 뜻을 두고 과거를 포기했다. 그 결과 다섯 아들 모두가 과거에 급제하였고, 그는 사후 이조판서에 추증되었다.

청계의 다섯 아들, 즉 약봉(藥峯) 김극일, 구암(龜峯) 김수일, 운암(雲岩) 김명일, 학봉(鶴峯) 김성일, 남악(南嶽) 김복일은 각기 과거에 급제하고 벼슬에 올라, 명실상부한 '오부자 등과'의 주역이 되었다. 이 중 장남 약봉은 본가에, 나머지 네 아들은 분가하여 인근에 각각의 종택을 세웠다.

1) 천전 종택의 입지와 풍수 형국

천전 종택은 일월산(日月山)의 지맥이 동남으로 뻗어오다가 반변천과 만나는 지점에 자리 잡고 있다. 반변천은 마을 앞을 휘감아 흐르며 백사장을 형성하는데, 이는 '완사명월형(浣紗明月形)'이라 불리는 명당형국을 이룬다. 완사명월형은 맑은 달 아래 비단옷을 씻는 여인의 모습을 닮은 형국으로, 이 마을의 모래밭은 반변천에 댐이 들어서기 전의 경관을 상징한다.

마을 뒤 현무봉을 바라보면 누운 소가 한가로이 풀을 되새김질하는 모습과 같아 풍수적으로는 '와우형(臥牛形)'이라 한다. 이는 인물이 배출되는 형국으로, 실제로 천전마을은 많은 인재를 낳았다.

백두대간에서 분기된 태백산의 낙동정맥은 통고산(中祖山)을 거쳐 일월산(小祖山)으로 이어지고, 대현산이 주산이 된다. 이 주산은 거북이 머리를 숙여 예를 표하는 모습으로, 길한 형국이다. 이로부터 내려온 내룡은 여러 혈처에서 생기를 응집한 후, 천전 종택의 터에 이른다. 반변천은 마을을 감싸며 흐르니 수구막이 역할을 하고, 집 앞에는 금성수(金星水)가 흐르는 형국이다. 다만 좌청룡은 중간이 끊긴 형세라 남자 후손의 장수에 약점을 보일 수 있고, 우백호도 달아나는 형국이라 아쉬움이 있다. 이를 보완하기 위해 모래밭에 '개호송(開湖松)'이라 불리는 소나무를 심어 수구를 막았다. 또한 청계 김진 선생이 "갓 꼭지가 보이면 이사하라."고 한 말은 풍수에서 큰물을 꺼리는 의미로, 물이 보이지 않도록 지형을 설계한 깊은 고려가 엿보인다.

2) 종택의 구성과 구조적 특징

천전 종택은 조선 중기의 주택 양식을 따른 단층 기와집으로, 전체 55칸 규모이다. 배산임수의 입지에 따라 축대를 쌓아 지었기에, 앞마당에서 보면 이층집처럼 보인다. 흥미로운 점은 생기가 응집된 '태실(胎室)'이 존재한다는 것이다. 오 부자가 모두 그 태실에서 태어났다는 점에서 더욱더 상징적이다. 후에 김방렬이 이 방을 헐고 대청으로 바꾸었는데, 이후 이 방에서 태어난 아이들과 그렇지 않은 아이들의 운명이 엇갈린 사례가 있어, 종택의 정기와 관련한 믿음이 깊었다.

현재의 종택은 선조 대에 화재로 소실된 뒤, 학봉 김성일이 북경 사행길에서 얻은 설계도를 바탕으로 재건한 것이다. 건물은 사랑채, 안채, 행랑채로 구성되며, 사랑채는 일자형으로 앞면 4칸, 측면 2칸이다. 안채는 ㅁ자형 구조로, 안방이 높고 바깥쪽에 있어 독특하다. 행랑채는 전체 가옥 구성에서 중문 없이 연결되며, 사랑채로 직접 들어가는 문이 따로 있다. 사랑채와 행랑채 사이의 건물은 2층으로 구성되어 위층은 서고, 아래층은 헛간으로 사용되었다. 이처럼 2층 구조는 조선 민가에서 보기 드문 형식으로, 학술적으로도 귀중한 자료가 된다.

전체적으로 종택은 'ㄴ' 자형 평면구성을 이루며, 건물 외관은 수평을 유지하고 합각지붕 네 개가 조화를 이룬다. 사랑채의 배치와 대문의 위치는 시대적 변화에 따라 달라졌으며, 1920년대 무라야마 지준이 촬영한 사진에 따르면, 원래의 출입문은 사랑채 앞에 있었던 것으로 확인된다. 즉, 지금의 구조는 대문 위치의 변경에 따른 착시일 뿐, 기본 구조는 사대부가의 통상적 배치인 '사랑채 전면, 안채 후면' 구성을 따르고 있다.

3) 풍수적 길지 조건의 충족

천전 종택은 다음과 같은 풍수적 길지의 조건을 두루 갖춘다.

배산임수의 전형적인 양택이다. 뒷산을 주산으로 두고 물길이 앞을 감싸며 흐른다.

전저후고(前低後高)의 택지로서 부지가 반듯하고 터가 안정되었다.

수로나 냇물의 유입이 없고, 집 안에 우물이 없어 택지 내부의 수기 흩어짐을 방지하였다. 솟을대문과 중문, 안방이 일직선상에 놓이지 않아 내외분리가 잘 구현되었다. 정원수나 연못이 없이 깔끔하게 구성되어, 인위적 기세의 분산을 방지하였다.

대문 앞과 집안에 거목이 없어 기의 흐름을 가로막지 않는다.

이러한 조건들은 천전 종택이 단순히 명문가의 주거 공간을 넘어서 풍수지리적 입지의 모범이라는 사실을 방증한다. 조선시대의 건축 미학, 유교적 공간배치, 풍수 형국의 절묘한 융합은 오늘날에도 학술 가치가 높으며, 1967년 보물 제450호로 지정된 바 있다.

의성김씨 종택 배치도	소나무 숲 개호송

3
조선의 명문가: 예산 추사 김정희 고택

⟨조감 사진 / 출처: sinsunmi 1234⟩

충청남도 예산군 신암면 추사고택로 261번지에 있는 이 고택은 조선 후기의 대문장가이자 서예가, 학자였던 추사 김정희(秋史 金正喜, 1786~1856) 선생이 태어난 곳이다. 이 고택은 그의 증조부인 김한신(金漢藎, 1720~1758)이 지은 집으로, 뒷산은 현무봉, 즉 용산으로 불리는 산이며, 집은 그 기슭 아래에 자리 잡고 있다. 이 집은 조선의 양반가 풍수를 고스란히 품고 있는 고택으로, 그 건축적·역사적·풍수지리적 가치가 매우 높다.

1) 추사 김정희의 생애와 업적

추사는 시(詩)·서(書)·화(畵)에 능한 예술가였으며, 금석학(金石學)의 대가로서 '추사체'라는 독자적인 서체를 창안하였다. 그는 조선의 왕 영조가 총애하였던 화순옹주와 월성위 김한신의 증손자이다. 어린 시절부터 뛰어난 학문적 자질을 보였으며, 다음과 같은 주요 생애 기록이 있다.

1786년 6월 3일, 충청도 예산 신암면 용궁리에서 출생

24세(1809년), 생원시에서 1등으로 합격

31세(1816년), 북한산 순수비를 고증·확인

34세(1819년), 문과에 급제 후 관직에 진출

54세(1839년), 형조참판 역임

55세(1840년), 당쟁에 휘말려 제주도 유배(8년간)

59세(1844년), 유배지에서 국보 제180호 『세한도』 제작

66세(1851년), 진종조례론 사건으로 북청 유배(1년)

71세(1856년), 경기도 과천에서 별세

그는 유배지에서도 창작과 교육을 멈추지 않았으며, 세한도는 그가 제자 이상적에게 보내며 남긴 대표작으로, 현재까지도 추사의 예술성과 정신을 상징하는 명작으로 꼽힌다.

2) 추사 고택의 건축 구조

고택은 18세기 중반, 즉 1700년대 중반에 지어진 건물로, 전체 면적은 약 304.47㎡(92평)이다. 고택은 전형적인 'ㅁ' 자형 대갓집 구조로, 다음과 같은 건물들로 구성되어 있다.

- 안채: 6칸의 대청을 중심으로 2칸짜리 안방과 건넌방이 있으며 부엌, 광, 안대문, 협문 등을 갖추었다. 안방과 건넌방에는 툇마루가 있고, 부엌 위에는 다락이 있다.
- 사랑채: 문간채를 들어서면 마당 한쪽에 있는 'ㄱ' 자형 구조의 건물로, 안채와는 철저히 분리되어 있으며, 이는 유교적 남녀유별 사상이 반영된 결과이다.
- 문간채와 사당이 따로 배치되어 있으며, 사대부가의 전형을 따르고 있다.

건물의 구조는 지형의 경사를 그대로 반영하고 있으며, 늘석지붕(캐노피형 지붕)과 댓돌, 사당의 층 차, 남녀공간 분리 등 조선 사대부가의 특성을 잘 보여준다.

3) 풍수지리적 해석

금북정맥의 칠현산을 태조산으로, 가야산을 중조산으로, 용산을 주산으로 삼는다. 집의 좌향은 유좌(酉坐) 묘향(卯向)으로, 아침 햇살을 정면으로 받으며 맑은 기운을 끌어들이는 배치를 하고 있다. 주산(용산)은 금형체(金形體)의 야트막한 둔덕으로, 안정을 상징하며 재물이 모이는 지형으로 평가된다. 안산은 누에가 누워 있는 형상으로, 정서적 안정감과 포근함을 주는 형태다. 백호 자락은 단정하게 뻗고 있으며, 청룡 자락은 도중에 끊겨 후손의 힘은 약할 수 있다. 주변 산세는 모두 유순하고 날카로운 기운이 없어 살기(殺氣)가 없는 터전이다.

풍수 원리에 따라 고택은 배산임수(背山臨水), 전저후고(前低後高), 전착후관(前窄後寬)의 조건을 갖추었으며, 이는 조선시대 양택지(陽宅地)의 이상적 형태로 간주한다.

4) 추사 고택과 가족 묘역

고택의 좌측에는 증조부 김한신과 화순옹주의 묘가, 그 옆에는 고조부 김흥경의 묘가 위치하며, 우측에는 추사 김정희의 묘소가 있다. 추사의 묘는 원래 과천에 있었으나, 1937년 이장되어 현재 위치에 자리하고 있다. 묘역은 야트막한 산에서 내려오는 곁맥 위에 조성되었으며, 내룡(來龍)과 입수룡(入首龍)이 미약하여 생기(生氣)가 강하지 않다. 좌측 청룡은 사격이 약하고 전진하지 못하나, 백호는 도로를 넘어 혈을 보호하는 형국이다. 풍수 원칙에 따르면, 혈이 강해야 자손의 번영과 가세의 유지가 가능하나, 추사의 묘는 혈이 약한 무맥지(無脈地)에 해당하여 묘보다는 양택으로 더 적합한 지형으로 평가된다. 실제로 추사는 자손이 없어 양자나 계자로 가문이 이어졌다.

5) 조선시대 명문가의 조건과 추사 가문

조선의 양반으로 명문가로 인정받기 위해서는 다음의 조건을 갖추어야 했다.
- 과거에 합격한 인물이 집 안에 있어야 함
- 저명한 학자를 배출하거나 조상으로 모셔야 함
- 같은 지역에 집단으로 거주해야 함
- 양반의 생활양식을 유지해야 함
- 타 양반 가문으로부터 인정받아야 함
- 혼인 관계에서 상류 집안과 연결되어야 함

추사 가문은 위의 조건을 두루 갖춘 전형적인 조선 후기 명문가로, 풍수적으로도 안정된 터전에서 학문과 예술의 가풍을 이어갔음을 보여준다.

6) 종합적 평가

예산 추사 고택은 건축사적 가치, 풍수지리적 가치, 인물사적 가치를 모두 지닌 귀중한 문화유산이다. 지세는 낮고 편안하며, 사방을 둘러싼 산세는 부드럽고 살기가 없으며, 유순한 안산과 정형화된 주산은 명문가의 터로 손색이 없다. 양택과 음택이 한 공간에서 조화를 이루는 구조는 이례적이면서도 조선 양반가의 통합적 풍수관을 보여주는 실례라 할 수 있다.

추사 김정희는 예술과 학문의 세계에서 뛰어난 성취를 남겼으나, 그의 묘소는 생전의 고난과 함께 다소 미약한 혈맥에 조성되었다. 그럼에도 불구하고 추사의 정신은 고택과 세한도에 영원히 살아 숨 쉬고 있다.

4
조선의 명문가: 해남 고산 윤선도 고택

1) 녹우당(綠雨堂)과 해남 윤씨 종택

전라남도 해남군 해남읍 녹우당길 135에 있는 녹우당은 고산 윤선도(1587~1671)의 고택으로, 해남 윤씨 종가의 종택이다. 현존하는 전남지방 주택 중 가장 큰 규모를 자랑하며, 1984년 사적 제167호로 지정되었다. 이 고택은 사랑채, 안채, 행랑채가 'ㅁ' 자형으로 구성되어 조선시대 상류 주택의 전형을 잘 보여주고 있다. 건물은 갑좌경향(甲坐庚向)으로 서향을 하고 있으며, 주산은 토형체(土形體)의 덕음산(381m)이다. 좌측은 청룡인 산줄기, 우측은 백호인 산줄기가 겹겹이 감싸주며, 앞쪽 안산에는 벼루봉이 자리하고 있고, 그 우측에는 문필봉(일명 마늘봉, 192m)이 자리 잡고 있다. 이러한 풍수적 구조는 학자나 문인의 명당으로 손꼽히는 입지 조건을 충족한다. 특히 고택 뒤편의 9,000평 비보림(裨補林)으로 조성된 비자나무 숲은 풍수적으로 주산의 노출된 바위를 가리는 비보 수단이며, 장풍(藏風)의 역할도 함께 한다. 또한 앞쪽의 백연(白蓮)동은 수기를 보충하며 풍수적 수생목(水生木)의 기운을 돕는 역할을 한다.

이처럼 녹우당은 다음과 같은 풍수적 특징을 지닌 명당이다.
- 주산 덕음산은 토형체로 온화하며 위엄 있는 형국을 갖추고 있다.
- 좌청룡과 우백호의 산줄기가 겹겹이 감싸주어 장풍국(藏風局)을 형성한다.
- 안산은 남쪽의 노적봉 형태이며 주작 역할을 한다.
- 전면에는 문필봉이 위치하여 문인의 집안에서 인재를 배출할 수 있는 지형이다.
- 9,000평에 이르는 비보림은 노출된 암반을 감추고 혈처를 안정시킨다.

2) 윤두서 고택과 배산임해(背山臨海)

녹우당에서 가까운 전남 해남군 현산면 백포길 122에 있는 윤두서 고택은 고산 윤선도의 증손자인 공재 윤두서(1668~1715)가 거주하던 곳이다. 고산이 처음 터를 잡았으나 바닷바람이 심하여 윤선도가 떠나고, 후에 윤두서가 이곳에 정착하였다.

이 고택은 북쪽의 망매산을 주산으로 하고, 남쪽으로는 바다가 탁 트여 보이는 임해형 명당이다. 좌측의 청룡과 우측의 백호가 지형상 감싸주며 안정을 주는 형국이다. 이는 '배산임해형(背山臨海形)'으로, 풍수지리상 해양 기운을 받으며 뒷산에서 기를 모으는 이상적인 입지이다. 지붕을 낮추어 바닷바람을 막도록 조성한 점에서도 풍수적 실용성이 고려되었다.

3) 풍수의 대가 고산 윤선도

고산 윤선도는 문장과 정치뿐 아니라 풍수에서도 뛰어난 역량을 보인 인물로, 후대 풍수인들 사이에서 '풍수의 대가'로 인정받는다. 그는 효종이 죽자 직접 산릉의 입지를 고르기 위해 간산(看山)에 나서 수원의 화산(華山)을 천하명당으로 추천하였다. 비록 송시열 등의 반대로 채택되지 않았지만, 후에 정조가 아버지 사도세자의 능지로 화산을 선택함으로써 윤선도의 안목이 입증되었다. 고산의 주장은 《산릉의(山陵儀, 1659)》라는 문서로 남아 있으며, 그는 이곳을 "천 년에 한 번 나올까 말까 한 명당"이라 평가하였다.

또한 고산은 자신의 묘소 역시 직접 풍수적 명당으로 택하였다. 현재의 묘소는 금쇄동(金鎖洞)에 위치하며, 회룡고조(回龍顧祖)형 지세를 가진 북향 묘이다. 이는 용맥이 다시 몸을 틀어 조상을 돌아보는 형국으로, 혈처의 극치로 여겨진다. 일반적으로 북향을 꺼리는 경향이 있지만, 지세에 맞는 북향은 남향보다도 뛰어날 수 있으며, 이 묘소는 그러한 예외의 대표적 사례로 꼽힌다.

4) 고산과 이의신의 명당 일화

명풍수가 이의신과 함께 살던 고산은 그가 매일 밤 나귀를 타고 다녀오는 것을 수상히 여겼다. 하루는 술을 먹인 후 그의 나귀를 몰고 따라가니, 나귀가 평소 가던 길 끝에서 멈췄고 그곳이 혈처임을 직감하였다. 다음 날 고산은 이의신에게 함께 답사를 청하였고, 이의신은 자신이 점찍어둔 명당임을 알아보고 "명당도 임자가 따로 있다."라고 탄식하며 자리를 고산에게 양보하였다. 이곳이 현재 고산 윤선도의 묘소가 있는 금쇄동이다.

5) 효종 능의 예언과 실현

고산은 송시열 등의 반대로 수원 화산 대신 동구릉 근처에 효종의 능이 조성되자 반대하였다. "10년이 못 가 큰 변고가 있어 능을 옮기게 될 것"이라 예언하였는데, 실제로 석물이 금이 가고 무너지는 일이 반복되면서 15년 후 여주의 영릉으로 이장되었다. 이는 풍수적으로 혈처가 아니었음을 증명한 대표 사례로 남아 있다.

양택뿐만 아니라 음택에서도 뛰어난 실력을 보여준 윤선도는 풍수의 이론과 실천이 일치한 대표적 인물로 평가된다.

5
조선의 명문가: 영양 주실마을 호은 종택

경상북도 영양군 일월면 주실길 27에 자리한 주실(舟室)마을은 조선 후기의 대표적 문장가 조지훈(호: 청록)의 생가인 호은(壺隱) 조전(趙佺, 1576~1632)의 종택을 중심으로 조선 중기 이래 한양조씨 가문이 터를 잡고 살아온 유서 깊은 마을이다. 이 마을은 단순한 주거지가 아닌, 풍수적 이상향을 실현한 터전으로써 주목할 만하다.

1629년(인조 7년), 조전(趙佺)의 둘째 아들인 조정형(趙廷珩)이 입향하여 종택을 창건하였으며, 이후로 수백 년 동안 대를 이어 조지훈, 조용헌 등 걸출한 문장가와 학자를 배출한 명문가의 본거지가 되었다. 현재 호은 종택은 경상북도 기념물 제78호로 지정되어 있다.

1) 지세와 배산임수

주실마을은 백두대간에서 뻗어 내린 일월산의 지맥이 부용봉(376m)을 주산으로 삼고, 그 아래 남서향(艮坐坤向)으로 자리 잡고 있다. 이 주산은 배산(背山) 역할을 충실히 하며 마을 전체를 감싸고 있다. 앞산은 흥림산이며, 정면에는 문필봉이라 불리는 정삼각형 형태의 안산이 뚜렷이 서 있다. 이 문필봉은 마치 붓끝처럼 예리하고 우뚝하여, 글을 쓰는 붓 모양과 흡사하다는 점에서 문필봉이라 불린다. 문필봉이 정면 안산으로 자리하면 문장가와 학자가 배출된다는 풍수의 이론을 그대로 반영하는 지형이다. 주산-안산-조산-명당의 구성은 풍수지리학에서 말하는 이상적 배산임수의 원형이라 할 수 있으며, 특히 문필봉이라는 뚜렷한 상징적 안산이 주는 의미는 매우 크다.

2) 비보와 수구

마을의 입구는 외부에서 보면 마치 마을이 존재하지 않는 듯한 좁고 막힌 골짜기 형태로, 자연적인 비보형(裨補形)을 이루고 있다. 이 입구는 호리병 입구처럼 좁고 구불구불한 '之' 자형 도로로 연결되어 생기가 빠져나가지 못하도록 하였다. 이 또한 풍수의 수구(水口)를 조절하는 전형적인 비보 처리의 예이다. 마을 전체가 산으로 둘러싸인 함곡형(陷谷形)의 지형이므로 외부의 시선을 차단하고 기운을 응집시키는 데 유리하다.

3) 인물 배출의 명당

이처럼 수려한 풍수 지세 덕분에, 마을은 조선시대부터 학문과 문장의 고장이었으며, 60여 가구의 작은 마을에서 수십 명의 박사와 교육자, 공직자, 문학인 등을 배출하였다. 이는 풍수에서 말하는 명당의 기능, 즉 인재 배출의 지기(地氣)를 실증적으로 보여주는 사례라 하겠다.

4) 문필봉의 상징성

호은 종택의 정면에 우뚝 선 문필봉은 오행으로 목형산(木形山)에 해당하며, 뾰족하고 뚜렷한 삼각형 형상은 풍수에서 최고의 문필봉으로 간주한다. 풍수 이론에서는 이와 같은 산이 안산으로 있을 때, 문필의 기운이 집 안으로 들어온다고 하며, 실제로 호은 종택에서는 시인 조지훈을 비롯해 수많은 학자와 문인이 배출되었다. 문필봉은 가까우면서도 그 형상이 명확해야 하며, 아름다움을 갖춘 형태일수록 더 큰 영향을 미친다고 본다. 주실마을은 이 모든 조건을 충족하고 있다.

5) 지형과 우물의 금기

주실마을에는 마을 전체를 통틀어 우물이 하나뿐이었다. 이는 마을의 지형이 배 모양이어서, 배의 밑바닥에 구멍이 뚫리면 침몰한다는 상징적 인식에서 비롯된 것이다. 따라서 주민들은 우물을 추가로 파는 것을 금기시하였고, 50여 가구가 오직 하나의 우물만을 사용하였다. 현대에는 50리 떨어진 곳에서 수도를 끌어다 쓰고 있다. 이는 합리적이라기보다 풍수적 상징과 전통을 중시한 마을 공동체의 정신을 보여주는 예로, 풍수의 믿음이 공동체 생활방식까지 관통한 경우이다.

6) 가문의 전설과 삼불차(三不借)

호은 종택에는 또 하나의 전설이 전해진다. 어느 날 찾아온 스님이 "저 산에 묘를 쓰면 자손이 번성하고 글이 끊기지 않겠지만, 집안의 종부가 호랑이에게 호식(虎食)당할 것"이라는 예언을 한다. 이를 들은 종부는 가문의 번영을 위해 스스로 그 운명을 받아들이겠다고 말하고, 실제로는 예언대로 호식을 당했다고 전해진다. 이 이야기는 종부의 희생정신을 통해 가문의 번영이 실현되었음을 상징하며, 가문 내부에서는 지금도 전설로 전해진다.

또한 조씨 가문에는 "삼불차(三不借)"라는 가훈이 내려온다. 재물(財)을 빌리지 않고, 사람(人)을 빌리지 않으며, 문장(文)을 빌리지 않는다는 이 원칙은 곧 가문의 자립정신과 자긍심을 대변한다. 종토(宗土)로서 보존된 50마지기 논은 가문의 재정적 독립성을 상징하고, 양자를 들이지 않고 370여 년간 혈손으로만 대를 이은 전통은 사람을 빌리지 않는 자존심의 표현이다. 그리고 문장을 외부에 의지하지 않고 스스로 학문에 정진하는 자세는 문불차(文不借)의 정신을 가장 잘 보여준다.

이처럼 주실마을과 호은 종택은 풍수지리 이론이 실제로 구현된 사례이자, 자연 지형과 인간의 의지가 어우러진 터전이다. 배산임수, 비보, 문필봉, 삼불차라는 사상적 기틀 위에 오늘날까지도 명문가의 전통을 이어가는 이 마을은 양택풍수의 실증적 현장이라 할 수 있다.

6
조선의 명문가: 아산 외암마을 이씨 종가

1) 살아 있는 민속박물관, 아산 외암마을

충청남도 아산시 송악면 외암리 169-1번지에 있는 외암마을은 조선 중기에 형성된 예안 이씨 집성촌으로, 약 500여 년의 역사를 간직한 국가 지정 문화재 민속 마을이다. 현재도 후손들이 거주하며 살아 있는 민속박물관으로 보존되고 있는 이 마을은 돌담길과 전통 가옥, 정원, 물길, 산세가 어우러진 풍수적 명당으로 꼽힌다.

외암마을은 배산임수의 원칙을 따르며, 설화산(雪華山, 447m)을 주산으로 삼고 있다. 설화산은 봉우리가 다섯이라 '오봉산'이라 부르기도 하며, 그 모습이 붓, 봉황, 선비와 같이 보이기도 해 문필과 학문의 기운이 서린 명산으로 평가받는다. 외암마을은 설화산에서 발원한 물줄기와 광덕산에서 내려온 물이 마을 앞에서 합수되는 지점에 있어, 삼산(三山)과 양수(兩水)의 조화로운 입지를 이룬다.

풍수에서는 산이 물을 만나 기운이 머무르고(界水則止), 음양이 조화를 이룰 때 사람이 살기 좋은 땅이 된다고 보는데, 외암마을은 설화산에서 내려온 용맥이 물을 만나 멈추고, 마을을 감싸고 돌며 안산(案山)과 조화를 이루는 산관인정(山管人丁), 수관재물(水管財物)의 지형이다.

2) 명문가가 터를 잡은 풍수의 터전

예안 이씨가 이곳에 처음 정착한 것은 조선 명종 때 장사랑 벼슬을 지낸 이정(李貞)의 시기로, 이후 그의 6대손 외암 이간(巍巖 李柬,

1677~1727)이 이 마을의 이름이 되었다. 외암 이간은 율곡 이이에서 사계 김장생, 우암 송시열, 수암 권상하로 이어지는 성리학의 적통을 계승한 인물로, 조선 후기의 대표적 유학자이다. 정조는 그를 이조참판에 증직하고, 순조는 이조판서에 추증하며 '문정(文正)'이라는 시호를 하사했다. 이간이 태어난 건재고택은 설화산에서 이어진 용맥의 중간 지점에 위치하고, 마을의 중심에 자리 잡고 있다. 이는 명당의 핵심인 혈처(穴處)에 해당하며, 마을 전체의 기운을 머금은 중심 공간이다.

또한, 외암 이간의 후손인 퇴호 이정렬(1865~1950) 참판의 고택은 외암마을에서 풍수적으로 가장 중요한 위치에 있으며, 북서쪽 소나무 방풍림, 정문을 통하여 보이는 안산인 면잠산(眠蠶山)의 노적봉 형태, 좌청룡 우백호의 산세가 조화를 이루며 길지를 형성한다. 이정렬의 고택은 고종황제로부터 하사받은 집으로, 창덕궁 낙선재를 본떠 지어졌으며, 왕실과의 인연도 각별하다.

3) 외암마을의 풍수적 구조와 상징

외암마을은 마을에 들어서기 전, 물을 건너야 하는 형국이다. 물은 마을의 경계가 되며, 기운의 유입을 조절하는 풍수적 요소로 작용한다. 마을 중앙에는 동서 방향으로 주축이 되는 길이 있으며, 이 길을 중심으로 양측에 샛길이 갈라져 나가고, 그 샛길을 따라 집들이 배치되었다. 이는 마치 나무의 줄기에서 가지가 뻗어나가고, 가지마다 열매가 맺히는 생명의 구조를 닮았다.

마을 전체는 타원형에 가까운 형국으로, 그 중심축이 주산과 안산을 조응하며 마을의 좌향과 기운의 흐름을 자연스럽게 유도한다. 설화산은 화(火)의 기운이 강하여 화재의 우려가 있었으므로, 이를 보완하기 위해 설화산 계곡의 물을 인공수로로 마을로 끌어들여 지기를 이어주고, 화재 시 방화수 역할도 하게 하였다. 이러한 수로는 마을의 연못과 빨래터, 집집의 물길로 이어져 일상과 풍수를 하나로 융합시킨 예라 할 수 있다. 또한, 돌담길은 마을을 구성하는 중요한 요소로, 집집이 정갈하게 쌓인 담장이 골목과 이어져 독특한 정취를 자아내고, 외부의 바람을 차단해 주는 비보의 역할도 한다. 마을 북서쪽에는 북서풍을 막기 위해 조성된 소나무 방풍림이 있어 계절풍과 재해에 대비하였다.

4) 외암마을의 풍수적 특징

① 아산 외암마을은 물을 건너야 마을로 들어갈 수 있다. 물이 마을의 경계가 되는 것이다.

② 가장 우뚝한 설화산을 주산으로 3개의 봉우리를 배산으로 하고, 2개의 물길이 만나는 합수처로 삼산 양수의 터이다.

③ 마을 중앙으로 동서축의 길이 나 있으며, 이 길의 좌·우측으로 작은 길이 있고 집들이 배치되어 있다. 중앙의 길이 나무의 줄기가 되고, 작은 길이 가지가 되어 가지마다 열매를 맺는 마을의 배치이다.

④ 주산과 안산의 조응(照應)을 보면, 주산이 높고 안산이 상대적으

로 낮다. 지형·지세에 맞는 주택의 좌향이 많다.

⑤ 설화산의 화기, 화재를 예방하기 위하여 설화산의 계곡물을 마을로 끌어들이는 인공수로가 있다. 마을의 지기를 끊지 않고 이어지도록 수로를 얕게 하였다고 한다.

⑥ 돌담길이 계속 이어지며 집집마다 담장이 설치되어 있어 돌담길의 정취가 특별하고, 밖으로부터의 바람도 잘 갈무리한다.

⑦ 북서풍 바람에 대비하여 북서쪽에는 소나무 방풍림을 조성하였다.

⑧ 양택지는 국세가 넓어야 하고, 생리도 갖추어져야 한다.

개울을 건너가면 넓은 평지가 있어 농업시대인 조선조에는 아주 살기 좋은 마을이었다.

7

명문가의 풍수적 공통점

우리나라에 전해지는 유서 깊은 종가들과 전통 고택들을 살펴보면, 이들 모두가 단지 우연이나 개인의 능력에만 의존하여 명가로 성장한 것이 아님을 알 수 있다. 그 이면에는 수백 년에 걸쳐 전승된 풍수의 원리가 있었으며, 이를 바탕으로 공간을 구성하고 자연과 조화를 이루며 살아간 지혜가 있었다. 그 공통적인 특징은 다음과 같다.

첫째, 명문가의 종택과 주요 주거지는 주산(主山)의 전면에 자리 잡으며, 대부분 주산에서 흘러내린 능선이나 용맥 상에 터를 잡고 있다. 이는 주산의 지기를 직접 이어받는 자리로, 혈처(穴處)의 이치에 부합하는 위치이다.

둘째, 좌향은 반드시 정남향을 고집하지 않고, 주변의 자연 지형과 산세, 수세 등을 종합적으로 고려하여 가장 적절한 방향, 즉 지세향(地

勢向)을 선택하고 있다. 이는 생명과 삶의 흐름이 단순한 방위가 아니라, 지형의 리듬과 생기에서 비롯된다는 풍수의 기본 철학을 따른 것이다.

셋째, 마을 전체의 구성에서도 주산과 안산이 서로 조응(照應)하도록 배치되어 있다. 주산은 뒤를 든든히 받쳐주는 배산의 역할을 하고, 안산은 앞을 안정시키는 역할을 하며, 이 양자 간의 조화가 삶의 안정을 이끈다.

넷째, 배산임수(背山臨水), 전저후고(前低後高), 전착후관(前窄後寬)의 풍수적 3요소를 모두 갖추고 있다. 이는 집터의 기운이 모이고, 사람과 재물이 들어오며, 안정된 삶을 가능케 하는 길지의 조건들이다.

다섯째, 주거지는 지나치게 급한 경사를 피하고, 완만한 자연 지형을 살려 터를 조성하였다. 이를 통해 주거의 안정성과 접근성을 동시에 확보하였으며, 마을 어디서든 종택으로 접근이 쉽도록 동선이 고려되었다.

여섯째, 외부로부터 들어오는 강풍이나 불길한 기운을 차단하기 위해 방풍림 등 비보풍수(裨補風水)를 적극적으로 활용하였다. 이는 단순한 조경이 아닌, 생존과 번창을 위한 환경적 지혜였다.

일곱째, 주산은 금형(金形)이나 토형(土形)의 형국을 갖추고 있으며, 주변 사격(砂格)은 문필봉(文筆峰), 연화봉(蓮花峰) 등 수려한 형세를 띠고 있어, 고고하고 품위 있는 장소적 기운을 제공하고 있다.

이러한 입지의 공통점은 단지 지리적 특성에 그치지 않는다. 그것은 곧 인재의 탄생과도 밀접하게 연결된다. 예로부터 "인걸은 지령이다(人傑地靈)."라는 말이 있다. 뛰어난 인물은 뛰어난 터에서 난다는 뜻이다. 실제로 풍수적 명당에 자리한 고택에서는 수많은 학자, 문인, 정승, 재상, 선비들이 배출되었고, 그 명문가의 정신과 품격은 세대를 이어 전승되어 왔다. 고택들이 자리한 마을을 둘러보면, 자연을 거스르지 않고 순응하며 조화롭게 살아간 삶의 흔적들이 있다. 수질과 풍토에 따라 귤의 맛이 달라진다는 남귤북지(南橘北枳)의 고사, 삼밭 속에서 자란 쑥도 마처럼 곧게 자란다는 마중지봉(麻中之蓬)의 비유처럼, 훌륭한 환경은 사람을 변화시키고 기른다.

결국 성공한 사람과 가문의 모습은 그 터전에 녹아 있으며, 그것을 모방하고 배우는 일은 어느 시대에나 가장 좋은 학습 방법이 된다. 일본의 기업가 하야시 가즈토는 "성공한 사람의 흉내를 내는 것은 가장 좋은 공부다."라고 하였다. 풍수 또한 그러하다. 명당을 찾아내는 것도 중요하지만, 명당의 원리를 이해하고 그것을 실천하는 것이야말로 오늘날 풍수의 본질을 되새기는 길이라 하겠다.

제6장

음택풍수 이론과 사례

1. 음택풍수(陰宅風水)
2. 음택풍수 사례

1
음택풍수(陰宅風水)

　음택풍수란 돌아가신 분의 묘지를 선택하고 조성하는 풍수 이론을 말한다. 전통적으로 우리 조상들은 땅을 살아 있는 생명체로 간주하였으며, 만물이 기(氣)로 이루어졌다는 관점에서 땅 또한 지기(地氣)를 지닌 존재로 보았다. 이러한 지기를 중심으로 음양오행과 주역의 논리를 체계화한 것이 바로 풍수지리학이다.

　서양의 지리학(geography)이 도입되기 이전, 우리 전통 지리학의 핵심은 풍수지리였다. 조상들은 집을 지을 때는 물론이고, 조상의 묘를 정할 때도 반드시 풍수 원리를 따랐다. 특히 음택풍수는 "조상의 묏자리를 잘 쓰면 자손이 복을 받는다."라는 믿음 아래 매우 중시되었으며, 실제로 명당을 찾아 묘를 여러 차례 이장하는 사례도 흔히 있었다.

　음택풍수의 이론적 기초는 '동기감응론(同氣感應論)'에 기반한다. 이 이론에 따르면 사람은 땅의 기운인 지기를 받아 살아가며, 생자는 활동을 통해 받은 기운을 모두 소모하게 된다. 그러나 묘지에 안장된 유골은 움직이지 않기에, 받은 지기가 체내에 저장된다. 이 저장된 기가 일정 수준에 이르면 반드시 밖으로 흘러나가는데, 이때 같은 기운, 즉 동기(同氣)를 지닌 존재에게로 전달된다고 보았다. 이 동기의 대표적인 수혜자는 바로 후손이며, 따라서 조상의 유골 상태가 불량하거나 묏자리가 흉지이면 그 나쁜 기운이 후손에게 전해져 해를 끼친다고 여겼다. 이것이 음택풍수가 후손의 복과 직접 연결된다고 보는 핵심 개념이다.

풍수는 그 적용 대상에 따라 크게 세 가지로 구분된다. 도읍지나 마을과 같은 지역 전체를 대상으로 한 '양기풍수', 개인 주택을 대상으로 한 '양택풍수', 그리고 묘지를 대상으로 한 '음택풍수'가 그것이다. 이러한 명칭의 차이에도 불구하고 양기·양택·음택풍수의 이론적 원리와 술법은 본질적으로 같다.

설심부에서는 "양택이 음택과 다른 점은 지세가 넓어야 한다는 것"이라 하며, 이 둘의 법술이 다르지 않음을 분명히 밝히고 있다. 양택은 사람이 살아가는 공간이고, 음택은 돌아가신 분을 모시는 공간이다. 그러나 조산(祖山), 내룡(來龍), 과(過), 협(峽), 기(起), 정(頂)과 같은 혈의 형성과 관계된 조건이나, 청룡·백호·안산·조산·나성(羅星)·수구(水口)와 같은 외부 환경 요소는 음택과 양택 모두에 공통으로 적용된다. 다만 혈장의 규모에서 차이가 존재하는데, 양택은 여러 사람이 거주하므로 넓고 완만한 형세를 가져야 하며, 음택은 외부의 간섭 없이 기운이 응집될 수 있도록 좁고 밀도 있는 구조를 요구한다. 즉, 양택은 면(面)의 개념이고, 음택은 선(線)의 개념이라 할 수 있다.

그러므로 양택이나 양기를 볼 때도 음택풍수의 이론을 그대로 적용할 수 있으며, 다만 거주 공간인 만큼 여러 사람을 포용할 수 있는 넓은 지세와 명당의 구조를 갖추었는지를 판단하는 것이 중요하다.

결론적으로, 음택풍수는 생기(生氣)의 집중과 흐름, 그에 따른 감응 원리를 바탕으로 하여 후손의 길흉을 판단하는 지리학적 전통 지식이며, 오늘날에도 그 가치를 인정받고 있는 중요한 풍수의 한 분야이다.

1) 풍수의 5과

전통 풍수는 대체로 다섯 가지 핵심 요소를 중심으로 논의된다. 이를 풍수 5과라 하며 용(龍), 혈(穴), 사(砂), 수(水), 향(向)의 다섯 요소로 구성된다. 이 다섯 가지는 풍수적 명당을 구성하는 기본 원칙이자, 길흉을 판단하는 기준이기도 하다.

(1) 용(龍)

풍수지리에서는 산의 능선을 용이라고 부른다. 산맥의 흐름, 즉 지기(地氣)가 뻗어 내려오는 경로를 의미한다. 이는 풍수의 뼈대이자 생명력의 근원으로 간주하며, 맥이 끊이지 않고 유연하게 흘러야 혈이 형성될 수 있다.

(2) 혈(穴)

혈은 지기가 응집되어 생기가 머무르는 자리로, 묘를 쓸 최종 지점이다. 혈은 용의 정기(精氣)가 수렴되는 곳이며, 명당(明堂)의 중심이 되는 핵심 위치이다.

(3) 사(砂)

사란 혈의 전후좌우에 있는 모든 산과 바위를 말한다.

일반적으로 좌청룡(左靑龍), 우백호(右白虎), 전주작(前朱雀), 후현무(後玄武)의 형국으로 설명되며, 혈을 보호하고 기의 소산을 막는 역할을 한다. 사는 곡선 형태로 유순하게 감싸야 하며, 너무 높거나 험준하면 오히려 흉이 된다.

(4) 수(水)

풍수지리에서 물은 혈을 결지하는데, 용과 함께 필수조건이다. 혈 주변에 흐르는 물줄기를 말하며, 이는 생기의 흐름을 조절하고 경계를 형성하는 중요한 요소이다. 수는 혈과 사의 구조를 완성하는 역할을 하며, 혈 앞을 지나거나 감싸는 형태가 되어야 한다. 물이 혈을 떠나 흐르면 기운도 빠져나가므로, 수구(水口)의 위치와 방향은 혈의 길흉을 결정짓는 중대한 기준이 된다.

(5) 향(向)

향은 혈이 바라보는 방향으로, 좌향(坐向)이라 한다.

혈이 바라보는 방향, 즉 명당의 정면을 말한다. 향은 태양과 바람, 물의 흐름 등 자연조건을 고려하여 결정되며, 기의 유입과 유출이 조화를 이루는 방향이 가장 이상적이다. 일반적으로 향은 남향을 길로 여기지만, 지세와 국면에 따라 적합한 향은 달라질 수 있다.

풍수지리에서 용·혈·사·수·향의 5과는 풍수에서 명당을 형성하고 판단하는 데 필수적인 구성요소이며, 다섯 가지 요소가 모두 조화를 이룰 때, 비로소 진정한 명당으로 평가된다.

2) 용의 입수 6격

풍수에서 '용(龍)'은 지기의 흐름이며, 산줄기의 맥을 말한다. 이 맥이 혈이 맺히는 자리로 들어오는 방식을 용의 입수(入首)라 하며, 그 형세에 따라 길흉을 판단하게 된다. 용의 입수 방식은 총 여섯 가지 격(格)으로 분류되며, 이를 용의 입수 6격(入首六格)이라 한다.

용의 입수 6격은 직룡입수(直龍入首), 횡룡입수(橫龍入首), 비룡입수(飛龍入首), 잠룡입수(潛龍入首), 회룡입수(回龍入首), 섬룡입수(閃龍入首)이다.

(1) 직룡입수(直龍入首)

산줄기에서 맥이 직선으로 뻗어와 혈에 이르는 형세이다. 우람하고 견실한 주산(主山), 또는 현무봉(玄武峰)의 천심(穿心)에서 나온 중출룡(中出龍)이 거의 일직선으로 행룡하는 입수룡(入首龍)을 말한다. 직룡입수의 기세가 웅대하면 발복이 크고, 속발(速發)한다. 기세는 강하나 응집력이 부족할 경우가 종종 있다.

(2) 횡룡입수(橫龍入首)

횡룡입수란 주산 또는 현무봉에서 중출된 주용(主龍)이 혈장으로 직접 들어오지 않고, 용맥의 측면에서 갈라져 나온 측맥(側脈)이 입수하는 형세를 말한다. 즉, 주룡(主龍)이 정면으로 진행하지 않고 옆구리에서 뻗어 나온 가지룡(支龍)이 혈장을 향해 들어오는 경우다. 이러한 입수는 주룡에서 파생된 측면 입수이기 때문에 자생력이 약할 수 있으므로, 보완적 사기(砂氣)의 조화가 필수적이다.

횡룡입수가 명당을 이루기 위해서는 몇 가지 필수조건이 요구된다.

첫째, 혈장의 반대 측면에 귀성(鬼星)이라 불리는 지각이 존재하여, 횡룡이 혈로 들어오는 방향을 뒤에서 밀어주는 작용을 해야 한다. 귀성은 곧 혈의 형성을 보조하는 역할을 하며, 혈장의 기운을 한쪽으로 쏠리지 않게 균형을 잡아준다.

둘째, 혈 뒤쪽에는 낙산(樂山)이 가까이 붙어 있어야 한다. 낙산은 내룡의 말단에서 혈을 응기(應氣)해 주는 역할을 하며, 이를 통해 생기가 혈장에 응결될 수 있도록 도와준다. 즉, 앞에서 밀고 뒤에서 받쳐주는 형세가 함께 갖추어져야 횡룡입수의 부족한 생기를 보완하여 진혈(眞穴)을 형성할 수 있다.

셋째, 횡룡은 본래 주룡의 흐름에서 벗어난 변형된 용맥이므로, 주룡이 진행하는 반대 방향의 급격한 변화와 기세를 흡수하고 안정시킬 수 있는 현릉사(弦稜砂)가 뚜렷하게 형성되어야 한다. 이는 용맥의 불안정한 기운을 완화하고, 혈장의 정기(正氣)를 조율하는 장치로 작용한다.

마지막으로, 혈장 자체의 순전(脣氈)과 선익(蟬翼)이 명확해야 한다. 순전은 혈장의 순수하고 조화로운 지기(地氣)를 의미하며, 선익은 혈장 좌우의 좌청룡·우백호가 안정적으로 형성된 상태를 가리킨다. 이들이 갖추어졌을 때, 비로소 횡룡입수도 역량 있는 혈을 맺을 수 있다.

결론적으로, 횡룡입수는 단독으로는 혈의 자격을 갖추기 어려운 입수격이지만 귀성, 낙산, 현릉사 등 주변 사기의 적극적인 보완이 있다면 뛰어난 명당이 형성된다.

(3) 비룡입수(飛龍入首)

비룡입수는 입수룡이 아래로 하강한 후 다시 위로 치솟으며 혈을 맺는 형세를 말한다. 이러한 형태는 용맥이 공중으로 비상하듯 상승하기 때문에 "비룡(飛龍)"이라 부른다. 일반적인 입수룡이 주산이나 현무봉에서 아래로 내려오며 혈을 맺는 것과는 달리, 비룡입수는 반대로 상승하는 형세를 취함으로써 그 세(勢)가 고앙(高昻)하여 힘차고 진취적인 기상을 나타낸다.

이런 상승 기운의 혈장은 주변의 호종사(護從砂) 역시 고조되어 있어야 한다. 즉, 혈장의 좌우와 후면에 솟은 사기(砂氣)가 있어 바람을 막아주고 기운을 안정시켜야 진혈을 이룰 수 있다. 혈 앞은 좁고 가파른 지세를 이루는 경우가 많아, 발복의 성향은 귀(貴)로 나타나는 경우가 많으며, 반면 재물운, 즉 부(富)의 기운은 다소 약하게 평가되기도 한다. 또한 비룡입수는 기존 질서에 순응하지 않고 돌파하는 형세이기 때문에, 때로는 개혁적이거나 혁신적인 인물을 배출하기도 한다.

(4) 잠룡입수(潛龍入首)

잠룡입수는 입수룡이 외형상으로는 드러나지 않게 평지나 낮은 구릉을 따라 지맥이 지면 아래로 은밀히 흘러들어오다 혈을 맺는 형세이다. 이를 은룡(隱龍) 혹은 은맥(隱脈)이라 하며, 겉으로 보기엔 평탄하거나 밋밋하지만, 내면에는 뚜렷한 지기(地氣)가 흐르고 있다. 『지가서(地家書)』에서는 "고일촌위산(高一寸爲山), 저일촌위수(低一寸爲水)"라 하여 '한 치만 높아도 산, 한 치만 낮아도 물'이라 하였다. 이 말은 풍수에서 지형의 미세한 변화조차도 매우 중요하게 여긴다는 뜻이며, 잠룡입수는 이러한 정밀한 판별을 요구하는 형세다.

혈이 맺히는 과정에서도 입수도두(入首到頭)에서 수기(水氣)가 나뉘었다가, 혈 아래 첨(簷)에서 다시 합수(合水)되는, 이른바 상분하합(上分下合)의 수세를 갖춰야 한다. 이러한 조건이 갖추어질 때야 비로소 진혈을 맺는 것이다. 일반적으로 귀(貴)는 약하지만, 부(富)는 안정적으로 발복하는 혈이 많다. 드러나지 않으나 실속 있는 명당으로 평가되며, 생활의 풍요나 실리 위주의 길지로 쓰이는 경우가 많다.

(5) 회룡입수(回龍入首)

행룡하던 용이 혈장을 형성하기 직전에 진행 방향을 크게 전환하여, 자신이 출발한 주산(主山)이나 태조산(太祖山), 중조산(中祖山) 등을 되돌아보는 형세를 말한다. 이처럼 용이 크게 방향을 돌려 조산(祖山)을 바라보는 형세를 회룡고조(回龍顧祖)라 하며, 때로는 횡룡입수의 특수형으로 보기도 한다.

이러한 용세는 단순한 입수가 아니라 용의 회전력과 중심력, 반사력까지 동반된 강한 역량을 나타낸다. 따라서 조산은 단순히 배경이 아닌, 안산(案山)이자 조산(朝山)으로 작용하는 경우가 많으며, 용맥의 기세는 크고 장엄하다.

완전한 회룡입수는 그 자체로 용세의 역량이 강하므로, 혈이 맺히는 경우 귀(貴)와 부(富)를 겸비한 길지가 되는 경우가 많다. 다만 입수룡이 빈약하거나 기맥이 절단된 상태라면, 아무리 회룡고조 형세를 갖췄다 하더라도 진혈을 맺기 어렵다. 즉, 형국과 기세가 모두 충족되어야만 진정한 진혈을 맺을 수 있다.

(6) 섬룡입수(閃龍入首)

용맥이 진행하다가 중간에서 잠시 주춤하거나 비스듬히 갈라져 나가며 혈을 맺고, 다시 진행을 계속하는 형세를 말한다. 이처럼 용이 중간에서 찰나처럼 방향을 틀며 혈을 맺는다고 하여 섬룡(閃龍)이라 부른다. '섬'은 순간적으로 번쩍이는 움직임을 뜻하며, 혈을 맺는 위치가 정중앙이 아닌, 측면이나 사면에 형성되는 경우가 많다.

섬룡입수에서 혈이 맺히는 각도는 보통 45도 내외의 비탈면이며, 이후 용맥은 그대로 앞으로 더 나아간다. 이처럼 혈이 용맥 중간에 걸터앉아 있는 형태를 기룡혈(騎龍穴)이라 부르며, 이는 혈장이 마치 용의 등을 타고 가는 듯한 형상을 취하기 때문이다.

기룡혈은 일반적으로 주산이나 현무봉에서 이루어진 본신 청룡·백호보다도, 혈장이 형성된 중출룡(中出龍)이 더 멀리 뻗는 형세를 갖는 경우가 많다. 즉, 혈이 입수룡의 중심선에서 벗어나 있으므로, 혈의 자리는 비정형적이지만 그만큼 특수한 기운을 담고 있는 경우가 많다. 섬룡입수는 풍수적 해석과 감별이 매우 까다롭지만, 적절히 활용될 경우 비범한 발복을 이룰 수도 있는 형세로 판단한다.

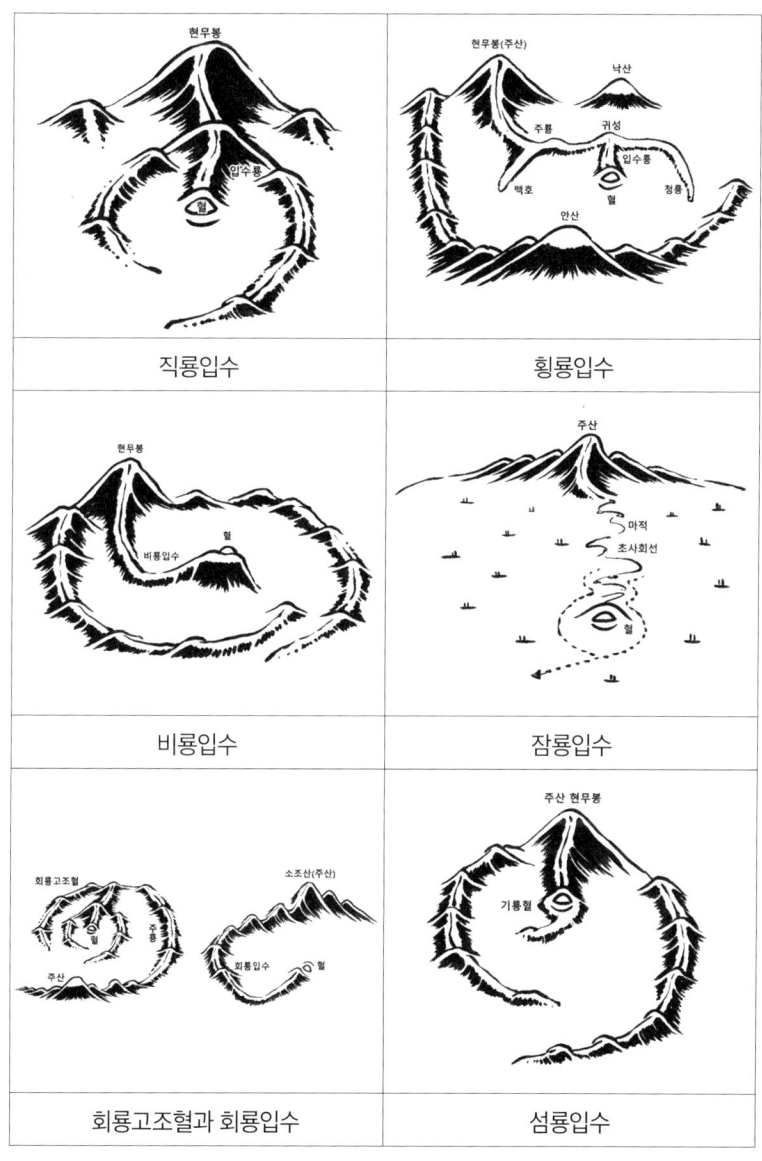

3) 용세 12격

풍수에서 용세(龍勢)는 용맥의 생기와 강약, 그리고 혈을 맺을 수 있는지 아닌지를 판단하는 중요한 기준이다. 용세는 크게 생왕룡과 사절룡으로 나뉘며, 총 12가지 격으로 분류할 수 있다.

◆ 생왕룡 5격

① 생룡(生龍)

기복이 있는 용으로 좌우에 가지가 있으며, 혈장이 단정하고 응하는 산이나 안산이 좋을 때 해당한다. 생기가 살아 있어 혈을 맺을 가능성이 크다.

② 강룡(强龍)

산세가 웅장하며, 봉우리와 봉우리 사이의 간격이 넓고 기세가 크고 당당하다. 이러한 용은 정기가 충만하여 명당을 이룰 가능성이 크다.

③ 진룡(眞龍)

처음에는 거칠어 보이지만 점차 부드러워지며 박환(剝換)하면서 진행하는 형세로, 행도가 질서정연한 용이다.

④ 순룡(順龍)

말의 등처럼 산봉우리가 부드럽게 이어지는 형세로, 유순하고 조화로운 흐름을 지닌 용을 뜻한다.

⑤ 복룡(福龍)

작은 바위나 낮은 봉우리가 용맥에 붙어 있는 형세로, 마치 금궤(金

櫃)와 같은 모습이며, 복룡은 종종 국부(國富)의 형국을 이룬다.

◆ 사절용 7격

① 사룡(死龍)

기복이 전혀 없이 직선적으로 뻗으며 생기가 끊긴 용으로, 가장 흉한 용에 속한다. 혈을 맺을 가능성이 거의 없다.

② 약룡(弱龍)

능선이 가늘고 끊기며 마른 듯한 형상으로, 생기가 부족하고 기운이 쇠약한 용이다.

③ 병룡(病龍)

현대 사회에서 흔히 볼 수 있는 용으로, 외관은 아름답지만 도로나 건축으로 인해 맥이 끊기고 산이 상해 있는 형세다. 특히 주의가 필요한 용이다.

④ 겁룡(怯龍)

분맥이 지나치게 심하여 기세가 흩어져 나약해 보이는 형상이다. 기운이 한 곳에 모이지 못하여 혈을 맺기 어렵다.

⑤ 퇴룡(退龍)

일반적으로 용이란 큰 산에서 점점 작은 산으로 용이 진행되는 것이나, 그 반대로 진행하는 용을 말한다.

⑥ 역룡(逆龍)

진행 방향이 혈과 배반하는 형태로, 정기를 등지고 흐르며 불충한 자손이나 역신의 상징으로 여겨진다.

⑦ 살룡(殺龍)

산이 무너지고 깨지며 거친 암석이 드러나 있는 용으로, 외관부터 흉한 형세이다.

4) 풍수지리의 지법

풍수지리에서 혈을 정하고 좌향을 정하기 위해 사용하는 기초적이고 핵심적인 방법들을 총칭하여 지법(地法)이라 한다. 대표적인 지법으로는 간룡법, 장풍법, 득수법, 정혈법, 좌향법이 있다.

(1) 간룡법(看龍法)

간룡법은 산세를 살펴 정기의 흐름을 확인하는 방법이다. 곤륜산이나 백두산 같은 정기의 원산에서 이어져 내려온 맥이 살아 있는지를 살피고, 병들거나 죽은 용인지 여부를 판단한다. 기복이 복스럽고 순한 산세인지, 생기를 품고 있는지가 주요 판단 기준이 된다.

(2) 장풍법(藏風法)

장풍법은 생기를 담은 바람이 흩어지지 않도록 막아주는 방법이다. 바람을 거부하는 것이 아니라, 포근하게 감싸 흩어지지 않게 조절하는 법으로, 바람을 저장(藏)하는 의미가 있다.

(3) 득수법(得水法)

"풍수지법 득수위상(得水爲上)"이라 할 정도로 풍수에서 물은 생기를 상징하며, 가장 중요하게 여긴다. 물길을 어떻게 받느냐에 따라 혈의 길흉이 갈린다.

(4) 정혈법(定穴法)

정혈법은 무덤, 주택, 관청 등의 혈처를 정확히 정하는 방법이다. 용, 혈, 사, 수 순으로 지형·지세를 살펴 혈의 위치를 결정한다. 내룡의 생사, 혈장의 형성 여부, 주산과 안산의 위치, 청룡·백호의 균형, 물의 흐름 등을 종합적으로 판단한다.

(5) 좌향법(坐向法)

좌향법은 혈의 앞뒤 방위를 정하는 방법이다. 혈의 뒤쪽을 좌(坐), 앞쪽을 향(向)이라 하며, 지형에 따른 자연적 좌향 설정법과 패철을 활용한 방위적 길흉 판단법이 있다.

좌향법(坐向法)이란 혈에서 본 방위로 혈의 뒤쪽은 좌 혈의 정면은 향이라 한다.

좌향을 정하는 방법을 좌향론이라 하며, 이 법으로 혈의 앞쪽의 지형·지세를 보고 좌향을 정하는 방법과 패철을 이용하여 방위의 길흉을 따져서 좌향을 정하는 방법으로 구별할 수 있다.

◆ 명산론(明山論)의 혈법편에 이르기를

첫째, 용과 혈을 취하고,

둘째, 물을 취하고,

셋째, 전후좌우의 응(應)하는 산들을 취하고,

넷째, 혈 앞에서 대면하는 안산을 취하면서 이것들을 전체적으로 잘 조화시키는 것

* 정혈(定穴)의 구체적인 방법

귀성정혈법(鬼星定穴法), 낙산정혈법(樂山定穴法), 명당정혈법(明堂定穴法), 분합정혈법(分合定穴法), 선익정혈법(蟬翼定穴法), 수세정혈법(水勢定穴法), 용호정혈법(龍虎定穴法), 전순정혈법(氈脣定穴法), 전호정혈법(纏護定穴法), 조안정혈법(朝案定穴法), 천심십도정혈법(天心十道定穴法), 향배정혈법(向背定穴法)이 있다.

5) 음택 명당

(1) 명당의 일반적 형세와 판난 기준

음택의 명당을 정할 때는 산줄기의 방향, 지세의 아늑함, 포근함, 안정감, 양지바름 등을 종합적으로 고려한다. 망자의 사주에 따라 흉살을 피하는 것도 중요하며, 무덤 앞의 안산이나 조산의 형세와 방향을 맞추는 것이 바람직하다.

산줄기가 꺾이면서 혈이 맺히는 경우, 귀성이나 낙산과의 조화를 살펴야 한다. 명당의 핵심은 주산, 청룡, 백호, 안산, 조산을 중심으로 열십자 형태로 중심을 잡고 혈을 그 중심에 두는 것이다.

(2) 명당의 6가지 기준

① 고(高): 주변보다 약간 높은 지점으로 일조량이 풍부하고 수침의 위험이 적다.

② 태(胎): 특정한 흙덩어리가 기의 응결로 형성된 곳.

③ 강(强): 산줄기와 혈장이 단단하고 기운이 옹골차야 한다.

④ 정(正): 혈장이 기울어지지 않고 반듯해야 한다.

⑤ 순(順): 형세가 부드럽고 공손하게 혈을 감싸는 모습이어야 한다.

⑥ 저(低): 외부에 비해 약간 낮고 포근하여, 주변 산들이 마치 닭이 알을 품듯 혈을 숨겨주는 형상이어야 한다.

(3) 묫자리 일반 기준

- 종일 햇볕이 드는 양지
- 습하지 않은 땅
- 바람이 직접 닿지 않는 위치
- 야생 동물의 흔적이 있는 곳
- 땅벌이 서식하던 자리 등

(4) 피해야 할 묫자리

- 암반이나 큰 돌이 있는 자리
- 등고능선 및 산봉우리
- 숲이나 나무뿌리 인접지
- 습지 및 수맥이 흐르는 땅

- 일조량이 부족한 음지
- 옛 무덤, 메운 땅, 제사 터, 제당 근처
- 철탑·공장 소리 들리는 곳, 노목 근처
- 도로 아래, 연못 근처, 아기 무덤 옆

(5) 석물(石物)의 유의 사항

무덤 주위에 설치하는 석물은 풍수지리적으로 신중히 고려해야 할 요소이다. 특히 과도한 석물은 여러 가지 부작용을 초래하므로 주의가 필요하다. 예를 들어, 지나치게 많은 둘레석은 봉토와의 사이에 틈을 만들게 되며, 이 틈을 통해 빗물이나 눈이 녹은 물이 스며들어 광중(壙中)까지 침투하는 경우가 있다. 이런 현상은 무덤 내부의 습기를 증가시켜, 결과적으로 수분으로 인한 침수나 변형을 초래할 수 있다.

또한, 석물과 흙 사이에 생긴 틈은 벌레들의 서식처가 되기 쉽고, 이는 광중에 벌레가 들어가 유해 환경을 조성하는 원인이 된다. 오행적으로도 돌(土)은 금(金)에 해당하므로 금생수(金生水)의 원리에 따라 석물이 많아질수록 무덤 주변에 수기(水氣)가 증가하게 된다. 이로 인해 잡초가 무성해지고, 습한 환경이 지속되면 벌레가 번식하게 되며, 이는 무덤의 청결과 안정에 악영향을 준다. 석관의 사용은 더욱 조심해야 한다. 석관은 흙과 재질 및 비중이 달라 수분의 이동이 원활하지 않다. 그 결과 석관 외부에 물방울이 맺히고, 시간이 지남에 따라 그 수분이 광중에 고이게 된다. 수분이 많은 무덤은 기운이 탁해지고, 곤충이나 해충이 서식하기 좋은 환경이 되며, 무더운 여름철에는 뱀과 같은 유해 생물이 석물 밑을 피서처로 삼는 예도 있다. 장마철에는 지반이 물러져 봉분이 붕괴되거나 석물이 무너지는 위험도 존재한다. 따라서 석물은 적절하게 사용하는 것이 바람직하며, 무덤의 품격을 고려한 최소한의 장식과 기념물로 제한해야 하며, 주변의 지기(地氣)를 억누르거나 왜곡하지 않도록 주의해야 한다.

6) 명당(眞穴)이 형성되지 않는 지형

풍수지리에서는 지기(地氣)가 모이고 맺히는 곳을 명당(眞穴)이라 한다. 그러나 모든 지형이 명당이 될 수 있는 것은 아니다. 다음과 같은 산세는 기의 결집이 어렵거나 풍수적 조건이 불리하여 명당이 형성되기 어려운 경우로 분류된다.

- 명산(名山): 이름이 알려진 명산은 기가 강하게 응결된 곳으로, 인간의 유골이 그 기운을 감당하기 어려운 경우가 많다. 대개 이런 곳에는 사찰이나 성소가 들어서 있는 경우가 많으며, 묘를 쓰기보다는 정신적 수양의 장소로 활용된다.
- 악산(惡山): 산세가 험하고 거칠어 지맥이나 용맥(龍脈)이 머물지 않는다. 기가 정착하지 못하므로 풍수적으로는 길지가 아니다.
- 고산(高山): 해발이 높은 산은 기운이 머물지 않고 흘러가며, 풍상(風霜)을 직접적으로 맞게 되어 환경이 척박하다. 무덤을 쓰더라도 외기(外氣)의 영향을 많이 받는다.
- 석산(石山): 돌이 많은 산은 흙이 부족하여 생기를 머금지 못한다.

흙이 생명의 근본임을 고려할 때, 석산은 무덤을 쓰기에 적합하지 않다.

- 독산(獨山): 주변과 연결되지 않은 홀로 선 산은 산맥의 흐름이 단절되어 기의 흐름이 약하다. 이는 곧 생기와 연결되지 못함을 의미한다.
- 동산(童山): 초목이 자라지 않는 황폐한 산으로, 일반적으로 건조하고 모래나 자갈로 이루어져 있다. 이러한 산은 기가 약하거나 고갈된 상태로, 명당으로서의 요건을 충족시키기 어렵다.

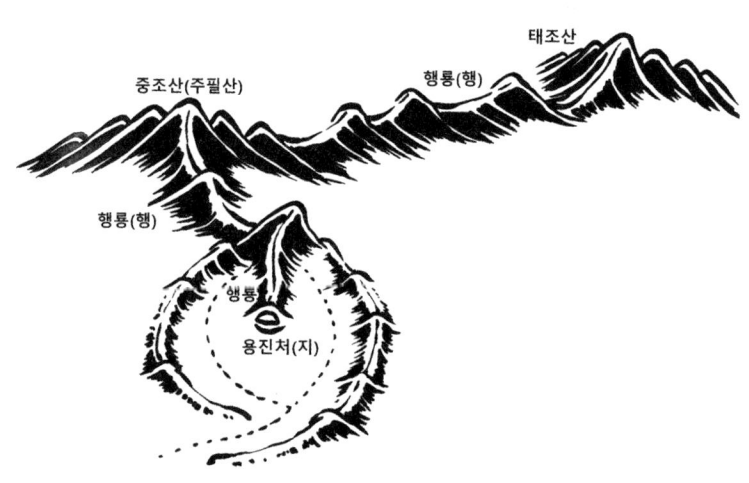

2

음택풍수 사례

1) 조선의 대명당

조선시대부터 전해 내려오는 음택풍수의 대표적 명당들은 그 지세와 사격(砂格), 혈의 정형, 수구의 수렴 등 풍수 이론에 부합하는 조건을 고루 갖추고 있으며, 후손의 번창과 가문의 흥성을 이룬 실제 사례로도 널리 알려져 있다. 아래는 필자의 기준으로 조선의 대표적 명당묘 22기를 순서 없이 정리한 것이다.

① 강원도 춘천시 서면 방동리 산 일대

장절공(壯節公) 신숭겸(申崇謙) 장군 묘소

② 경기도 남양주시 와부읍 덕소리 석실마을

신안동김씨 공조정랑(工曹正郎) 김번(金璠) 묘소

③ 충청북도 청주시 상당구 남일면 가산리 산 18

청주한씨 중시조 한란(韓蘭) 묘소

④ 전라북도 순창군 인계면 마흘리 산 일대

대사간 광원군(光原君) 김극뉴(金克忸) 묘소

⑤ 경상북도 예천군 지보면 지보리(도장리, 익장마을)

동래정씨 직제학(直提學) 정사(鄭賜) 묘소

⑥ 전라남도 나주시 반남면 흥덕리 산 일대

반남박씨 시조 반남호장(潘南戶長) 박응주(朴應珠) 묘소

⑦ 경상북도 영천시 북안면 도유리 125번지(나현마을)

광주이씨 시조 이당(李唐) 묘소

⑧ 경상북도 고령군 쌍림면 산주리 만대산 일대

고령신씨 시조 신성용(申成用) 묘소

⑨ 경기도 남양주시 와부읍 덕소리 석실마을

신안동김씨 김극효(金克孝) 묘소

⑩ 부산광역시 부산진구 양정동 산 73-28

동래정씨 시조 2세조 호장(戶長) 정문도(鄭文道) 묘소

⑪ 경기도 의왕시 고천동 361번지(의왕시청 인근)

청풍김씨 김인백(金仁伯)의 처 안동권씨 묘소

⑫ 경상북도 안동시 북후면 물한리 96-1번지

퇴계 이황(李滉) 선생 선조 이정(李禎) 묘소

⑬ 경기도 포천시 서면 방동리 816-1

대구서씨 판중추부사(判中樞府事) 서성(徐渻) 묘소

⑭ 경기도 파주시 광탄면 분수리 산 4-1

파평윤씨 윤관(尹瓘) 장군 묘소

⑮ 경기도 남양주시 진건읍 송능리 산 55

풍양조씨 시조 조맹(趙孟) 묘소

⑯ 경기도 양평군 양동면 쌍학리 314번지

덕수이씨 이식(李植) 묘소

⑰ 충청남도 예산군 덕산면 상가리 산 5-28

흥선대원군의 부친 남연군(南延君) 이구(李球) 묘소

⑱ 경상북도 상주시 공검면 율곡리 산 71번지

안동권씨 권민수(權敏手) 묘소

⑲ 전라북도 완주군 용진면 간중리 산 2번지

밀양박씨 박침(朴沈) 묘소

⑳ 전라북도 임실군 강진면 갈담리 산 일대

함양박씨 박기림(朴起林) 묘소

㉑ 전라남도 영광군 법성면 신장리 746번지

청주한씨 한광윤(韓光胤) 묘소

㉒ 경기도 양평군 양서면 목왕리 산 48-49

익원공(翼元公) 김사형(金士衡) 묘소

2) 태조 이성계 건원릉(健元陵)

건원릉은 조선왕조의 시조인 태조 이성계의 능으로, 1408년(태종 8)

에 조성된 조선 최초의 왕릉이다. 경기도 구리시 인창동에 있는 동구릉은 건원릉을 시초로 총 아홉 개의 능이 모여 있는 대 군릉으로, 조선왕릉 중 가장 큰 규모를 자랑한다. 건원릉은 단릉 형식으로 조성되었으며, 병풍석을 두르고 팔각 장명등과 소전대 등 고려의 능묘 형식과는 다른 구조를 보인다. 특히 능침 위를 억새로 덮은 점이 독특한데, 이는 태조가 고향 함흥을 그리워하여 함경도에서 가져온 흙과 억새를 이용해 조성되었다고 전한다.

건원릉은 한북정맥의 지맥인 검암산 아래에 위치하며, 풍수적으로 매우 탁월한 혈지로 평가된다. 태조산은 수원산(710m)으로, 백두대간에서 뻗어 내린 한북정맥의 맥이 수락산(637m), 불암산(508m)을 거쳐 검암산(171m)으로 이어진다. 이 중 수원산이 태조산, 수락산이 중조산, 불암산이 소조산, 검암산이 주산의 역할을 하며, 건원릉은 이 맥의 끝자락인 검암산 아래에 형성된 방룡의 혈장에 자리하고 있다. 좌청룡으로는 왕숙천이 흐르고, 우백호는 중랑천이 에워싸며, 양수 합수의 수세를 이룬다. 특히 왕숙천은 태조가 함흥에서 돌아오는 길에 8일을 머물렀다 하여 붙여진 이름으로, 건원릉을 적셔주는 수맥의 역할을 하여 능지의 생기를 더욱 북돋운다.

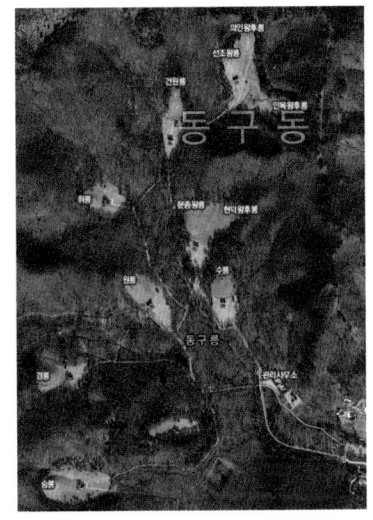
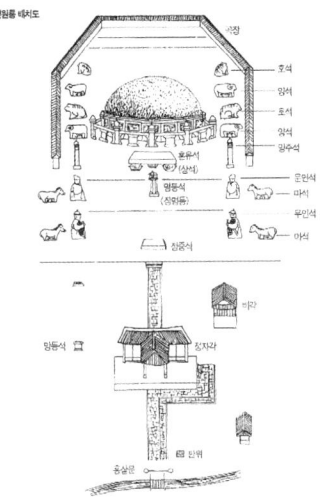

건원릉이 앉은 혈장은 풍수적으로 여러 측면에서 이상적 조건을 갖추고 있다.

첫째, 혈이 형성된 현무정은 기운이 응집된 취기처로, 태식잉(胎息孕)이 분명히 드러나는 맥이며, 실제로 현무정 일대는 풀 한 포기 자라기 힘들 정도로 기운이 단단하게 뭉쳐 있는 곳이다.

둘째, 청룡과 백호가 겹겹이 혈장을 감싸고 있어 외부의 사기를 막아주는 사신사의 형세가 뚜렷하다. 다만 백호 쪽에서 뻗은 능선 하나가 혈장의 목 뒤를 겨누고 있어, 이는 왕위 계승과 관련하여 장자 외의 인물에게 변수가 생길 가능성을 암시하기도 한다. 실제로 태조 사후, 방원의 왕위 찬탈이라는 역사적 사실과 연결하여 해석되기도 한다.

형국론상으로는 맹호출림형(猛虎出林形), 장군대좌형(將軍大坐形)으로도 불리며, 위엄 있고 존귀한 형국으로 평가된다. 특히 조산과 안산의 형세는 해와 달이 포옹하듯 마주 보는 일월상포형(日月相抱形)으로 여겨지며, 군왕의 능지로서 최상격에 해당하는 혈지임을 입증한다.

건원릉은 이러한 풍수적 구성뿐만 아니라, 역사성과 상징성에서도 조선왕조 능제의 기준이 되었으며, 이후 조성된 왕릉의 모범으로 간주되었다. 풍수적으로도 명당 중의 명당으로 꼽히며, 조선왕릉의 시작이자 전범(典範)으로서의 의미를 지닌다.

3) 2대천자지지(二代天子之地) 남연군 묘

〈충청남도 예산군 덕산면 상가리, 충청남도 기념물 제80호〉

남연군 이구(李球)의 묘는 조선 제26대 임금 고종의 할아버지이자 흥선대원군 이하응 부친의 묘소로, 충청남도 예산군 상가리 가야산 자락에 자리하고 있다. 원래는 경기도 연천에 있었던 이 묘소는 1846년 풍수지리에 심취한 이하응의 주도 아래 지금의 자리로 이장되었다. 이후 이 묘는 '2대에 걸쳐 천자가 날 자리'라는 뜻의 2대천자지지(二代天子之地)로 불리게 되었다.

묘소의 입지는 가야산의 산줄기 가운데 한가운데에 자리 잡고 있으며, 반구형의 큰 봉분이 높다란 언덕에 조성되어 있다. 봉분 앞에는 석물과 비석이 정갈하게 배치되어 있다. 묘가 이장되기 전, 이곳에는 가야사(伽倻寺)라는 사찰이 있었으나, 대원군이 터를 확보하고자 사찰을 폐사시키고 묘를 이장하였다. 이장한 지 7년 후 이하응은 둘째 아들 명복(命福)을 얻었고, 철종이 후사 없이 승하하자 명복은 12세에 왕위에 올라 고종이 되었다.

묘의 풍수적 가치는 지관 정만인(鄭萬仁)에 의해 처음 발견되었다. 그는 전국을 누비며 혈 처를 탐색한 끝에, 가야산 골짜기 안에 감춰진 이곳을 천자지지로 판단하였다. 손석우는 그의 저서『터』에서 이 자리를 다음과 같이 평가한다.

"수구매기 양쪽에 자웅의 봉우리가 솟아 역수사를 이루며 수구를 거두고, 계곡 안쪽으로는 청룡과 백호의 머리가 팔짱을 낀 듯 상접해 있다. 이는 명당의 전형이다. 산세는 가야산 골짜기를 따라 동쪽으로 흐르며, 중심에는 임금이 병풍을 두르고 앉은 듯한 형국의 산이 펼쳐진다. 주룡 좌우에는 천을, 태을 등 귀봉이 솟고 삼길 육수, 사신팔장 등의 길운이 혈처를 비춘다."

남연군 묘의 주산은 가야산에서 분기된 석문봉이며, 금북정맥이 오서산(790.7m)을 지나 가야산(677.6m)을 일으키고 다시 여러 산줄기를 내어준다. 서쪽 원효봉(605m), 북동쪽 석문봉(653m), 옥양봉(593m),

서원산(473m)은 혈장을 감싸는 다섯 산으로, 각각 천을·태을·청룡·백호의 역할을 한다. 석문봉에서 삼태봉을 형성한 후 기맥이 평지로 낙맥하며 위이굴곡(逶迤屈曲)한 끝에 반구형으로 솟구치니, 이곳이 바로 혈이 맺히는 지점이다. 묘 앞 우측에는 도장처럼 생긴 바위가 있는데, 이는 옥새(玉璽)의 상징이며 제왕지지의 중요한 징표로 여겨진다. 박정희 대통령의 선대 묘소에도 이와 유사한 인암(印巖)이 있어 같은 형국으로 설명되기도 한다.

이러한 점에서 남연군 묘는 천하의 대명당으로 손꼽힌다. 그러나 명당이라 해도 결함은 존재한다. 우선 가까이에 안산이 없고, 물이 빠져서 나가는 형국이다. 안산은 자손이나 부하를 의미하며, 물이 빠지는 것은 사람과 재물이 흩어진다는 뜻이다. 청룡과 백호 역시 단점이 있다. 가까이서 호종해 주는 청룡·백호는 없고, 멀리서 크게 에워싸는 산이 좌우에 있다. 백호가 지나치게 크고 멀기 때문에 여성이나 자손의 운세가 지나치게 강해져 균형을 잃을 수 있으며, 청룡 중 한 줄기는 혈 자리를 직접 선느리는 형세로 흉의 가능성도 존재한다.

실제로 이러한 혈의 길흉은 역사 속에 반영된다. 남연군의 아들 이하응은 대원군이 되었고, 손자 명복은 고종으로 즉위하였다. 그러나 명복의 아들 순종은 대한제국의 마지막 황제가 되었으며, 조선의 왕통은 그로 끝이 났다. '2대천자지지'란 말 그대로 두 대에 걸쳐 천자가 났으나, 그 후로는 끊어지는 형국으로 귀결된 것이다. 풍수적으로도 명당이지만 지나치게 큰 기세와 균형의 결여가 오히려 제왕의 운명을 단절시킨 예로 해석되기도 한다.

4) 청주한씨 한란 시조 묘역

〈충청북도 청주시 상당구 남일면 가산리 산 18번지〉

이곳은 고려 개국공신이자 청주한씨 시조인 한란(韓蘭, 853~916)과 그의 부인 송 씨가 합장되어 안장된 묘역이다. 봉분은 봉황처럼 유려하게 솟았고, 앞에는 문인석과 상석, 신도비가 단정히 자리 잡고 있다. 이 묘역은 단지 선조의 안장지로서의 의미를 넘어, 조선 8대 명당 중 하나로 손꼽히는 풍수적 대지(大地)로서 문중은 물론 풍수학계에서도 널리 알려져 있다. 시조 한란은 고려 태조 왕건이 후백제를 정벌하던 중 그의 집 앞을 지나갈 때, 길가 우물물을 바쳐 식수로 삼게 하고 종군하여 삼한통일에 큰 공을 세웠다. 이에 왕건은 "우물이 네모져 정결하도다." 하여 '방정(方井)'이라 명명하고, 그를 삼중대광 태위에 임명하며 개국공신에 봉하였다. 이로써 청주한씨 가문은 고려 왕조 이후 조선조에 이르기까지 정승과 공신, 왕비를 다수 배출하며 명문가의 반열에 오르게 된다.

선생의 묘는 조선 효종 10년(1659)에 파손되었으나, 현종 4년(1663)에 개장되었고, 숙종 16년(1690)에 묘역이 복원되었다. 영조 44년(1768)에는 후손 한익모가 찬한 신도비가 묘 아래에 세워졌으며, 문인석과 용마석 또한 이 시기 함께 조성되었다. 이 묘역은 단순히 풍수지리적 명당으로서의 형세만이 아닌, 유서 깊은 가문의 정신과 역사가 오롯이 담긴 상징적 공간이라 할 수 있다.

◆ 풍수적 국세(局勢) 분석

청주한씨 시조의 묘는 조선조에 6명의 왕비를 배출한 뿌리 명당으로 알려져 있다. 이곳을 풍수적 관점에서 살펴보면, 다음과 같은 주요한 특징들을 확인할 수 있다.

첫째, 국세(局勢)가 대국을 이룬 중출맥(中出脈)의 산진처(山盡處)이다.

묘역은 주산으로부터 하나의 큰 용맥이 힘차게 중출(中出)하여 뻗어 내리는 곳에 형성되었으며, 용맥의 종결점(산진처)에 해당한다. 좌우로는 크고 작은 산줄기들이 호종(護從)하며 봉우리를 형성해 혈 처를 감싸주고 있는데, 이는 마치 왕을 호위하는 신하들의 배치와도 같다. 주산의 형세는 크고 준엄하여 선천적 복덕을 의미하며, 이는 곧 시조 한란이 받은 하늘의 복을 상징한다.

둘째, 조·안산(朝·案山)이 겹겹이 유정하게 펼쳐져 있다.

혈 앞에 펼쳐진 낮고 부드러운 산군(山群)은 조·안산 또는 안산이라 불리며, 이들은 마치 엎드려 절을 하듯 겹겹이 펼쳐져 있다. 조·안산은 후천적으로 자손이 개척하는 복을 의미하며, 이러한 지형은 대대로 번창할 자손운을 나타낸다. 실제로 청주한씨 후손들은 조선조에만 문과 급제자 315명, 정승 12명, 공신 24명, 왕비 6명, 그리고 한석봉, 한용운, 한규설 등 이름난 위인을 다수 배출하였다.

셋째, 혈장 앞에 진응수(眞應水)가 있다.

혈처 앞에는 마르지 않는 샘이 솟아나며, 맑고 고요한 길수(吉水)가 웅덩이에 고여 있다. 이는 혈이 맺어진 후에도 기(氣)가 왕성하여 수기(水氣)로 표출된 것으로, 진응수라 한다. 진응수는 음택풍수에서 대귀지(大貴地)의 핵심 요소 중 하나로 여겨진다. 그 수질이 맑고 소리가 없으며 사철 마르지 않는 것이 특징이다.

이러한 혈처는 왕후장상의 운명을 타고난 인재를 배출하는 자리로, 실제로 이곳에서 유래한 청주한씨 가문은 고려와 조선에 걸쳐 수많은 정치·학문·예술의 거목을 배출하였다. 특히 조선 태조의 정비 신의왕후, 성종의 정비 공혜왕후, 인조의 정비 인열왕후 등 6명의 왕비가 이 가문에서 배출되었고 한명회, 한석봉, 한용운 등 역사에 이름을 남긴 인물들 역시 이 명당의 기운을 계승한 자손들이라 하겠다.

이처럼 청주한씨 시조의 묘는 단순한 역사 유적이 아니다. 그것은 삼한통일의 공신이자 고려 개국의 기틀을 마련한 인물의 기운이 스민 장소이며, 조선조 500년을 지탱한 왕비의 어머니 집이자 수많은 충신과 인재를 배출한 원천적 생기지이다. 풍수적 국세, 용맥의 흐름, 사신사의 배치, 조·안산의 형국, 진응수의 존재는 모두 이곳이 대명당임을 증명한다.

5) 평산신씨 신숭겸 묘역

강원도 춘천시 서면 방동리에 있는 평산신씨 신숭겸 묘역은 고려 개국공신 신숭겸(申崇謙) 장군의 묘소로, 풍수적으로 매우 특출한 명당으로 손꼽힌다. 태조 왕건과 함께 후삼국 통일에 힘쓴 장절공 신숭겸은 후백제 견훤과의 전투 중 왕건을 대신하여 전사한 인물로, 그 충의는 왕건에게 깊은 감명을 주었으며, 이는 곧 그가 잠든 묘소의 풍수적 배치에서도 뚜렷이 드러난다.

묘는 전해지는 바에 따르면, 왕건이 위기에 처하자 신숭겸이 그의 곤룡포를 입고 대신 적진에 들어가 전사하였고, 이후 백제군에 의해 잘려 나간 왕건의 머리를 대신해 금으로 머리를 만들고 봉분 셋을 만들어 도굴을 막았다고 한다.

묘역은 백두대간에서 갈라져 나온 한북정맥 중 가장 중심적인 맥 중 하나인 광덕산에서 비롯된 산줄기를 따라 형성되었다. 광덕산에서 나뉜 낙맥은 백암산, 오성산, 대성산을 지나 다시 두 갈래로 갈라지며, 이 중 하나가 북한강으로 흘러 들어가고, 그 흐름 속에서 신숭겸 장군의 묘소가 자리한다. 혈처는 북배산을 소조(小祖)로 하여 형성되었고, 방동리의 단정한 주산 아래에 자리한 이 묘역은 산세가 아늑하게 포용하며 품어주는 명당의 형국을 이루고 있다.

주산에서 갈라져 나온 좌청룡과 우백호가 수구를 감추듯 에워싸고 있어 수구가 보이지 않으며, 이는 외부의 기운이 쉽게 침범하지 못하게 해준다. 전안 역시 뛰어난 형국을 갖추고 있다. 주산에서 연이어 뻗어 나온 안산과 중조의 산줄기들이 삼태(三台)의 형태로 펼쳐져 있으며, 북한강 너머로는 춘천의 봉의산과 대룡산이 이중 안산을 이루어 감싸고 있다. 이 산들은 오대산에서 비롯된 은마산 줄기에서 연유된 것으로, 광덕산과 오대산이라는 백두대간의 주요 산맥이 교차하여 이룬 혈 처는 그 자체로도 대단한 가치가 있다. 묘역의 앞쪽은 넓고 평탄한 들판이 펼쳐져 있어 봉황이 비상하는 형국인 봉소(鳳巢)를 이루고 있다. 안산의 형태는 거미가 엎드린 형상으로 봉황이 먹이를 향해 날아가는 모습과 유사하다. 여기에 두 번째 안산은 군자(君子)의 모습을 하여 덕성과 인의를 갖춘 형세로 완성도를 높인다. 이러한 지세는 명당의 요소 중 하나인 전저후고(前低後高), 즉 앞이 낮고 뒤가 높은 형국을 충실히 따르고 있으며, 북쪽 산줄기와 앞들, 강물이 조화롭게 만나 귀(貴)의 기운을 생성한다. 좌향은 이 지세에 있어 중요한 고려 요소다. 영미(靈眉)라 일컫는 핵심 혈처 중심에서 주산과 직선을 이루며 전안을 향해 나아가는 방향을 택하면 된다. 이처럼 지세가 명확히 형성된 곳에서는 굳이 복잡한 분침을 따질 필요 없이 자연의 이치에 따라 좌향을 정할 수 있다. 패철이나 사주팔자에 의한 방향 결정도 중요할 수 있으나, 진정한 명당은 자연의 질서와 조화에 따라 이루어진다는 사실이 더욱 중요하게 작용한다.

묘역의 혈처는 여인의 유두와 같은 형상으로 매달려 있어 포근하고 생기를 품은 소(巢), 즉 둥지의 형태를 하고 있다. 이는 자손에게 안정과 번영을 전해줄 수 있는 조건으로 평가된다. 혈처에서 주산까지의 거리, 그리고 안산과의 간격은 발복의 시기와 그 강도에 영향을 미치며, 실제로 이 묘역이 품은 명당의 기운은 후손 대대로 이어지는 길한 작용을 유도해 왔다고 전해진다.

이 땅의 명당으로서의 운명은 우연한 것이 아니었다. 전설에 따르면 풍수의 대가 도선국사가 이 터를 짚었다고 하며, 태조 왕건이 신숭겸 장군의 충절을 기리기 위해 직접 선정한 곳이라는 전승도 있다. 실제로 태조 10년(927년), 견훤 군에게 포위당한 왕건을 구하고 대신 전사한 신숭겸의 의로운 죽음은 고려의 건국 과정에 있어 중대한 전환점이었다. 이러한 충성과 희생의 행적이 있었기에, 이와 어울리는 명당이 그의 묘역으로 허락된 것이라 할 수 있다.

명당은 아무에게나 허락되지 않는다. 지형과 풍수적 조건이 아무리 완벽하다 해도, 그에 걸맞은 덕행과 사연이 없으면 자연은 그 품을 쉽게 내어주지 않는다. 신숭겸 장군의 묘역은 풍수적으로 뛰어난 형세뿐 아니라 인물의 행적과 역사적 정당성까지 두루 갖추었기에 진정한 명당으로서의 품격을 갖춘 곳이다.

6) 파주 윤관 장군 묘

경기도 파주시 광탄면 분수리 산 4-1번지에 있는 윤관 장군 묘역은 고려 중기의 명장이자 별무반을 창설한 윤관 장군의 음택으로, 한북정맥의 정기를 품은 풍수적 명당지로 손꼽힌다. 임진왜란 전후로 묘소의 정확한 위치가 알려지지 않아 봉분과 묘역이 관리되지 못하였으나, 영조 40년(1764)에 구비(舊碑)의 잔편(殘片)이 발견되고, 왕명에 따라 봉분을 재정비하면서 윤관 장군 묘소로 공인되었다. 이후 묘역은 여러 차례 정비되며 현재의 모습을 갖추었고, 1988년 사적 제323호로 지정되었다.

윤관 장군 묘의 지맥은 백두대간에서 한북정맥으로 이어지며 적근산, 광덕산, 운산, 수원산, 양주의 불국산, 앵무봉을 지나 박달산에서 분맥된 산세가 현무봉을 기봉하고 묘소에 이르러 진혈한다. 이 흐름은 강한 내룡의 행진과 혈 처의 결지를 잘 보여주는 대표적 음택 명당이다.

◆ 윤관 장군 묘의 풍수적 특징

① 주산이 낮은 편이므로 혈은 가까이 결지하였다. 혈처와 주산의 관계가 안정적이며, 산줄기인 용맥이 명확하다.

② 주산, 청룡·백호, 안산 등 사신사의 구성과 조응이 매우 조화롭

고 안정적이다. 특히 금형체 안산이 혈과 조응하여 최고의 안산형을 이룬다.

③ 전체적인 혈과 용은 훌륭하나, 수구가 물을 완전히 감싸지는 못해 수세가 다소 아쉽다.

◆ 음택풍수 사례지의 공통점
① 주산이 화려하고 기세가 웅장하다.
② 큰 덩어리가 되어 있고, 든든하며 안정감을 준다.
③ 내룡의 행진이 뚜렷하고 혈처의 결지가 뚜렷하다.
④ 관직이 높고 학식이 풍부한 유명 인물을 배출한다.
⑤ 안산이 혈과 잘 조응하며 수려한 형세를 이룬다.
⑥ 청룡·백호·주작·현무 사신사의 역할이 잘 구성되어 있다.
⑦ 수구가 겹겹으로 교쇄되어 있어 물을 잘 갈무리하였다.

제7장

형국론과 좌향 풍수

1. 형국론(形局論)이란?
2. 형국론의 종류
3. 형국론의 실존 사례
4. 좌향론(坐向論)

1
형국론(形局論)이란?

　형국론은 산의 겉모양을 관찰하여, 그 산의 모양이 사람, 동물, 또는 물건의 형태와 비슷하다면 이를 통해 땅속에 숨겨진 기운이 어디에 모여 있는지 찾아내는 이론이다. 특정 자리에는 어떤 기(氣)가 모여 있으며, 수변 산천으로부터 어떤 영향을 받는지를 산세의 형태로 판단한다. 물형론이라고도 한다.

　이 이론은 산천의 겉모양과 그 속에 내재된 정기(精氣)가 서로 연관되어 있다는 가설을 바탕으로 한다. 예를 들어, 화가 난 사람의 얼굴이 붉어지고, 간이 나쁜 사람이 황달 증세를 보이듯, 땅속의 기운에 따라 산천의 모양이 형성되었다고 보는 것이다. 산세가 웅장하고 활달하면 땅속의 기운도 왕성하고, 밋밋하거나 굴곡이 적으면 기운이 쇠약하다고 본다. 따라서 형국론은 산의 모양을 사람, 짐승, 새 등으로 비유하여 해석하고, 지기가 뭉친 곳을 찾아 그 길흉까지 판단하는 방법론이다. 풍수에서 형국론은 매우 중요하지만, 산을 보는 사람에 따라 해석이 달라질 수 있어 초보 풍수사라면 신중한 접근이 필요하다.

1) 형국론의 전통적 근거

『장경』에는 "땅은 사람, 호랑이, 뱀, 거북이 등 무수한 형체를 가지며, 기는 이러한 모양의 땅을 흘러 다니며 만물을 생성시킨다(土形氣行 物因以生)."라고 하였고, 『설심부』에는 "물체의 유형으로 추측하고 혈(穴)은 형체에 연유하여 취한다(物以類推 穴由形取)."라고 하여 산천을 물형에 비유해 설명한 구절이 있다. 이처럼 형국론은 중국에서 발전하였으나 한국에서 더 깊게 발전한 이론이다.

2) 형국론의 유형

형국론에서 산의 모양을 사람, 동물, 새 등으로 비유한 형국 유형은 매우 다양하다.
- 사람 형태: 장군대좌형, 선인독서형, 옥녀개화형, 옥녀세발형, 옥녀단장형 등
- 동물 형태: 복호형, 기린형, 와우형, 생사출림형, 노서하전형, 갈마음수형 등
- 새 형태: 봉황형, 봉황포란형, 금계포란형, 비봉귀소형 등

- 기타: 행주형, 물자형, 잠두형, 매화낙지형 등

현재 한 문헌에 의하면 약 300여 종의 형국이 비유되어 있다고 한다.

3) 혈(穴) 자리의 개념

혈 자리는 산의 모습을 특정 형체에 비유할 때, 그 생김새와 행동 중에서 가장 핵심이 되는 장소를 의미한다. 예를 들어, 금계포란형에서는 닭의 양 날개 사이 가슴 부근, 맹호출림형에서는 호랑이의 눈이나 입 부근, 선인독서형에서는 신선의 눈이나 머리 쪽이 혈 자리에 해당한다. 혈 자리는 기(氣)가 응집되고 정신이 집중되는 중심 공간으로서, 풍수에서 매우 중요한 자리이다.

4) 형국론으로 좋은 명당 찾는 법

① 산의 모양을 관찰하여 어떤 물형에 해당하는지 판단한다.
② 해당 물형으로 생각되면 안산과 주변 산, 강을 살펴 확실한 증거를 찾는다.
③ 산에서 중심이 되는 혈 자리를 찾아낸다.
④ 혈 자리 주변에서 좌향과 방위를 고려하여 명당의 위치를 선정한다.

5) 형국론의 한계

형국론은 다음과 같은 한계를 갖고 있다.

산의 양상과 음상이 있는데, 양상은 밖으로 드러나 쉽게 알 수 있으나, 음상은 파악이 어렵다. 보는 사람에 따라 같은 산을 용, 뱀, 호랑이, 개 등으로 다르게 해석하는 등 주관적 해석이 많다. 혈 자리 위치도 해석자에 따라 다르게 주장되는 경우가 많다. 산천과 물형은 시간의 흐름에 따라 변하기 때문에 고정된 해석이 어렵다.

형국론만으로 명당을 판단하는 데는 한계가 있기에 다른 풍수 이론과 함께 종합적으로 고려해야 한다.

2
형국론의 종류

1) 사람 형태

상세봉조형 **(上帝奉朝形)**	옥황상제가 여러 신선을 모아 아침 모임을 여는 형국을 의미한다. 이 형국은 중심 봉우리가 하늘의 제왕인 천제에 해당하며, 그 주변의 봉우리들은 신하처럼 주봉을 향해 가지런히 조응하고 있어 마치 황제가 조회를 여는 위엄 있는 모습과 같다. 이때 주산(主山)이 높고 위엄 있으며, 좌우의 배산이 의젓하게 협조하면 더욱 길한 형세가 된다. 특히 어서대(御書臺)가 있는 안산이 있다면 길함이 배가 되며 성현, 천자, 재상 등 뛰어난 인물들이 배출되는 귀한 명당으로 평가된다. 전통적으로 제왕의 혈로도 간주하며, 나라의 기틀을 다질 수 있는 지덕(地德)을 지닌 명당으로 여겨진다.

옥녀봉반형 (玉女奉盤形)	옥녀가 상을 받들고 있는 형상으로, 봉우리의 형태가 가늘고 단정하며, 정숙한 기운을 지닌다. 혈의 앞쪽에 네모진 바위나 산이 놓여 있어 마치 '상(床)'을 올려놓은 모습이 되어야 이 형국이 온전히 갖추어진다. 이 상 위에 혈이 놓이게 되며, 대개 평탄하고 안정된 지점이 중심 혈이 된다. 이 형국은 자손이 정숙하고 덕스럽게 성장하며, 여성 명당으로서의 평가도 높다. 특히 여성의 건강, 문예, 덕성에 좋은 영향을 미치며, 조용한 품성과 청렴한 성향의 자손이 태어난다. 여인 중에서도 뛰어난 인물, 예술적 재능을 가진 자가 나오며, 명문가의 규수나 여류 예술인의 탄생지로도 전해진다.
선인창가형 (仙人唱歌形)	선인창가형은 신선이 거문고나 가야금을 타며 노래를 부르는 모습을 형상화한 형국이다. 주산은 신선에 해당되며, 기품이 고고하고 탐랑성(貪狼星)의 기운을 지닌다. 안산은 거문고나 가야금에 해당하는 형국으로, 산세가 청수하고 방정하며, 곡선이 부드럽고 완만하게 이어져야 한다. 특히 폭포수가 주변에 흘러 노랫소리처럼 들릴 듯 말 듯한 비경(秘境)이 있으면 형세가 완벽해진다. 이 형국에서는 청빈한 자손이 나며, 문학과 음악에 재능이 뛰어나고, 주변 사람들로부터 존경을 받는 인물이 배출된다. 정서적으로 풍부하고, 예술적 감수성과 고상한 인품을 겸비한 자가 명문가를 이루며, 특히 문사(文士), 악사(樂士), 학자형 인재가 주로 배출된다.
노승예불형 (老僧禮佛形)	노승이 부처님께 목탁을 치며 예불을 올리는 형상을 본뜬 형국이다. 떠돌이 스님이 부처 앞에 절하며 염송하는 모습을 연상케 하는데, 이 형국에서는 반드시 부처에 해당하는 산, 절 형상의 산, 그리고 목탁에 해당하는 둥글게 생긴 산이 함께 갖추어져야 한다. 절에 해당하는 산은 일자(一字) 문성형으로 뻗어 있는 경우가 많고, 목탁은 원형에 가까운 아담한 산세로 나타난다. 대개 혈은 목탁에 해당되는 지점에 자리하며, 평탄하고 정중한 가운데 기운이 맺히는 곳이 적합하다. 이 형국에서는 성품이 고상하고 지혜로운 인재가 많이 배출되며, 학문과 문장이 출중한 자가 높은 관직에 오르기도 하고, 도를 닦아 선인의 경지에 이르는 대도인(大道人)도 나오는 것으로 전해진다. 불심과 도심이 어우러진 명당으로, 수행자나 스승, 철학자 같은 인재가 자주 출현한다.

장군대좌형 (將軍大坐形)	장군이 진영에 단정하게 앉아 있는 형상을 뜻한다. 이 형상에서 주산은 장군을 상징하는 귀인봉(貴人峰)이 되어야 하며, 주산 뒤에는 장군을 호위하는 장졸들이 있어야 한다. 장졸에 해당하는 산은 천(天)과 태을(太乙)이라 부를 수 있으며, 그 밖에 칼처럼 날카로운 산과 깃발이나 북처럼 생긴 산이 함께 있어 진중한 전장의 분위기를 완성한다. 이러한 지형은 장군의 위엄과 권위를 드러내는 명당으로, 대장군처럼 뛰어난 지도자나 출중한 인물을 배출하는 명상으로 알려져 있다.
옥녀산발형 (玉女散髮形)	옥녀가 머리를 풀고 빗질하며 단장하는 모습과 같은 산의 형상을 의미한다. 이 형상에서 주산은 옥녀봉으로 대표되고, 안산은 거울과 같은 맑고 반짝이는 모습이어야 한다. 사격은 빗 모양이나 화장대 모양을 닮은 산들이 사방으로 뻗어 있으며, 특히 머리카락에 해당하는 능선마다 혈을 맺을 수 있는 좋은 혈처가 자리한다. 이러한 지형은 아름다움과 여성적인 기운이 강하게 작용하며, 미인이나 귀인을 출현하게 하는 명당으로 알려져 있다.
선인무수형 (仙人舞袖形)	선인이 옷소매를 들추고 춤을 추는 형상으로, 매우 우아하고 수려한 산세를 뜻한다. 주산은 귀인봉으로 상징되며, 청룡과 백호가 마치 선인의 소매자락처럼 펼쳐져 있다. 청룡과 백호의 끝부분은 살짝 솟아 있어 아름답고 생동감 넘치는 모습이다. 안산 역시 귀인봉이나 옥녀봉으로 이어져 전체적으로 고귀하고 품격 높은 형상을 이룬다. 이러한 형상은 덕망과 명예가 높은 고귀한 인물을 배출하는 명당으로 손꼽힌다.

귀인독서형 (貴人讀書形)	귀인이 단정하게 앉아 책을 읽고 있는 형상을 의미한다. 주산인 현무봉은 탐랑 목성체의 귀인봉으로 형성되고, 안산은 책상 모양의 일자문성으로 나타난다. 주산 뒤에는 병풍을 두른 것과 같은 금병사가 자리하며, 안산 너머 조산에는 신비로운 구름이 뭉게뭉게 피어오르는 듯한 상운사가 형성된다. 이러한 지형은 학문과 문장이 당대 제일이 되어 뛰어난 지혜와 학덕을 갖춘 인물을 배출하는 명당으로 알려져 있다.

2) 용이나 뱀에 대한 형국

비룡승천형 (飛龍昇天形)	용이 하늘로 날아오르는 형상을 뜻한다. 현무봉에서 길고 힘차게 뻗어 내려온 용이 결인속기한 후, 고개를 치켜들고 하늘을 향하는 모습이다. 이 형상은 입수룡이 반드시 비룡입수여야 하며, 주변 산세가 매우 수려하고 경치가 아름다워야 한다. 안산과 그 주변에는 여의주를 닮은 둥근 산이 있어야 하며, 혈 앞에는 대강수나 넓은 평지가 펼쳐져 시야가 탁 트이는 것이 특징이다. 이와 같은 용과 관련된 혈은 발복이 크고, 부귀가 쌍전하는 명당으로 알려져 있다.
갈마음수형 (渴馬飮水形) 갈룡음수형	'목마른 말이 물을 마시는 형상'으로, 명당자리가 목마른 말이 물을 찾는 듯한 지형임을 상징한다. 혈 앞에는 냇가나 강물이 흐르고 있어야 하며, 안산과 주변의 사격은 여의주나 구름 모양을 이루어야 한다.
황룡도강형 (黃龍渡江形)	황룡이 강을 건너는 형상이다. 주산인 현무봉에서 길고 활기차게 뻗어 내려온 용이 강가에 멈추어 혈을 결지하는 모습이다. 안산은 강 건너에 여의주와 같은 사격이 존재해야 한다.

오룡쟁주형 (五龍爭珠形)	다섯 마리의 용이 하나의 여의주를 서로 차지하려고 다투는 형상이다. 한 보국 내에 다섯 개의 길게 뻗은 용들이 들판 가운데 위치한 둥근 독산(獨山)을 여의주로 삼아 싸우는 모습이다. 주룡은 크고 활기가 있어야 하며, 혈은 용의 입이나 코, 이마 부위에 위치한다. 다섯 용맥 모두 혈을 맺을 수 있으나, 가장 변화가 큰 용이 주혈이 된다.
생사취와형 (生蛇取蛙形)	살아있는 뱀이 개구리를 잡아먹거나 쫓는 형상이다. 안산에는 개구리를 상징하는 작은 산이나 바위가 있어야 하며, 혈은 뱀의 머리 위에 위치한다. 뱀은 용에 비해 용맥이 가늘고 작으며, 이 형상은 지혜와 용기가 뛰어나 학문과 높은 지위에 오르는 자손을 배출하는 명당으로 알려져 있다.
사두혈 (蛇頭穴)	뱀의 머리 부분에 혈이 있는 형상이다. 뱀의 머리에 해당하는 곳에 혈을 결지하며, 안산에는 개구리, 쥐, 새, 두꺼비 같은 사격이 있어야 한다.

3) 비금류형(새 종류)

금계포란형 (金鷄抱卵形)	닭이 알을 품은 듯한 형세를 말한다. 주산은 닭과 같은 모양이어야 하며, 청룡과 백호는 안쪽으로 감싸주어야 한다. 알과 같은 작은 둥근 봉우리가 있으며, 주변에 작은 산들이 있어야 한다. 혈은 와혈로 결지한다.
비봉귀소형 (飛鳳歸巢形)	봉황이 둥지로 날아 들어오는 형상이다. 주산은 봉황산이 되는 경우가 많으나, 이 형상은 안산이나 조산이 봉황의 둥지처럼 감싸는 모양이다. 용혈은 상격이며, 혈은 와혈이거나 청룡과 백호가 잘 감싸준다. 주변에는 봉황알과 같은 사격이나 오동나무, 대나무 등의 식생이 있어야 한다.
복치혈 (伏雉穴)	꿩이 숲속에 엎드려 있는 형상이다. 산의 모습이 숲속에 숨어 엎드린 꿩을 연상시키며, 주변에 나무가 우거져 있다. 꿩을 노리는 매봉이 근처에 있으며, 매를 쫓는 사냥개 같은 산도 있어 꿩이 긴장하며 기가 모아져 혈을 결지하는 명당이다.

연소형 (燕巢形)	처마나 절벽 끝에 있는 제비집과 같은 형상이다. 산 중턱에 위치하며 내룡이 가파르고 혈 앞은 절벽이다. 안산은 빨랫줄 같은 일자문성을 이루고, 주변에는 잠자리나 풀벌레 같은 사격이 있다. 주로 암자 터에 많이 나타난다.

4) 네발짐승과 관련된 형국

천마시풍형 (天馬嘶風形)	하늘을 나는 말이 바람을 가르며 길게 우는 형상이다. 주산은 천마산이나 용마산이며, 용맥이 힘차게 내려온다. 혈은 말의 코나 말안장 아래에 있다. 주변에는 채찍과 말안장 같은 사격이 있다. 발복이 빠르고 크다.
와우형 (臥牛形)	소가 누워 있거나 잠을 자는 형상이다. 산세가 풍후하고 유순한 것이 특징이며, 주산은 소의 등이나 머리와 닮았다. 안산에는 풀더미 같은 적 초안이 있고, 주변에 외양간, 고삐, 쟁기, 코뚜레, 짐수레 같은 사격이 있다. 혈은 소의 이마, 코, 입, 젖가슴 부분에 위치한다. 이 형상은 근면하고 양순한 사람을 배출하여 부귀를 이룬다.
옥토망월형 (玉兎望月形)	토끼가 달을 바라보는 형상이다. 산세는 낮고 부드러운 야산 숲속에 있으며, 혈은 토끼의 이마나 복부에 위치한다. 안산은 달과 같은 사격이나 반월성 지명이 있어야 한다. 이 명당은 마음이 온순하고 지혜로운 사람을 배출하며, 성품이 양순하고 주위의 도움을 받아 부귀를 누린다.
노서하전형 (老鼠下田形)	늙은 쥐가 밭으로 내려오는 형상이다. 안산에는 곡식을 상징하는 노적가리, 창고 등의 사격이 있어야 한다.

5) 맹수류형

복호형 (伏虎形)	호랑이가 엎드려 있는 형상이다. 주산 현무봉은 호랑이 머리처럼 작고 둥글며, 뒤로는 호랑이 등에 해당하는 산이 있다. 혈은 호랑이 머리나 젖가슴 부위에 위치한다. 안산에는 호랑이 먹이인 개, 소, 말, 사슴, 돼지, 노루, 토끼 등 사격이 있어야 하며, 먹이가 없으면 불운이 따른다. 이 형상은 용맹스럽고 강건한 인물을 배출하며 무인으로서 큰 공을 세워 부귀쌍전을 이룬다.
맹호출림형 (猛虎出林形)	호랑이가 배가 고파 숲을 헤치고 나오는 형상이다. 혈은 산속 깊지 않고 마을 뒷산이나 근처에 있으며, 안산에는 호랑이 먹이인 개, 소, 돼지, 토끼 등의 사격이 있어야 한다.
맹호수유형 (猛虎授乳形)	호랑이가 새끼에게 젖을 주는 형상이다. 산세는 힘차고 혈은 호랑이 배와 젖 부위에 위치한다. 용맥은 호랑이 등에 해당하며 산세가 편안하다. 주변에 호랑이 새끼에 해당하는 사격이 있다.
사자앙천형 (獅子仰天形)	사자가 하늘을 보고 포효하는 형상이다. 용맥은 비룡입수하고 사자 머리 부분에 혈이 있다. 안산은 사자의 먹이인 짐승이며 혈 앞에는 구름 같은 상운사가 존재한다.

6) 구갑류, 어류형

영구하산형 (靈龜下山形)	신령스러운 거북이 산에서 내려오는 형상이다. 주산이나 혈장이 거북처럼 생겼으며, 머리는 산 아래 물가를 향한다. 혈은 거북의 등이나 머리 부위에 위치한다. 안산에는 거북의 먹이인 소라, 개구리, 물고기 같은 사격이 있으며, 혈 앞에는 연못, 호수, 강, 논 등이 있다. 이 형상은 빼어난 인물을 배출하며 성현, 대학자, 대귀인, 대사업가가 나오고 건강 장수한다.
금구몰니형 (金龜沒泥形)	신령스러운 거북이 진흙 속에 빠지는 형상이다. 산세는 진흙에 빠지는 거북처럼 보인다. 혈은 거북의 등에 위치하며, 혈 앞에는 논이나 개펄, 수렁이 있다. 안산은 소라, 개구리, 물고기 등이다.

유어농파형 (遊漁弄波形)	물고기가 파도를 타며 한가롭게 노는 형상이다. 혈은 물고기의 눈이나 입 부위에 있으며, 안산은 물고기 먹이인 수초, 조개, 게, 새우, 미역 등이 있다.
해복형 (蟹伏形)	게가 엎드려 있는 듯한 형상을 취한 혈형이다. 게는 몸을 바닥에 밀착시켜 엎드리는 특유의 자세를 가지는데, 이와 유사한 지형에서 혈이 형성된다. 혈은 게의 눈에 해당하는 부위에 자리하며, 이는 용맥이 응집되어 정혈을 이룬 핵심부이다. 이 형국에서는 안산(案山)의 형상 또한 중요하다. 안산은 게의 입에서 나오는 거품이나 먹잇감인 물고기 형상의 사격(砂格)을 취해야 하며, 조개나 새우, 수초, 미역 등도 좋은 보조 사격이 된다. 해복형은 생기를 품은 명당의 형국으로, 실용적인 재능과 현실 감각을 갖춘 인재를 배출하는 혈로 여겨진다.

7) 기타 형국

매화낙지형 (梅花落地形)	매화꽃이 땅에 떨어진 형상을 취한 혈형으로, 절개와 고매한 품격을 상징한다. 이 형국은 혈처를 중심으로 낮은 산봉우리들이 원형을 이루며 둘러싼 구조로 되어 있으며, 주변의 작은 봉우리는 다섯 개 이상이 바람직하다. 이는 매화꽃의 다섯 꽃잎에서 비롯된 상징이다. 혈은 꽃의 중심인 화심(花心)에 해당하며, 주변 안산에는 매화의 가지 형상, 화분, 나비, 벌과 같은 생기 넘치는 사격이 있으면 더욱 길하다. 이 형국에서 배출되는 인물은 학자나 예술가, 고귀한 성품을 지닌 귀인 등으로, 이들은 명예와 부귀를 겸비하게 된다.

연화부수형 (蓮花浮水形)	연꽃이 물 위에 유유히 떠 있는 형상을 닮은 혈형으로, 맑고 고결한 기운을 품고 있다. 주로 강이나 냇물이 용맥을 감싸며 혈처의 삼면을 둘러싸는 수국(水局)을 이룬다. 이러한 혈은 연꽃의 화심에 해당하는 지점에 형성되며, 안산은 꽃잎이나 화병, 화분 형상의 사격으로 구성된다. 이 형국은 주로 낮은 지대에 나타나며, 평탄하고 안정적인 터가 많다. 연화형의 명당에서는 귀인이나 현인, 학자, 사업가 등 다양한 방면에서 두각을 나타내는 인물이 배출되며, 그들은 대체로 외모도 수려하여 많은 이의 사랑을 받게 된다.
행주형 (行舟形)	물 위를 항해하는 배의 형상을 이룬 혈형이다. 이 배는 생기를 가득 실은 채 목적지를 향해 나아가는 형상이므로, 크고 부유한 부자의 터로 인식된다. 혈은 배의 선실, 갑판, 화물칸 등에 해당하는 위치에 분포되며, 주변에는 돛대나 닻, 화물 등의 보조 사격이 갖추어져야 한다. 실제로는 분지 형태의 지형에 해당하며, 물 대신 넓은 평야가 수국의 역할을 하기도 한다. 혈의 앞쪽은 배가 물길을 거슬러 올라가는 형세가 되어야 발복이 원활하다. 이 터에 기와집을 무겁게 얹거나 우물을 파서 배의 구조를 해치면 침몰하게 되어 해를 입는다고 전해진다. 따라서 배의 균형과 물길의 흐름이 중요한 고려 요소이다.
야자형 (也字形) 물자형 (勿字形) 품자형 (品字形)	이 세 혈형은 각각 한자의 형상을 따라 명명된 독특한 지세를 하고 있다. 야자형(也字形)은 청룡이 길게 뻗어 안산을 이루고, 백호가 짧게 마주하며 중심에 혈이 형성된다. '也'는 문장을 마무리하는 글자로서, 대문장가나 후세에 명성을 떨칠 인물을 배출한다는 상징성을 지닌다. 물자형(勿字形)과 품자형(品字形) 역시 문자의 기형(奇形)을 취한 명당으로, 각각 단정하고 정제된 사격을 갖춘 형태를 말한다. 이들 혈형에서 나타나는 인물은 대부분 글을 통해 세상에 이름을 알리는 대문장가이거나 학문과 사상에서 탁월함을 발휘하는 위대한 인물로 평가된다.

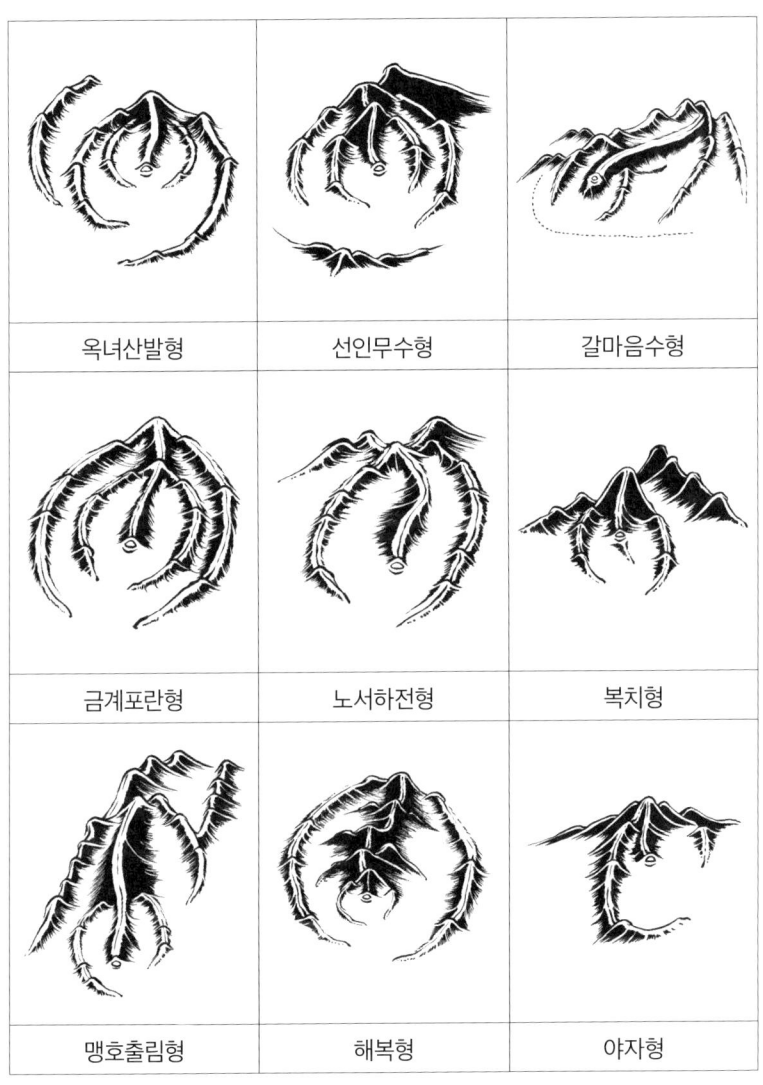

3
형국론의 실존 사례

　형국론은 산세와 지형, 수세를 종합적으로 해석하여 해당 터가 지닌 길흉을 판단하는 풍수의 핵심 개념이다. 그러나 하나의 터에 대해 형국을 판단하기 위해서는 반드시 일정한 조망 지점이 필요하다. 예컨대 경복궁의 형국을 논할 때, 북악산 정상, 인왕산 정상, 혹은 남산 봉수대 등 어느 지점에서 조망하느냐에 따라 그 형세의 해석은 달라진다. 이는 하나의 터라도 관점에 따라 복수의 형국 해석이 가능함을 의미한다. 따라서 하나의 터에 대해 그 관점에 따라 다양한 형국론이 나올 수 있다는 것을 생각해야 한다.

　경상북도 안동시 풍천면에 있는 하회마을은 전형적인 수구곡류형(水口曲流形)의 지세를 가진 명당으로, 그 형국은 '연화부수형' 또는 '행주형(行舟形)'으로 해석된다. 행주형이란 배가 물에 떠 있는 형세를 말하며, 낙동강이 마을 앞을 감싸고 도는 모습이 마치 배가 유유히 떠 있는 것처럼 보인다. 그러나 보다 상징적인 형국 해석은 부용대에서 바라본 마을의 모습에 있다. 부용대는 '부용(芙蓉, 연꽃)'을 굽어보는 언덕이라는 의미가 있으며, 이곳에서 바라보는 하회마을은 물 위에 떠 있는 한 송이 연꽃처럼 보인다. 이에 따라 하회마을은 '연화부수형'으로 해석되며, 이는 지형뿐 아니라 마을 구조의 상징성과도 긴밀하게 연결된다. 하회마을의 주택은 느티나무를 중심으로 불규칙하게 배치되어 있으며, 좌향이 일정하지 않고 각기 다른 방향을 향하고 있다. 이는 일반적인 한반도 농촌 마을이 정남향 또는 동남향을 기준으로 배치된 것과는 뚜렷이 대비된다. 중심에 있는 대가(大家)를 중심으로 주변에 원형으로 배치된 초가들 또한 풍수적 안정감을 더한다.

　풍수 고전이 말하듯 물을 얻는 득수국 마을이다. 낙동강의 곡류를 통해 물을 포용하며, 바람 또한 안정적으로 감싸는 형세로, 득수와 장풍이 모두 가능한 명당이라 할 수 있다. 특히 이 마을은 류성룡과 류운룡 형제를 비롯한 유학자와 사상가들을 배출한 곳으로, 풍수 형국의 효과가 역사적으로 입증된 사례라 하겠다.

2) 장군대좌형 어사 박문수 묘

충청남도 천안시 북면 은석산 중턱에 있는 어사 박문수(1691~1756)의 묘는 장군이 의젓하게 앉아 있는 모습의 '장군대좌형(將軍大坐形)'으로 조성된 형국이다. 박문수는 조선 후기의 대표적 명재상으로 암행어사로서 민생을 살폈고, 군정과 세정에 능하였던 인물이다. 애초 박문수의 묘역은 현재의 독립기념관 용지로 예정되었으나, 국가에서 그 부지를 향후 용도로 지정하며 묘역 이전이 추진되었다. 지관은 여러 지역을 탐색하던 중 은석산의 현 부지를 발굴하게 되었으며, 이곳은 장군이 앉아 있는 듯한 산의 형세가 분명히 나타나는 명당지로 판단되었다.

묘역은 산의 정상부를 깎아 평탄한 대지를 조성한 후 조성되었으며, 묘 앞에는 두 개의 무신석과 제단, 향로석 등이 배치되어 있어 엄숙한 기운을 자아낸다. 장군대좌형의 형국은 본래 병졸에 해당하는 조산(朝山)이나 안산(案山)이 있어야 완전한 형세가 갖추어지는데, 이 묘역은 조산이 부재한 미완의 형국이었다. 이에 박문수는 자신이 생전에 마을 아래에 시장을 조성하였다. 시장은 사람들이 모이고 흥정하는 공간으로, 풍수적으로는 병졸과 같이 생기를 불러오는 존재로 해석된다. 병천 시장이 바로 그 결과이며, 이는 형국의 결함을 인간의 지혜로 보완한 사례로 기록된다.

3) 금계포란형의 봉화 달실마을

풍수지리에서 형국론은 자연 지형의 형태를 동물이나 사물에 빗대어 인간의 길흉화복을 예측하고 판단하는 중요한 관점이다. 그중 금계포란형(金鷄抱卵形)은 암탉이 알을 품고 있는 형상을 말하며, 다산과 부귀, 자손의 번창과 재산의 축적을 상징하는 형국으로, 전통적으로 길지 중의 길지로 꼽힌다. 이러한 금계포란형의 형세를 잘 보여주는 대표적인 사례가 바로 경상북도 봉화군 봉화읍 유곡리에 있는 '달실마을'이다. 달실마을은 조선 중기의 성리학자이자 문신인 충재 권벌(冲齋 權橃, 1478~1548)이 입향한 이후, 그의 후손들이 500년 넘게 대대로 살아온 전통적인 양반집성촌이다. 마을 이름 '달실'은 마을의 옛 모습이 달빛처럼 아늑하고 아름답다고 하여 붙여진 것으로 알려져 있으며, 오늘날까지도 자연 지형과 고택이 조화를 이루는 풍경을 유지하고 있다.

지형적으로 보면, 달실마을은 북쪽의 문수산(文殊山)이 병풍처럼 마을을 둘러싸며 위요(圍繞)하고 있고, 그 지맥에서 서남쪽으로 흘러내린 백설령(白雪嶺)이 마치 알을 품은 암탉의 품처럼 마을을 감싸안는 형세를 취하고 있다. 이는 금계포란형의 전형적인 산세에 해당한다. 주산은 간좌곤향(艮坐坤向)으로, 마을 전면을 바라보며 안정감을 주는 좌향을 이룬다. 특히 마을 앞쪽의 안산인 옥저봉(玉著峯)은 수탉이 날개를 펼치며 마을을 향해 달려오는 듯한 형세로, 수계웅형(秀雄鷄形)의 안산으로 작용하여 금계포란형의 완결성을 더한다. 즉, 암탉이 알을 품고 있고, 수탉이 그 앞을 수호하듯 지키고 있는 형국이라 할 수 있다.

달실마을은 북고남저(北高南低)의 지형에, 마을을 감싸는 산줄기와 들판, 그리고 개천이 자연스럽게 어우러져 바람을 감싸고 물을 끌어들이는 형세를 갖추고 있다. 이는 전통적 풍수에서 말하는 득수국(得水局)의 조건에 해당하며, 장풍득수의 풍수 원리를 충실히 실현한 사례라 할 수 있다.

마을 중심에는 청암정, 삼계서원, 권벌 선생의 옛 집터 등 역사적 유적이 잘 보존되어 있으며, 조선시대 고문서와 전적이 전시된 충재 유물관도 함께 자리하고 있다. 이 유적군은 문화재청에 의해 '내성유곡 권충재 관계 유적(사적 제3호)'으로 지정되어 있으며, 마을 전체가 하나의 살아있는 역사박물관처럼 풍수지리와 유교문화가 융합된 공간으로 기능하고 있다. 달실마을의 명당성은 단지 지형적인 형국이나 좌향에만 국한되지 않는다. 실제로 수백 년에 걸쳐 명문가의 가계를 유지하며, 인재를 배출해 온 역사적 사실 자체가 풍수의 이론을 입증하는 사례가 된다. 특히 마을 구성원이 강한 공동체 정신을 유지하면서 자연환경을 존중하고 조화롭게 살아온 점은 풍수에서 중시하는 '지리(地理)·인심(人心)·천시(天時)' 삼재 합일의 원리를 충족시키는 중요한 조건이라 하겠다.

이처럼 봉화 달실마을은 금계포란형이라는 형국론의 전형을 갖춘 동시에, 실제로 명당의 조건을 충실히 실현한 입지로서, 풍수지리 이론의 실제적 구현 사례로 꼽을 수 있다. 현대에 와서도 이 마을은 생태관광지와 교육·문화마을로 재조명받고 있으며, 전통 풍수의 가치를 계승하는 공간으로 평가받고 있다.

◆ 삼남(三南)의 4대 길지 봉화 달실마을

조선시대의 풍수가 이중환은 오래전에 달실을 경주의 양동마을, 안동의 내앞마을, 풍산의 하회마을과 함께 삼남의 4대 길지로 뽑았다. 유곡 일대의 봉화지역은 전란의 피해가 없는 십승지지(十勝之地)의 하나이기도 하다.

풍수지리에서 명당은 산, 강 그리고 바람 등 자연의 기운에 의하여 형성된다. 이곳 달실의 지세를 풍수 이론으로 분석하면 역시 명당이라는 사실을 확인할 수 있다.

4
좌향론(坐向論)

좌향론이란 우주의 좋은 기운, 즉 천기를 받아들이기 위해 음양오행의 법칙에 따라 혈(穴)의 방향을 결정하는 이론이다. 이는 풍수지리학에서 하늘의 이치를 다루는 '이기론(理氣論)'의 중심에 해당하며, 땅의 형세를 중시하는 형기론(形氣論)의 '용혈사수(龍穴砂水)'와 더불어 지리오결(地理五訣)을 구성한다.

'좌향(坐向)'이란 혈의 배치 방향을 의미한다. 구체적으로는 혈의 등진 180도 방위를 '좌(坐)'라 하고, 그 정면 앞부분의 180도를 '향(向)'이라 하여, 이는 혈이 바라보는 방위이기도 하다. 풍수에서는 지형과 물의 흐름뿐 아니라 방위에 따라 길흉의 차이가 있다고 보기 때문에, 좌향의 설정은 매우 중요하다.

좌향을 정하는 방법에는 전통적으로 세 가지가 있다.

첫째는 이룡정향법(以龍定向法)으로, 이는 주산의 용세에 따라 좌향을 결정하는 방식이다. 입수룡의 진행 방향을 따라 일직선상의 방위를 설정하는 것으로, 기본적인 입향법이라 할 수 있다. 다만 이 방식은 살향이나 황천살과 같은 흉살을 범할 위험이 있고, 안산이 무정하거나 거칠 때 안산을 중심으로 방향을 조정하기도 한다.

둘째는 안대입향법(案對立向法)이다. 이는 혈이 명확하게 잡혔음에도 불구하고, 그 정면에 있는 안산의 형세가 유정하지 않거나 정면으로 대하지 않을 때, 방위가 단정하고 유정한 안산을 향하여 입향하는 방식이다. 용과 혈의 기준을 그대로 유지하면서, 천기적 조건을 고려하여 좌향을 조정하는 방법이라 할 수 있다.

셋째는 의수배향법(依水配向法)으로, 수맥과 수구의 위치를 중심으로 좌향을 설정한다. 좌선양룡(左旋陽龍)은 우선음수(右旋陰水)와 우선음룡(右旋陰龍)은 좌선양수(左旋陽水)와 배합하여 생왕방에 입향하는 것이 원칙이다. 이때 지반정침으로 입수룡을 측정하고, 천반봉침으로 내수구와 외수구를 확인하여 사대국(四大局) 중 어떤 방위에 속하는지를 분석한다. 이후 삼합(三合), 사생(四生), 쌍산(雙山) 등의 오행 관계를 점검하여, 생왕 방향 중 용과 상합하는 좌향을 선택한다.

이러한 좌향론은 단순히 방위를 정하는 것이 아니라, 우주의 이법에 맞추어 추길피흉(趨吉避凶)을 실현하기 위한 중요한 절차이다. 특히 혈처가 발복하기 위해서는 지기뿐 아니라 천기의 배합이 필수적이다. 지기가 부족한 자리라 하더라도, 좌향을 통해 천기를 온전히 받는다면 큰 흉화를 피할 수 있다는 점에서 좌향론은 풍수 실무에서 실질적인 효용을 가진다. 풍수지리학에는 오래전부터 다양한 향법이 전승되어 왔다. 이 중 대표적인 것은 구성법(九星法)과 포태법(胞胎法)이다. 구성법은 후천수법(後天水法)과 보성수법(輔星水法) 등이 널리 활용되며, 포태법은 음양오행과 12운성(十二運星)의 주기적 성쇠 변화를 중심으로 좌향을 판단한다. 특히 포태법을 활용한 팔십팔향법(八十八向法)은 실무에서도 널리 사용되는 대표적인 향법이다.

◆ 88향법(八十八向法)과 12운성

팔십팔향법은 우주 만물의 흥망성쇠를 12운성으로 구분하여, 각 방위에 그 길흉을 배정하는 방식이다. 인간의 생로병사처럼 방위도 '포(胞), 절(絶), 태(胎), 양(養), 생(生), 욕(沐浴), 대(冠帶), 관(官帶), 왕(旺), 쇠(衰), 병(病), 사(死), 묘(墓)' 등 12단계로 구분된다. 이 중 생·왕·묘를 삼합(三合)이라 하여, 풍수적으로 가장 길한 좌향으로 본다.

각 방위는 사대국(木·火·金·水局)에 따라 다음과 같이 분류된다.

- 목국(木局): 해묘미(亥卯未)가 삼합이며, 수구가 정미·곤신·경유에 위치한다.
- 화국(火局): 인오술(寅午戌)이 삼합이며, 수구가 신술·건해·임자에 위치한다.
- 금국(金局): 사유축(巳酉丑)이 삼합이며, 수구가 계축·간인·갑묘에 위치한다.
- 수국(水局): 신자진(申子辰)이 삼합이며, 수구가 을진·손사·병오에 위치한다.

각국에 따라 좌향은 생향, 왕향, 묘향, 양향 등으로 구분되며, 수구의 위치가 절(絶)에 있는 경우는 피해야 할 묘향, 양향으로 분류된다.

◆ 12운성의 의미

- 포·절(胞·絶): 모든 기운이 끊어져 정지된 상태
- 태(胎): 생명의 기운이 형성되기 시작
- 양(養): 모태에서 생명을 기르는 단계
- 생(生): 생명이 세상에 태어나는 시점
- 욕(沐浴): 불순물을 씻어내는 정화의 시기
- 대(冠帶): 성장하고 학습하는 소년기
- 관(官帶): 성숙하여 벼슬과 명예를 얻는 시기
- 왕(旺): 가장 번영하고 기운이 왕성한 상태
- 쇠(衰): 기운이 점차 약해지는 노쇠기
- 병(病): 병들고 쇠약해지는 상태
- 사(死): 죽음의 상태로 기운이 단질됨
- 묘(墓): 기운이 정지되고 저장된 상태, 휴식의 단계

◆ 좌향론의 실천적 의의

풍수에서 좌향은 단순한 방향 설정을 넘어, 우주 자연의 이치에 맞추어 혈의 기운을 배향하고 길운을 유도하는 핵심 요소이다. 아무리 혈의 위치가 좋아도 좌향이 부적절하면 발복이 지체되거나 흉사를 면하기 어렵다. 반대로 혈처가 완전하지 않더라도 좌향이 적절하면 흉

을 피할 수 있다. 이는 풍수의 실천에서 이기론이 형기론과 더불어 같은 비중으로 다루어지는 이유이기도 하다. 결국 좌향론은 풍수지리에서 '하늘의 기운을 얻는 기술'이며, 인간 삶의 길흉화복을 결정짓는 관건이 되는 이론이다. 전통 이론에 근거한 과학적 연구와 현장 적용의 축적으로, 현대적 해석과 융합으로 실용적인 풍수지리가 되어야 한다.

제8장

도시 풍수지리

1. 도시 풍수
2. 도시 풍수 사례
3. 도시의 풍수적 상가 분석

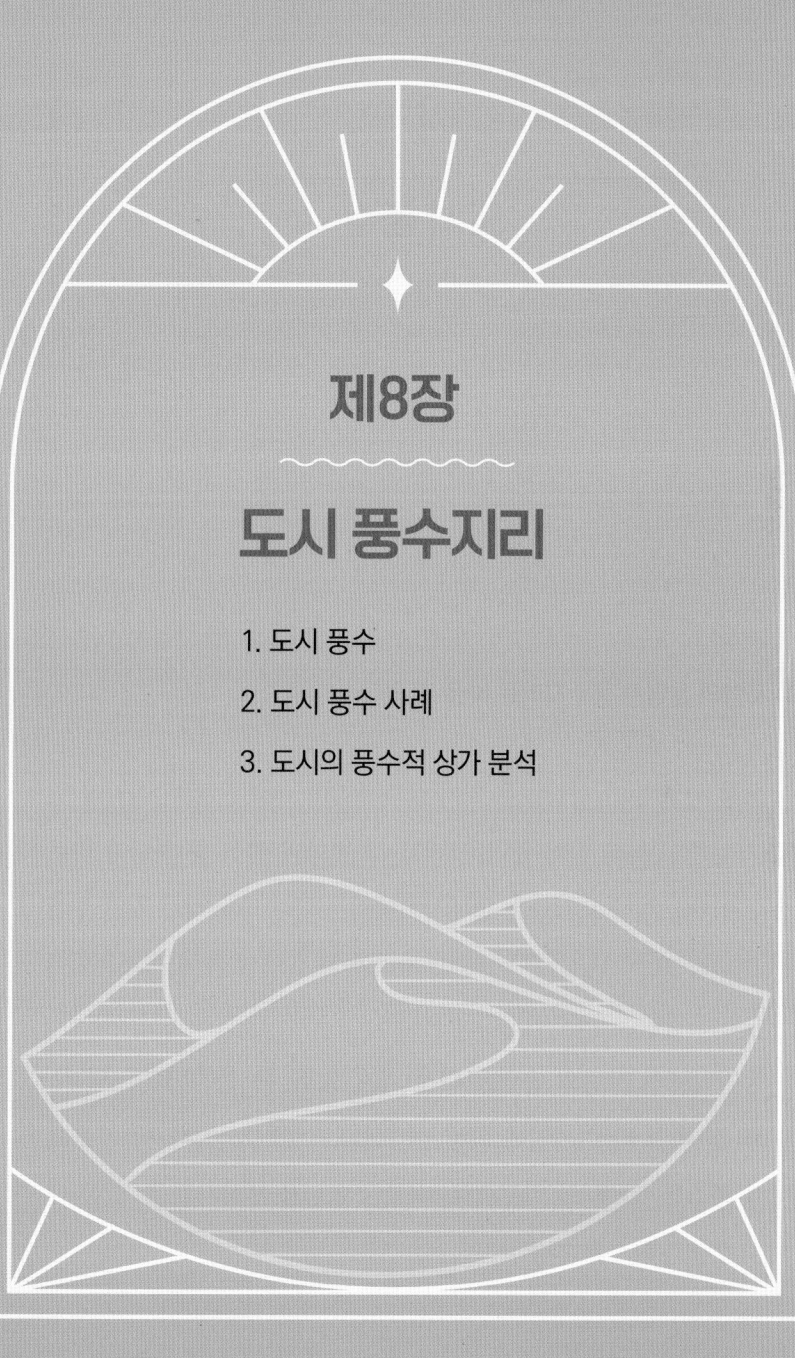

1
도시 풍수

1) 사람의 운명은 풍수지리로 바꿀 수 있다

오랜 세월 동안 사람들은 자기 삶과 운명이 정해진 것이 아니라 변화 가능한 것이라 믿어 왔다. 그리고 그 변화의 열쇠 중 하나가 바로 풍수지리다. 특히 도시화한 현대사회에서는 풍수의 원리가 개인 주거뿐 아니라 도시 구조, 건물 배치, 거리와 도로의 흐름에도 적용되어 사람의 운명에 영향을 끼친다고 본다.

동양학에서 사람의 운명은 다섯 가지 요소, 즉 문(門)·택(宅)·명(命)·수(修)·상(相)의 다섯 가지에 의해 결정된다고 알려져 있다. 이 가운데에서 풍수는 '택(宅)'의 학문으로, 타고난 운명을 변화시킬 수 있는 매우 유효한 수단으로 간주한다.

(1) 문(門) - 가문, 핏줄, 부모, 조상

'문'은 개인이 선택할 수 없는 부분이다. 어느 집안에서 태어났는지, 어떤 부모 밑에서 자랐는지, 조상이 누구인지와 같은 출생 배경은 타고난 요소이며, 후천적으로 바꿀 수 없는 운명 요소다. 이는 마치 씨앗이 어디에 뿌려졌느냐에 따라 그 생명이 자랄 수 있는 토양이 결정되는 것과 같다.

(2) 택(宅) - 주거지와 조상의 묘소

'택'은 풍수지리가 다루는 영역이다. 자신이 태어나거나 사는 집(양택), 또는 조상의 묘소(음택)는 선택과 변경을 할 수 있는 요소다. 집을 이사하거나 신축할 수 있고, 조상의 묘를 이장하거나 새로운 터에 모시는 것도 가능하다. 이런 변화는 풍수적 지식을 통해 운명에 긍정적인 영향을 줄 수 있다. 실제로 같은 사람이더라도 어떤 집에 거주하느냐, 어느 지역에 터를 잡았느냐에 따라 삶의 질과 운세가 크게 달라질 수 있다는 것이 풍수의 핵심 주장이다.

(3) 명(命) - 태어난 시기와 사주팔자

'명'은 사람이 언제, 어떤 시간에 태어났는가를 기준으로 한 운명이다. 명리학에서는 이를 사주팔자라고 한다. 사람의 명은 고정된 것으로, 스스로 바꿀 수 없다. 그래서 '명은 정해진 것'이라 말하지만, 그것이 곧 '불변의 결과'라는 뜻은 아니다. 사주는 일정한 기질과 가능성의 구조일 뿐, 인생의 종착지를 규정하는 결정타는 아니다.

(4) 수(修) - 수양과 공부

'수'는 개인의 노력과 의지에 따라 변화가 가능한 요소이다. 자신을 스스로 수양하고, 지식을 쌓고, 올바른 선택을 해나가는 과정에서 운명은 다른 방향으로 나아갈 수 있다. 똑같은 명을 가진 사람이라도 어떻게 공부하고 어떤 사람들과 관계를 맺느냐에 따라 전혀 다른 길을 걸을 수 있다. 이것은 운명론이 숙명론과 다른 지점이며, 개인의 주체성과 선택이 존중받는 이유이다.

(5) 상(相) - 생김새와 관상

'상'은 사람의 외모, 특히 관상과 관련된다. 과거에는 관상을 바꾸는 것이 불가능했으나, 오늘날에는 성형 기술이나 표정·몸가짐의 변화 등을 통해 어느 정도 조정할 수 있는 시대가 되었다. 외모와 기운은 단순한 장식이 아니라 타인과의 관계를 결정짓는 중요한 요소이기도 하다.

이처럼 문·택·명·수·상은 각각 사람의 운명에 영향을 끼치는 요소지만, 그중 '택'만이 풍수지리를 통해 적극적으로 바꿀 수 있는 분야이다. 바로 이 점에서 풍수는 타고난 운명을 보완하거나 변화시킬 수 있는 길을 제시하며, "탈신공개천명(奪神功改天命)", 즉 신의 권능을 빼앗아 하늘의 명을 바꾼다는 학문으로까지 표현된다.

운명을 도로와 자동차로 비유하면 운명을 이해하는 데 있어 하나의 비유가 자주 인용된다. 운명(運命)은 도로(운)와 자동차(명)의 조합과 같다. 명(命)은 어떤 자동차를 타고 태어났는가를 의미한다. 엔진 성능,

연료 효율, 속도, 기능 등이 자동차의 스펙이라면, 이는 곧 사람이 가지고 태어난 기질, 성향, 능력에 해당한다. 운(運)은 어떤 도로를 달리는가를 의미한다. 잘 포장된 고속도로인지, 비포장 험로인지, 평지인지, 오르막인지에 따라 같은 자동차라도 달리는 속도와 안정감이 달라진다. 아무리 좋은 자동차라도 도로 상태가 나쁘면 제 성능을 낼 수 없고, 아무리 도로가 좋아도 자동차의 성능이 뒤떨어지면 제대로 달릴 수 없다. 이처럼 운명은 고정된 것이 아니라 환경과 조건, 그리고 그에 대한 반응의 결과로 완성된다.

명리학에서 말하는 운명이란 '이미 주어진 것'과 '선택할 수 있는 것'의 조합이다. 사주는 '주어진 것'이지만, 삶에서 마주하는 결정과 선택은 사람마다 다르다. 같은 사주를 지닌 사람이라도 살아가는 방식, 만나게 되는 환경, 배우자나 직업, 거주지 등에 따라 전혀 다른 인생을 살게 된다. 사주는 단지 '그 사람이 어떤 선택을 할 가능성이 있는가'를 예측할 수 있는 참고일 뿐, 결과 자체를 결정하지는 않는다. 따라서 풍수지리는 이 다섯 요소 중 '택(宅)'을 다루는 학문으로, 나머지 요소에 비해 직접적으로 삶의 환경을 변화시키고 운명을 전환할 수 있는 가장 현실적인 수단이다. 특히 도시화한 현대사회에서 도시 풍수는 개인의 주거지뿐 아니라 도시 전체의 구조, 교통의 흐름, 건물의 배치 등을 통해 개인의 삶은 물론, 집단의 운명까지도 조정할 수 있는 중요한 도구가 된다.

그래서 풍수를 단순히 관습이나 속신으로 치부할 것이 아니라 운명을 능동적으로 설계하려는 지혜로운 삶의 방식으로 이해하는 것이 바람직하다.

1) 도시 풍수란?

도시 풍수란 도시라는 인공적 공간 속에서 풍수의 원리를 적용하여 인간 삶의 질과 운명을 개선하고자 하는 지리적 응용학문이다. 전통적 풍수지리가 자연환경 속에서 산과 물의 흐름, 지형의 생기와 기운을 해석하고 길지(吉地)를 찾는 데 초점이 맞춰졌다면, 도시 풍수는 현대 도시 공간 안에서 건물, 도로, 공원, 교통망, 주거환경, 도시계획 등의 요소들을 풍수적으로 분석하고 조화롭게 재구성하는 것을 목표로 한다. 다시 말해, 도시 풍수는 도시라는 거대한 인공환경을 하나의 살아 있는 생명체처럼 인식하고, 그 속에서 인간이 건강하고 조화로운 삶을 영위할 수 있도록 '기(氣)의 흐름'을 최적화하는 지리 환경학이다.

풍수는 예로부터 자연의 이치를 바탕으로 사람의 길흉화복을 점치고, 나아가 그것을 변화시키는 방법을 찾는 지혜였다. 그 풍수의 원리가 도시에도 적용된다는 것은 우리가 살아가는 공간이 자연이든 인공이든 '기운'의 흐름에 따라 사람에게 영향을 준다는 철학에 기초한다.

전통적 풍수지리는 산천의 형세, 혈(穴)의 위치, 수구(水口)의 닫힘과 열림, 용맥(龍脈)의 흐름, 장풍득수(藏風得水)의 조건을 중시하였다. 그 대상은 주로 왕릉이나 명문가의 묘지, 양반가의 고택이었다. 그러나 산업화와 도시화가 진행되면서 현대인의 주거와 활동 공간은 도시로 옮겨졌고, 이에 따라 풍수도 더 이상 '산속 명당 찾기'에 머무를 수 없게 되었다. 현대 도시의 건물은 수직으로 올라가고, 도로는 수평으로 뻗으며, 지하철과 지하 주차장은 땅속 깊숙이 뚫린다. 아파트 단지, 상업 지구, 공원, 고가도로, 고층빌딩 등 도시의 모든 구조물은 풍수의 시각에서 '기의 흐름'에 영향을 주고받는다. 따라서 도시 풍수는 단순한 형국론(形局論)을 넘어, 도시계획·건축·조경·환경심리학과 융합한 현대 응용 풍수로 진화하였다.

(1) 도시 풍수의 구성 요소

도시 풍수를 이루는 핵심 요소는 다음과 같다.

- 입지(立地): 도시 전체 혹은 특정 지역이 어떤 산과 하천의 영향을 받으며 위치하는가. 큰 도시일수록 그 배후에 있는 산줄기(용맥)와 앞쪽의 수계(水系)가 도시의 기운을 좌우한다. 예: 서울의 경우 북악산과 한강, 부산의 경우 금정산과 낙동강·바다가 입지의 기본 형국이다.

- 거리와 도로의 흐름: 도로는 도시의 혈맥이며, 자동차와 사람의 움직임은 도시의 '기'를 순환시키는 실질적 통로이다. 도로의 방향과 곡선, 신호체계, 도로 폭과 경사가 조화로운지에 따라 도시의 활력이 달라진다.

- 건축물의 배치와 높이: 고층 건물의 배치, 주거지와 상업지의 분리 여부, 각 건물의 전면과 후면 방향 등은 공간의 에너지 배분에

큰 영향을 미친다. 풍수적으로는 '앞은 낮고 뒤는 높으며, 좌청룡 우백호의 균형'이 중요한 기준이다.

• 도시 중심과 명당의 설정: 도시의 심장부가 어디이며, 그 주변의 기운이 흩어지지 않도록 배치되었는지가 도시 풍수의 관건이다. 중심부에는 관공서, 광장, 대형 공원이 자리하여 도시의 기운을 집중시키고, 외곽으로 확산할 수 있도록 순환 구조를 갖춰야 한다.

• 수(水)의 존재와 흐름: 도시 내 하천, 인공수로, 분수, 호수 등은 물의 기운을 활용한 요소다. 물은 생기를 유도하며 재물운과 관련이 깊다. 수구의 방향과 물의 흐름은 도시의 흥망성쇠에 직접적 영향을 미친다.

• 공원과 녹지: 풍수에서 '생기'는 자연에서 온다. 도심 속 공원은 단순한 휴식 공간을 넘어 도시의 음양 균형을 맞추는 핵심 장치이며, 기의 원활한 순환을 유도한다.

(2) 도시 풍수의 역사

도시 풍수의 기원은 고대 도시 문명의 발생과 함께 시작되었다. 풍수의 근본 사상은 인간이 자연과 조화를 이루며 살아가는 것이며, 이는 곧 '살기 좋은 땅'을 찾는 지혜에서 비롯되었다. 고대 중국의 하(夏)·은(殷)·주(周) 시대부터 도성(都城)을 건설할 때 천문과 지리, 음양오행의 이치를 바탕으로 입지를 정하고 방위를 고려한 것이 바로 풍수적 도시계획의 시초라 할 수 있다.

중국 주례(周禮)의 『고공기(考工記)』에는 이상적인 수도 배치가 나와 있으며, 이는 후일『풍수지리학』과 연결되었다. 이른바 "좌우산천(左右山川), 전후광장(前後廣場), 사방거리(四方街里)"라는 도시 구조는 풍수의 대표적 형국론과 일치한다.

한반도에서도 삼국시대부터 풍수를 기반으로 한 도읍지가 조성되었다. 고구려의 국내성과 평양성, 백제의 위례성과 사비성, 신라의 경주 모두가 산과 물을 등지고 있는 풍수적 명당 위에 자리 잡았다. 특히 통일신라 시대에는 풍수가 국가적 이념으로 자리매김하며, 불교적 요소와 융합하여 도시의 방위와 배치가 정해졌다.

고려시대에 이르러 풍수는 국정 운영의 중심 철학이 되었다. 도읍지인 개경(개성)은 송악산을 주산으로 하고 장풍득수의 원리에 따라 배치되었으며, 명산대천을 통한 기운의 집결지가 되었다. 조선시대에는 정도전과 무학대사가 한양(서울)을 도읍으로 정하는 과정에서 풍수 이론이 깊이 있게 적용되었다. 북쪽의 북악산을 주산으로 삼고, 남쪽의 한강을 안수(案水)로, 좌측에 낙산(청룡), 우측에 인왕산(백호)을 두는 전형적인 배산임수 형국을 갖추었다.

조선 후기로 들어서면서 서양 문물의 유입과 개항, 일본의 도시계획 도입(풍수 미신화) 등으로 풍수는 점차 비과학적·미신적이라는 인식으로 밀려났고, 도시계획은 근대적 효율성과 자본 중심으로 변화하였다. 일제강점기에는 일본식 도시 구조가 적용되어 경성(서울) 도심의 풍수적 균형이 무너지는 사례도 다수 발생하였다. 해방 이후 산업화·도시화가 급속히 진행되면서 도시 풍수는 사실상 도시계획에서 배제되었으나, 1980년대 이후 환경오염과 도시 스트레스, 삶의 질에 관한 관심이 높아지면서 다시금 '삶의 공간'에 대한 철학적 사유로서 풍수가 재조명되기 시작하였다.

21세기에 접어들며 도시의 환경문제, 삶의 질, 힐링 공간에 관한 관심이 높아지면서 다시금 풍수적 시각이 주목받고 있다. 도시계획, 건축, 인테리어, 조경 등에 풍수를 접목하려는 시도가 늘고 있으며, 특히 주거환경과 부동산 가치 평가에서도 풍수의 영향력이 다시 회복되고 있다.

도시 풍수는 과거의 관습이나 주술이 아니라 도시의 생태적 균형과 사람의 운명 개선을 위한 과학적·인문학적 접근으로 재해석되고 있다. 현대의 도시 풍수는 에너지의 흐름(氣의 순환), 인간 심리, 자연환경 조화 등 다학제적 융합을 통해 새로운 국면을 맞이하고 있다.

(3) 도시 내 명당의 구조적 요소

① 주산(主山): 도시 배후에 있는 산으로, 도시 전체의 기운을 감싸고 지탱해 주는 역할을 한다. 서울의 경우 북악산, 부산은 금정산, 대구는 팔공산이 대표적인 주산이다.

② 조산(朝山): 도시 전면에 있는 산 또는 조망 지점으로, 기운이 흐르고 확산하는 통로다. 이는 도시의 비전과 진취성을 상징한다.

③ 안산(案山): 도시 중심부 앞에 있는 낮은 구릉지나 언덕으로, 명당의 기운이 흩어지지 않도록 막아주는 역할을 한다.

④ 좌청룡 우백호: 도시의 좌우에 있는 산이나 건물로, 좌측의 청룡은 문명·경제·문화 활동, 우측의 백호는 안정을 상징한다. 건축물로

는 박물관·학교·도서관·문화센터(좌측), 병원·법원·관공서(우측) 등이 배치되면 조화롭다.

⑤ 명당수(明堂水): 도시 내에 흐르는 강, 하천, 호수 등으로, 도시의 재물운과 생기를 순환시키는 수맥 역할을 한다. 풍수에서는 물의 흐름이 부드럽고 끊기지 않아야 하며, 수구(水口)가 잘 막혀야 재물이 빠지지 않는다.

⑥ 혈(穴): 명당의 핵심 지점으로, 실제로는 도시의 주요 광장, 시청, 대형 공원, 교통의 중심지가 혈의 역할을 한다. 이 지점이 땅의 중심 기운을 집결시키는 역할을 한다.

도시 풍수란 전통적인 풍수 이론에서 말하는 용(龍), 혈(穴), 사(砂), 수(水) 등의 자연적 요소에, 현대 도시를 구성하는 인공적 구조물들, 즉 건물, 도로, 공원, 편의시설 등을 융합시켜 재해석한 풍수의 현대적 적용이라 할 수 있다. 다시 말해 과거 자연 지형을 중심으로 명당을 판별하던 풍수지리학이 오늘날 도시환경 속에서도 여전히 유효하며, 도시 풍수는 그 전통적 원리를 현대 도시 구조에 맞춰 확장하고 실용화한 학문이다.

전통 풍수에서는 마을이나 집터, 도읍지를 정할 때 반드시 지세와 수세를 따져 혈과 기의 흐름을 살폈다. 주산과 조산, 청룡과 백호, 명당수와 수구 등의 요소는 모두 인간과 자연이 조화를 이루며 살 수 있는 조건을 만드는 기준이 되었다. 이러한 원리는 단지 과거의 지혜로만 남아 있는 것이 아니라 오늘날의 도시계획과 주거지 개발에서도 여전히 작동하고 있으며, 실질적으로 인간의 삶의 질과 밀접한 연관을 맺고 있다.

현대 도시개발은 기술과 자본, 법과 제도에 의해 움직이는 듯 보이지만, 그 바탕을 들여다보면 오래된 풍수 사상이 암암리에 작용하고 있음을 발견할 수 있다. 도심의 중심에는 여전히 기운이 모이는 장소가 있으며, 교통망은 수맥처럼 도심을 관통하고, 고층 건물들은 용맥을 이루며 도시의 형세를 형성한다. 녹지와 공원은 명당의 안정을 돕는 사신사의 역할을 하고, 대형 쇼핑몰이나 문화시설은 수구사 역할을 하며 기의 흐름을 막거나 조절하는 기능을 한다.

이처럼 도시 풍수는 단순히 길흉화복을 점치는 도구가 아니라 도시 전체의 건강성과 조화, 나아가 인간 삶의 질과 직결된 실용적 도시환경 이론이다. 특히 도로는 과거의 물줄기(水)의 흐름과 같은 역할을 하며, 건물들은 산(山)의 역할을 대신하게 된다. 도로망이 지나치게 복잡하거나 건물 배치가 불균형할 경우, 이는 풍수적으로도 기의 흐름을 막고 쇠운을 유발하는 원인이 된다. 도시의 중심부, 즉 혈에 해당하는 지점은 대체로 시청, 광장, 금융기관 등이 위치하며, 이곳은 도시의 기운이 집중되는 핵심이다. 사신사(청룡, 백호, 주작, 현무)의 역할을 하는 건물이나 지형은 도시의 균형을 유지하며, 주거지에 안정감을 부여한다. 공원, 백화점, 체육시설 등은 수구사로서 기운의 흐름을 조절하는 완충지대 역할을 한다.

(4) 전통 풍수 이론과 도시 풍수론의 연결

도시 풍수는 전통 풍수의 원리를 현대 도시환경에 맞게 재해석하여 적용하는 이론이다. 과거 풍수지리에서는 주로 자연 지형 속에서 산과 물, 바람과 기운의 흐름을 읽고, 그에 따라 이상적인 주거지나 묘지를 선정하였다. 그러나 현대사회는 대부분 도시공간에서 생활이 이루어지며, 도심은 자연 지형보다는 인공적 구조물과 설계된 환경으로 채워져 있다. 이로 인해 전통 풍수의 개념과 원리를 도시적 맥락에서 새롭게 해석할 필요성이 대두되었다. 바로 그 접점에서 도시 풍수론이 성립된다. 도시 풍수론은 본질적으로 전통 풍수의 핵심 이론을 도시 구조와 환경계획의 요소에 대응시키는 작업이다. 산(山)은 도시에서 고층 건물이나 아파트 단지 등으로 대응되며, 물(水)은 도로, 철도, 하천, 지하수 관로 등의 흐름과 연결된다. 계곡은 건물과 건물 사이의 이격 공간 또는 골목길이나 이면도로로 대입된다. 전통적으로 수구사(水口砂)의 역할을 하던 요소들은 오늘날 공원이나 체육시설, 복합시설이 그 기능을 대신한다. 형국은 도시 전체의 공간구조나 블록 단위의 입체적 배치로 확장된다. 또한, 내당수(內堂水)의 합수처는 기의 집중이 이루어지는 교통의 결절점으로, 예를 들어 사거리, 고속도로 나들목, 도시철도역 주변으로 해석하며, 특히 역세권은 도시 풍수에서 혈(穴)의 가능성을 탐색하는 주요 지점으로 간주한다. 내당수와 외당수가 합수되는 장소는 도시의 주요 관문이나 물류·교통의 허브로서 풍수적으로도 길지(吉地)에 해당한다.

   도시 풍수론은 단지 지형을 해석하는 수준에 머무르지 않고, 도시계획의 다양한 요소로 도로체계, 건축물 배치, 대중교통망, 녹지 축, 도시개발 축, 도시경관 축 등을 종합적으로 분석하는 방식으로 발전하였다. 특히 풍수에서 보국(保局)의 범위는 현대 도시에서 하나의 생활권 또는 도시 생활의 활동 반경으로 전환되어 적용되며, 이를 통해 더욱 실질적이고 생활 밀착형 풍수 해석이 가능해졌다.

2) 도시 풍수에서 산과 물

(1) 도시에서 '산'은 곧 '건물'이다

전통 풍수에서 혈을 찾고 명당을 판단하는 데 산은 생기의 근원이며 지형의 근간이 된다. 그러나 도시에서는 지형보다 인공 구조물인 건물이 지세의 중심을 이루므로, 건물이 곧 산의 역할을 대신하게 된다. 다시 말해 도시 풍수에서 산에 해당하는 존재는 바로 건물이다. 도시의 건물은 그 위치, 크기, 높낮이, 형태에 따라 그 생기와 살기가 크게 달라진다. 특히 주변 건물과의 조화 여부는 그 자체의 운명을 결정지을 뿐 아니라 이웃한 건물에도 직접적인 영향을 끼친다. 풍수의 간룡법(看龍法)을 현대에 적용한다면, 건물은 산의 흐름으로 읽을 수 있으며, 기세의 연결과 생기의 유통을 판단하는 핵심 기준이 된다. 예컨대 나 홀로 우뚝 솟은 건물, 주위 건물들에 비해 지나치게 높거나 낮은 건물, 또는 외형이 지나치게 각진 건물은 마치 험준한 바위산처럼, 거친 기운을 방출하여 주변에 악영향을 줄 수 있다. 건물의 외형은 고전 오행론에 따라 금성체(金星體), 수성체(水星體), 화성체(火星體), 목성체(木星體), 토성체(土星體)의 다섯 유형으로 분류할 수 있으며, 이 유형은 건물의 기운과 용도를 해석하는 데 도움을 준다. 특히 토성체와 금성체, 목성체는 안정감과 재물운을 불러들이는 구조로 평가받는다. 건물과 더불어 풍수적 판단에서 주의 깊게 살펴야 할 요소는 바로 '물'에 해당하는 도로이다. 전통에서 물이 혈을 감싸며 생기를 모으듯이, 도시에서는 도로가 기의 유통 통로로 작용한다. 건물 앞에 도로가 놓이는 것이 바람직하며, 도로가 지나치게 건물 뒤를 감싸거나, 정면을 향해 직선으로 달려드는 경우는 살기(殺氣)를 조심해야 한다. 도로의 규모와 건물의 크기가 어울리지 않으면 마치 큰 강 옆에 작은 섬이 떠 있는 형국처럼 기운의 흐름이 뒤틀린다.

대형건물이나 랜드마크 빌딩은 풍수적으로는 태조산이나 중조산의 역할을 하며, 이에 비해 중·저층 건물은 현무나 혈의 자리에 놓이게 된다. 따라서 대형건물과의 관계는 산세를 보는 것처럼 면밀하게 분석해야 하며, 주위에 새롭게 고층 건물이 들어선다면 이는 새로운 산세가 형성되는 것으로 해석된다. 이 변화는 기존 건물에 생기 혹은 살기로 작용하므로, 투자 시 주변과의 조화 여부를 반드시 살펴야 한다. 예를 들어, 작은 편의점 옆에 대형 할인점이 들어설 경우, 독립 소매업체로서의 편의점은 타격을 입을 수 있지만, 대형 상업시설에 의존하는 보완재 상가로 구성된다면 오히려 활기를 띠게 된다. 또한, 빈 나대지 주변에 건물이 들어서면 이전에는 없던 다양한 살기나 생기가 발생하게 된다. 이러한 변화의 지점을 놓치지 않는 것이 도시 풍수의 핵심이다.

건물 주변에 날카로운 모서리나 강한 기세의 고층 건물이 마주할 경우, 비보(裨補)를 통해 살기를 제어해야 한다. 이를 위해서는 가로수, 조형물, 연못 등을 활용하여 생기를 유도하고 살기를 막는 장치를 마련하는 것이 중요하다.

(2) 도시에서 '물'은 곧 '도로'이다

풍수에서 물은 재물이며, 생기(生氣)의 통로이다. 물의 흐름이 곧 기의 흐름이며, 혈을 향한 진입로로 기능한다. 도시에서 전통적인 물의 역할을 대체하는 것은 바로 도로다. 도로는 건물과 도심을 연결하며 생기와 살기를 실어 나르는 현대의 수로(水路)이다. 물에 수계(水界)가 있듯이 도로에는 도계(道界)가 있으며, 이는 도시 풍수에서 중요한 해석 기준이 된다. 외당수에 해당하는 고속도로, 순환도로, 고속철도망은 큰 강의 역할을 하며, 내당수는 중소규모의 간선도로, 집산도로, 국지도로가 담당한다. 이러한 도로망은 도시의 형국을 결정하며, 명당을 형성할 수 있는 지점은 외당수와 내당수가 만나는 '합수지역'이다. 고속도로 인근이라 하여 반드시 명당이 되는 것은 아니다. 마치 큰 강 옆에는 혈이 잘 형성되지 않듯, 고속도로 역시 교차점인 나들목(IC)이 있어야만 명당으로 기능할 수 있다. 이는 수구와 혈처의 관계처럼, 도로의 결절점은 도시개발의 중심축으로 작용한다. 주거지나 상업지역으로 적합한 장소는 내당수 격의 국지도로변이다. 이러한 도로는 보행자 중심의 생기가 흐르며, 소규모 점포나 음식점, 주거지가 밀집되는 곳이다. 직선도로는 마치 급류처럼 살기를 품을 수 있으므로 건물의 전면에는 완만한 곡선도로가 감싸는 형국이 이상적이다.

(3) 도시에서의 혈은 '역세권'에 응집된다

현대 도시개발에서 가장 강력한 혈처는 철도역, 그중에서도 KTX·

GTX 같은 고속전철역을 중심으로 한 역세권이다. 전통에서 혈은 내당수와 외당수가 만나는 합수처에 형성되며, 도시에서는 철도망이 그 역할을 계승한다. 철도는 경제와 인구, 산업의 유동을 연결하는 생명선으로서, 풍수적으로는 외당수에 해당한다. KTX와 GTX는 국가 간 선축을 형성하며, 도시 중심과 외곽을 잇는 고속도로이다. 이들의 역세권은 기가 모이고 재물이 모이며 사람의 흐름이 집중되는 곳으로, 그 자체가 명당이 된다. 역세권은 단순한 교통의 편리함을 넘어선다. 도시 풍수의 관점에서 역세권은 혈처의 상징으로 기능한다. 내당수의 곁에 자리하며, 수구의 위치와 주산의 생기를 품은 중심부, 이러한 요소를 고루 갖춘 공간이 곧 핵심 역세권이다. 전통 풍수에서 혈은 용맥이 응집하고 생기가 모이는 장소를 의미했듯, 오늘날 도시에서 역세권은 철도와 도로망이 교차하는 지점으로서 도시의 기운이 집중되는 현대적 혈처라 할 수 있다. 따라서 도시 풍수를 활용한 투자와 개발의 방향은 철도역의 입지와 주변 노선망의 확대 계획을 비롯하여, 각 역세권이 포함된 도시공간 구조의 축을 종합적으로 고려해야 한다. 풍수는 더 이상 시골 마을의 산세와 수맥만을 논하는 전통적 기술에 머물러 있지 않다. 현대 도시 풍수는 도시의 뼈대를 읽고, 교통과 지리적 구조 속에서 새로운 기운이 솟아날 지점을 예측하는 통찰의 도구로 진화하고 있다. 이를 통해 역세권은 단순한 교통거점이 아니라 도시의 생명력이 응집되는 핵심 공간으로 자리 잡게 된다.

2
도시 풍수 사례

1) 택지와 도로의 풍수지리

도시에서 택지를 선정할 때 주변 도로는 풍수적으로 중요한 요소다. 풍수에서 택지는 움직이지 않는 음(陰)이며, 차와 사람이 다니는 도로는 움직이는 양(陽)으로 본다. 도로 위를 오가는 차량과 사람은 마치 흐르는 물과 같아서, 도로는 곧 수세(水勢)로 해석된다. 풍수는 음과 양이 얼마나 균형과 조화를 이루며 교합하느냐를 연구하는 학문이므로, 도로를 물로 보고 수세론을 그대로 적용하면 된다.

◆ 길한 도로의 형태
- 도로가 택지를 부드럽게 감싸듯 완만하게 굽어 있는 곳은 마치

물이 혈처를 금성환포(金星環抱)하듯 길하다.
- 도로가 택지 앞에 평탄하고 평행하게 나 있는 경우도 좋다. 비록 완만히 감싼 것보다는 못하지만 길한 형태다.
- 도로가 택지보다 낮은 곳은 배수에 유리하고 매연, 소음 피해도 줄여준다.
- 도로의 폭은 택지와 조화를 이루어야 한다.
- 작은 택지에 지나치게 넓은 도로는 양이 음을 압도해 좋지 않고, 넓은 택지에 너무 좁은 도로 역시 균형이 깨져 바람직하지 않다.

◆ 흉한 도로의 형태
- 도로가 택지의 뒤를 지나가는 곳은 배산임수 원칙에 어긋나고, 용맥을 절단해 불안과 병화를 부른다.
- 도로가 경사져 급하게 흘러내리는 곳은 재물이 빠져나가는 형국으로 가산이 쇠하기 쉽다.
- 도로가 택지를 향해 똑바로 직선으로 치고 들어오면 급한 기운이 몰려와 비명횡사, 재산 손실 등의 화를 부를 수 있다.
- 도로가 택지 앞에서 급하게 경사져 내려가면 견동토우(牽動土牛) 형국으로 재산이 흘러내리듯 소멸한다.
- 도로가 택지 옆에서 대각선으로 비켜나가는 형태는 청룡이나 백호가 비주(飛走)하는 상으로 재물이 모이지 않는다.
- 택지보다 도로가 높은 곳은 비와 함께 오염물질이 흘러들어 기를 혼탁하게 하고 건강과 재물을 해친다.

- 두 도로가 만나 택지 앞에서 삼각점을 이루는 곳은 마치 두 칼이 맞부딪치는 형상으로 시비, 사고, 화재 등 흉사가 잦다.
- 도로가 택지를 사방으로 에워싸면 택지가 고립돼 심리적 불안과 재물, 건강 손실을 유발한다.
- 택지에 비해 지나치게 넓은 도로는 양이 음을 압도하여 자손의 번창과 재물 모임을 방해한다.

이러한 흉한 형태의 도로가 있는 곳에 건물을 지을 때는 도로와 접한 부분에 충분한 공간을 두고 가로수를 심어 살기를 차단하면 흉함을 다소 완화할 수 있다. 다만 이러한 곳은 주택용보다는 상업용 용지로 활용하는 편이 낫다.

2) 내 집 마련 시 반드시 살펴봐야 할 풍수적 요소

풍수에서 주택은 거주자의 건강, 사회적 지위, 명예, 사업 운 등 현재와 미래의 운명을 좌우하는 핵심 공간으로 여겨진다. 따라서 주거지를 선택할 때는 단순히 투자수단으로서가 아니라 내 삶이 행복하고 충만할 수 있는지에 중심을 두고 신중하게 접근해야 한다.

풍수적으로 살펴보아야 할 주거지 선정의 기준은 크게 두 가지로 나누어볼 수 있다.

첫째, 주거의 입지환경

주택의 입지는 주거 선정에서 70% 이상의 비중을 차지할 만큼 중요하다. 도로와의 관계, 주변 환경, 인접 건물과의 위치 관계, 토질 등을 종합적으로 고려해야 하며, 그중 가장 먼저 살펴야 할 것이 도로와의 관계다. 도로는 풍수에서 물과 같은 역할을 하므로 물의 이론을 적용할 수 있다. 주택은 큰 도로보다는 보행 도로와 같은 좁은 도로에 접하는 것이 좋으며, 큰 도로는 자동차 통행으로 인한 심한 진동과 소음, 먼지로 인해 숙면을 방해할 수 있다. 특히 도로의 곡선 안쪽(요대수)은 교통사고 위험을 줄이고 길한 기운을 모을 수 있는 좋은 자리다. 주변 건물과의 관계도 중요하다. 대문이 맞대고 있거나, 대문이 지나치게 낮거나, 대문 앞에 전봇대나 날카로운 건물이 마주한 경우는 피해야 한다. 주택의 앞뒤에 너무 큰 건물이 있는 것도 길하지 않다. 막다른 골목의 끝에 있는 집은 바람(기운)의 흐름이 직접적으로 주택에 충돌해 건강에 좋지 않은 영향을 미친다. 또 철로 옆이나 전철역, 지하철과 너무 가까운 곳은 수면을 방해하는 파동과 소음으로 인해 주거에 적합하지 않다. 잠은 몸의 저항력이 낮아진 상태에서 이루어지므로, 전철의 소음은 큰 폭포 옆에서 잠을 청하는 것과 같아 신체의 긴장도를 높이고 정신을 예민하게 만든다. 결과적으로 집중력과 대인관계에도 부정적인 영향을 미치게 된다.

주거지는 도시의 중심 내당수를 따라 선택하는 것이 바람직하다. 도시 중심을 지나는 내당수는 도시개발의 축이 되며, 수변공간을 활용한 공원과 여가시설 등이 조성되어 주거 환경적으로 높은 가치를 지닌다. 다만 계곡이었던 곳은 택지 조성 후에도 냉기와 골 살(계곡을 따라 부는 찬바람)로 인해 건강과 재물 운에 좋지 않으니 피하는 것이 좋다. 실제로 경매로 나온 부동산 중 많은 경우가 과거 계곡이나 과협지역이었던 사례에서 보듯, 이러한 곳은 주거지로 부적합하며 공원, 광장, 공공시설 등 공동이용 공간으로 활용하는 것이 적합하다. 양쪽 좌청룡과 우백호가 감싸안은 형태의 지형은 좋은 기운을 모아주는 명당의 조건으로 적합하다.

둘째, 건축물의 구조와 실내 배치

건축물은 사각형, 정사각형, 원형과 같이 안정된 형태의 대지 위에 건축하는 것이 기본이다. 혈압 등 혈관계, 비뇨기계 건강에 문제가 있는 경우에는 7층 이상 고층 건물에서의 생활은 피하는 것이 좋다. 주상복합건물은 주거와 상가를 결합해 설계되었으나, 실제로는 두 가지 기능 모두 만족시키기 어려워 가치가 하락하는 경우가 많으므로 주거지로는 신중히 고려해야 한다.

풍수적으로 좋은 주택의 기본 구조는 앞이 좁고 뒤가 넓은 전착후관(前窄後寬), 앞이 낮고 뒤가 높은 전저후고(前低後高)형이다. 특히 대문, 안방, 주방은 주택의 핵심으로, 이를 '양택삼요'라 하여 매우 중시한다. 대문과 안방의 방위적 관계는 8방위와 음양오행 이론을 접목하여 상생·상극 관계를 분석함으로써 주택의 길흉을 판단하는 중요한 기준이 된다.

사례 1

서울 성북구 성신여대입구역 주변 주택지

성신여대입구역 인근은 좁은 보행 도로와 낮은 차도에 접한 주택지들이 많다. 이 일대는 주변에 완만한 경사를 가진 도로가 주택지를 부드럽게 감싸는 형태를 보이며, 교통량이 적고 보행 중심의 상권이 발달해 있다. 실제로 이 일대 주택들은 안정적인 임대수익을 유지하고 있으며, 거주자들의 거주 만족도도 높은 편이다. 도로가 택지를 완만하게 감싸는 금성환포(金星環抱)형 도로 구조로 양기가 적당히 모이고 분산되지 않아 풍수적으로도 좋은 입지에 속한다.

사례 2

부산 해운대구 A 고급빌라

해운대 해변과 가까운 A 빌라는 탁 트인 바다 조망이 장점으로 홍보되었지만, 실제로는 택지 앞 도로가 급경사를 이루며 일직선으로 내려가는 형태였다. 이 형태는 풍수에서 '견동토우(牽動土牛)'라 하여 재물이 급히 빠져나가는 형국으로 해석된다. 실제로 입주자 상당수가 단기간 내 전세나 매매로 퇴거하면서 공실이 길어지고, 관리비 체납 사례도 발생해 투자자와 거주자 모두 곤란을 겪었다.

사례 3

경기도 성남시 분당 정자동 상권 내 소형 오피스텔

분당 정자동의 한 소형 오피스텔은 주거지로 사용되기에는 적합하지 않았다. 택지보다 높은 6차선 대로변에 바로 접하고 있었기 때문이다. 낮에는 상권 유동 인구로 활기가 넘쳤지만, 밤이 되면 도로에서 발생하는 소음, 매연, 빛 공해로 인해 입주자 불편이 심각했다. 결과적으로 실입주보다는 단기 월세나 상업용으로 임대되는 경우가 대부분이었다. 풍수적으로 음인 택지보다 양인 도로가 너무 강하게 압도하는 형국은 사람이 오래 정착하기 어려운 자리로 분류된다.

사례 4

서울 강남구 청담동 H 주택

청담동의 한 단독주택은 좌청룡·우백호의 형국을 잘 갖추고 있었다. 주택 전면은 완만한 내리막길로 배수가 용이하고, 양옆으로는 고급 빌라 단지의 건물들이 좌우를 안정적으로 감싸고 있어 기운을 모아주는 이상적인 지형을 이뤘다. 이 주택의 소유주는 20년 넘게 거주하면서 사업이 번창했고, 건강과 가정 운도 순조로웠다고 알려져 입소문이 나며 일대에서 명당으로 평가받았다.

3
도시의 풍수적 상가 분석

1) 어떤 상가 배치가 풍수적으로 좋은가?

　인근 상점보다 시설이나 음식 맛에서 큰 차이가 없음에도 손님이 몰리는 가게는 생기의 영향을 무시할 수 없다. 사람은 본능적으로 생기가 뭉치는 곳에 모여들게 된다. 반면 생기가 모이지 않는 곳은 음기가 강해져 사람들이 들어가기를 꺼린다. 장사가 잘되는 상점을 고르기 위해서는 다음과 같은 풍수적 조건을 살펴야 한다.

　첫째, 천기가 뭉치는 곳을 찾아야 한다.

　도시에서 천기가 모인 혈처를 찾는 것은 어렵지만, 사람들이 자주 모이고 머무는 곳이 천기가 집중되는 자리라고 보면 된다. 사람들의 이동 동선을 잘 관찰해 사람들이 자주 서는 장소에 점포를 마련하는 것이 중요하다. 가게 자리가 아무리 좋아도 출입문의 배치가 생기를 끌어들이지 못하면 손님은 들어오지 않는다. 실제로 출입문을 바꿨더니 장사가 잘되기 시작한 사례도 흔하다.

둘째, 상가는 한 면 이상이 도로에 접해 있어야 한다.

출입문은 사람들이 많이 다니고 머무는 쪽에 두어야 한다. 동·남동·남향이 좋다고 해도 주변 지형과 인구 흐름을 무시하면 의미가 없다. 예컨대 북쪽 도로에 인파가 집중된다면 출입문도 북쪽으로 내는 편이 유리하다.

셋째, 상가는 직사각형 구조가 좋고, 도로에 접한 출입 면은 짧고 내부는 길게 배치하는 것이 좋다.

전면이 길고 내부가 얕은 상가는 물건을 구경하다가도 밖이 시야에 들어와 집중력이 분산되어 손님이 금방 나간다. 반면 전면이 짧고 내부가 깊으면 손님이 가게 안으로 깊숙이 들어와 구입에 집중할 수 있다. 기의 중심이 깊어져 안정감이 생기기 때문이다.

넷째, 한 가게에 출입문은 한 곳이 적합하다.

도로와 맞닿은 여러 면에 각각 출입문을 내면 기운이 분산되어 안정감을 잃는다. 손님도 쉽게 나가버려 매출에 불리하다. 비상용 출입문은 평소에 닫아두고 비상시에만 사용하는 것이 좋다.

다섯째, 출입문 앞에 장애물이 없어야 한다.

전봇대, 간판 등이 출입문 앞에 있으면 기의 흐름을 막아 생기를 흩어지게 하고 손님의 출입도 방해한다.

여섯째, 가게 입구는 광장이나 마당처럼 전망이 넓은 공간을 향해야 한다.

광장이나 마당은 양의 기운이 모이는 곳으로, 상가는 음의 공간이기에 음양의 조화를 이루면 생기가 풍부해지고 손님이 모인다. 마당이나 광장을 등지고 출입문을 내면 기운을 등지는 셈이다.

일곱째, 공간에 비해 창이 지나치게 크면 좋지 않다.

시원한 전망은 좋지만, 작은 공간에 과도하게 큰 창은 기운을 산만하게 하고 손님을 오래 머물지 않게 만든다.

사례

서울 마포구 망원동 'Y 커피숍'

망원시장 입구에 있는 Y 커피숍은 시장길과 보행로가 교차하는 모퉁이에 전면이 좁고 안으로 깊게 들어간 형태로 배치됐다. 출입문은 시장 메인 보도로 향해 있어 인파가 자연스럽게 흘러들어오고, 내부로 들어선 손님은 외부 소음이나 시장 풍경과 단절되어 차분히 커피를 즐길 수 있었다. 그 결과 하루 수백 명의 고객이 꾸준히 방문하며, 같은 거리의 다른 카페보다 월등히 높은 매출을 기록하고 있다. 풍수적으로 전착후관(前窄後寬)의 기운을 잘 활용한 사례로 꼽힌다.

2) 이런 상가가 투자에 유의해야 할 상가다

상가 투자에 있어 겉보기 번화함에 현혹되면 실패로 이어지기 쉽다. 특히 아래와 같은 유형의 상가는 풍수지리적 관점은 물론, 상권 분석 측면에서도 비우호적인 입지로 평가되므로 신중한 판단이 요구된다.

① 상권만 넓어진 곳의 상가

주택 밀집지가 상가주택으로 변하며 상권이 단순히 범위만 넓어진 경우는 고객이 분산되어 활성화되기 어렵다. 배후지의 인구 변화나 기반 시설 확충 같은 확실한 이유 없이 상권만 커진다면 상가 투자에 적합하지 않다.

② 4차선 이상 도로에 접한 상가

너무 큰 도로는 상권을 나눠 흐름을 끊는다. 한쪽 도로변에서만 상권이 살아남고, 다른 쪽은 유동 인구가 머무르지 않아 '흐르는 자리'로 변한다. 특히 초보 투자자라면 이런 곳을 피하는 것이 안전하다.

③ 유동 인구는 많지만, 그냥 지나치는 자리의 상가

유동 인구는 단순 수치보다 '멈추는 사람'의 유무가 중요하다. 예컨대 초등학교 앞의 성인용 의류점은 학생이 아무리 많이 지나가도 무의미하다. 역세권이라 해도 지나가는 인파만 많고 머무는 사람이 적다면 상권은 기대에 못 미친다.

④ 저가품·기술 업종이 밀집한 상권

주변이 세탁소, 지물포, 표구점, 세차장 등 기술형 업종 위주이거나 저가상품 상권이라면 배후지의 소비력이 낮다는 의미다. 이런 곳은 가격경쟁으로 인한 이익 하락 위험이 크다.

⑤ 업종과 주인이 자주 바뀌는 상가

임차인이 자주 바뀐다는 것은 장사가 안돼서 손해를 보고 빠져나가는 경우가 대부분이다. 겉으로는 개인 사정으로 내놓는다고 하지만 지속적 교체는 위험 신호다.

⑥ 전면이 좁고 간판 설치가 어려운 상가

상가 전면은 첫인상과 같다. 전면이 좁거나 간판 설치가 어려우면 고객의 시선을 끌기 어렵고 매출에 직접적인 악영향을 준다.

⑦ 언덕 위나 상권의 연속성이 끊긴 상가

언덕 위는 유동 인구가 적고 상권 자체가 형성되기 어렵다. 상가가 줄지어 이어지지 않고 중간에 공터나 주차장, 세차장 등이 있으면 상권의 흐름이 끊겨 손님이 멈추거나 돌아간다.

⑧ 기타 피해야 할 상가 위치

- 막다른 골목 끝 상가
- 상권 인근 300~500m 내 대형 유통시설 위치
- 권리금이 아예 없는 상가
- 건물주가 직접 장사하는 상가(공실로 인한 자구책일 가능성)
- 보도폭이 지나치게 좁은 곳
- 주변에 공터가 방치된 곳 등은 입지 가치가 낮다.

사 례

인천 남동구 구월동 D 상가

인천 남동구 구월동 로데오거리에 입점한 한 여성 의류 판매장은 대형 사거리 모서리에 있었지만, 8차선 도로를 접하고 있어 손님이 길을 건너기 불편했고 상권이 도로를 사이에 두고 양분됐다. 보이는 유동 인구는 많았지만, 실제 매장에 들어오는 손님은 적어, 한 해도 안 돼 폐업하고 말았다. 상권 흐름을 나누는 도로 특성으로 '흐르는 자리'가 된 대표적 사례다.

3) 우량 상가 선별하는 전략적 기준

① 유동 인구가 많은 곳의 상가

역세권, 대학가, 시내 중심지는 유동 인구가 많아 상권이 활성화되기 쉽다. 단, 유동 인구의 연령대, 소비성향 등을 분석해 업종을 적절히 선택해야 한다. 단순히 사람만 많다고 무작정 뛰어드는 것은 금물이다.

② 접근이 쉬운 상가

상가는 사람들이 쉽게 접근할 수 있어야 한다. 버스정류장, 지하철역, 횡단보도, 넓은 보도, 출입구의 위치와 크기, 주차시설 등이 접근성의 핵심 요소다. 교통 혼잡도가 심한 지역은 오히려 접근성을 해칠 수 있어 주의해야 한다.

③ 소형 저층 사무실 인근의 상가

대형 오피스 밀집 지역은 점심시간 이후 유동 인구가 급감하는 반면, 소형사무실이 밀집한 지역은 역세권 주변에 위치해 유동 인구가 일정하고 교통도 편리하다. 서울 주요 역세권만 봐도 5층 이하 건물이 상권의 핵심이다.

④ 편의시설이 풍부한 상가

은행, 유명 브랜드 의류점, 대형 유통시설, 영화관, 관공서 등이 인접하면 유동 인구가 자연스럽게 발생한다. 이런 편의시설은 상권의 안정성과 지속성을 높여준다.

⑤ 들어오는 방향에 있는 상가

장사는 오후부터 밤까지가 핵심이다. 퇴근길 동선상 사람들의 귀가 방향에 있는 상가가 더 유리하다. 퇴근길 주요 도로와 유동 동선을 파악해 입지를 결정하는 것이 좋다.

⑥ 주차시설이 있는 상가

주차장이 상권 내 연속성을 끊지 않으면서도 상권 중심부와 가까운 곳이 이상적이다. 상권과 주차장 사이에 있는 상가는 좋지만, 주차장 뒤편 외곽에 위치하면 오히려 상권이 죽을 수 있다.

⑦ 버스정류장이나 지하철역이 있는 대로변 상가

주택지 상권이라도 대로변의 버스정류장 유무는 상권의 활력을 좌우한다. 버스정류장, 역세권이 있는 대로변 상가는 규모 있는 업종이 안정적으로 운영되기 좋다.

⑧ 코너 상가

주택지, 역세권 가리지 않고 상권의 코너는 최고의 자리다. 시선 집중과 편리한 출입으로 유동 인구를 흡수하기 유리하다. 코너 상가는 경쟁이 치열해 매물이 잘 나오지 않지만, 소규모 창업자라면 기회를 노릴 만하다.

⑨ 권리금이 있는 상가

권리금은 '1년 순수익의 합'을 기준으로 입지, 시설, 업종 경쟁력 등을 반영해 산출된다. 권리금이 있다는 것은 그만큼 장사가 잘된다는 의미다. 향후 상가 매매 시 권리금 회수가 가능할지 냉정하게 따져보는 것이 중요하다.

⑩ 노점상이 많은 곳의 상가

불황기일수록 노점상이 늘어나는데, 이는 유동 인구가 많다는 간접증거다. 노점상이 몰려있다면 상권이 살아있고 '목 좋은 자리'일 가능성이 크다.

> **사례**
>
> **서울 합정역 H 상가**
>
> 합정역 2번 출구 인근 H 상가는 역 출입구에서 보행자 동선과 바로 이어지고 대로변 버스정류장까지 접근성이 뛰어나다. 출근·퇴근길 유동 인구가 꾸준하고, 주변에 영화관·대형서점·공용주차장이 있어 자연스레 발길이 모인다. 덕분에 이곳 카페는 소형 평수임에도 하루 매출 300만 원을 기록하며 권리금이 1억 원 이상 붙어 거래되고 있다.

4) 부동산의 방위별 기운과 활용

부동산은 건물의 위치와 방위에 따라 기운이 크게 달라진다. 각 방위는 오행과 계절, 시간의 기운을 반영하며, 공간을 어떻게 쓰느냐에 따라 거주자와 사업의 흥망에까지 영향을 미친다.

• **북쪽(수의 기운)**

겨울을 상징하며, 인간과 동식물의 활동이 정지하고 휴식하며 에너지를 비축하는 방향이다. 조도가 일정하고 시원해 집중력을 높이기에 공부방, 연구실, 재무부서 등으로 사용하면 좋다. 또한 소음을 완화하는 기운으로 부부침실에도 적합하다.

> **사례**
>
> 서울의 한 기업은 사옥 재배치 때 재무팀 사무실을 북쪽으로 옮긴 후, 직원들의 집중도가 높아지고 오류율이 줄었다는 것이다.

• 동북쪽(토의 기운)

겨울과 봄의 교차 시기, 새벽을 상징하는 변화의 방위로 불안정한 기운이 있다. 벤처사업가, 혁신가처럼 변화가 있어야 하는 이들에게는 유리하다. 단, 이 방위의 화장실, 부엌, 쓰레기장은 나쁜 기운을 집안에 퍼뜨릴 수 있으니, 청결을 철저히 유지해야 한다.

• 동쪽(목의 기운)

봄의 에너지를 머금은 동쪽은 새벽에 해당한다. 대기 중 산소가 가장 풍부하고 만물이 움트는 방향으로 번영과 발전을 가져온다. 요가, 국선도 등 정신수련을 하는 공간으로 적합하다.

• 남동쪽(목의 기운)

늦봄, 초여름, 아침 시간에 해당하며 상쾌하고 신선한 기운이 가득하다. 한옥에서 가장 선호되는 방위로 활력과 생기가 충만하다.

• 남쪽(화의 기운)

성장의 기운이 왕성한 점심에 해당한다. 밝고 따뜻해 명예, 인기와 관련된 직업군이나 거실, 응접실로 적합하다. 우리나라처럼 북반구에 있는 지역에서는 남향집이 살기 좋다는 전통적 선호와도 맞닿아 있다.

> **사 례**
>
> 전통 한옥은 남쪽에 마루와 대청을 배치하여 일조량을 최대한 활용하고, 겨울철에도 따뜻하게 생활할 수 있도록 설계됐다.

- 남서쪽(토의 기운)

여름과 가을이 교차하는 시기로 오후 3시 무렵 가장 덥고 산소가 희박하다. 음식이 쉽게 상할 수 있어 전통적으로 부엌으로 꺼리는 방위다. 곤(坤)으로 어머니를 상징한다.

- 서쪽(금의 기운)

가을, 오후 저녁에 해당하며, 결실과 성숙을 의미한다. 단풍이 들고 사색하기 좋은 방위로 예술가나 작가의 공간으로 적합하다. 동시에 금전, 수확, 사교와 관련된 직업에도 유리하다.

- 서북쪽(금의 기운)

늦가을, 초겨울, 늦은 밤을 상징한다. 성취와 결실의 기운이 강하고, 건(乾)으로 아버지를 의미하므로 경영자나 의사결정자가 사용하면 좋다.

> **사 례**
>
> 한 유명 기업의 회장실이 건물의 서북쪽에 배치되어 있었는데, 탁 트인 조망과 함께 결단력이 요구되는 업무 환경을 잘 뒷받침했다는 평가를 받았다.

제9장

부동산 풍수

1. 부동산 풍수지리
2. 좋은 터 고르는 법
3. 풍수지리와 입지선정
4. 경매 풍수
5. 경매물건 풍수적 사례
6. 미래 명당 투자는 수변 공간이다
7. 다가올 시대의 흐름을 읽어라

1

부동산 풍수지리

　현대사회에서 경제활동은 인간의 삶을 지탱하는 핵심이며, 부동산은 그 중심에 있다. 지구 곳곳의 지역적 분쟁을 살펴보면, 그 이면에는 돈과 부동산 문제가 얽혀 있다. 부동산 거래 한 건이 수십억, 수백억 원을 호가하는 현실에서 부동산 투자는 생존경쟁의 치열한 최전선이라 해도 과언이 아니다. 봉건시대에는 풍수지리가 음택(묘지)에 집중되어 있었고, 양택(주택)은 일반적인 원칙 수준에 머물러 있었다. 그러나 오늘날 부동산은 대규모 택지개발, 도시계획, 초고층빌딩 등 과거에는 상상할 수 없었던 환경으로 변모했다. 전통 풍수의 이론만으로 현대 부동산을 해석하기에는 한계가 있으며, 이 때문에 현대 부동산 풍수는 여전히 이론을 발전시키고 검증해 나가는 중이다. 부동산의 가장 큰 특징은 이동할 수 없다는 것이다. 토지, 건물, 빌딩을 다른 위치로 옮기는 것은 불가능하다. 그렇다면 풍수는 움직일 수 없는 부동산을 어떻게 다룰까? 바로 풍수는 부동산 자체를 살아 숨 쉬는 생명체, 즉 생기(生氣)로 보고 그 기운을 읽는다. 부동산 풍수는 단순히 눈에 보이는 건물만이 아니라 부동산이 위치한 땅의 기운, 주변 환경과의 상생·상극, 그리고 내부 공간의 흐름까지 종합적으로 고려하는 학문이다.

결국 부동산 풍수에서 중요한 것은 땅의 기운과 주변 환경을 읽고, 대상물의 용도와 맞추어 해석하는 것이다. 이는 누구나 알 것 같지만 막상 실천하려면 쉽지 않은 부분이다. 부동산 매매나 신축을 앞두고 있다면, 허허벌판에 건물을 무턱대고 짓는 것이 아니라 주변 환경과의 조화를 철저히 고려해야 한다.

1) 사신사(四神砂)와 현대적 관점

전통 풍수에서 가장 중시했던 개념 중 하나가 사신사다. 사신사는 청룡, 백호, 주작, 현무의 상징적 형국으로 지형·지세가 대상물을 잘 감싸며 보호하고 기운을 모을 수 있는지를 따진다. 하지만 현대 도시는 이미 형성된 건물과 도로가 공간을 가득 채우고 있다. 초대형 빌딩이 시야를 막고, 인위적인 구조물이 자연지세를 대체하고 있는 상황에서 과거처럼 사신사를 찾는 것은 현실적으로 어렵다. 이때 현대 풍수는 새로운 접근법을 제시한다. 바로 도시의 구조 속에서 풍수적 흐름을 해석하는 것이다. 도로는 물줄기에 해당하고, 건물은 산에 해당하며, 유동 인구는 기류로 볼 수 있다. 즉, 도심 속 빌딩 숲을 산의 흐름으로, 차량과 사람의 이동을 물과 기운의 흐름으로 보고 분석해야 한다.

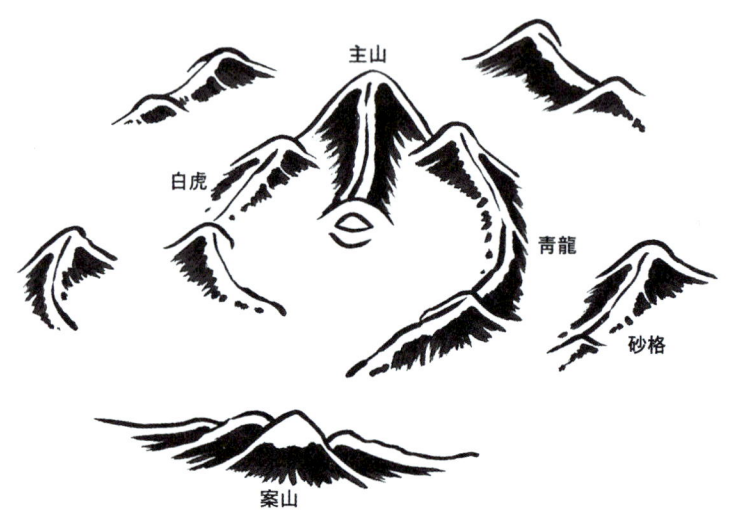

〈사신사(四神砂)〉

2) 부동산 풍수에서 고려해야 할 핵심 요소

◆ 접근성

주변 교통 여건이 좋아야 한다. 버스, 지하철 등 대중교통망은 물론, 주요 도로와의 연결성은 부동산의 가치에 큰 영향을 미친다. 상업용 부동산이라면 더욱 중요하다.

◆ **목적과 주변 환경의 일치성**

부동산의 용도와 주변 지역의 특성이 맞아야 한다. 예컨대 거주용 부동산을 상가 밀집 지역에 두는 것은 부적합하며, 유통업을 하려는 목적이라면 교통이 편리한 상권에 입지해야 한다.

◆ **생태·환경적 요소**

쾌적한 자연환경은 거주와 업무 모두에 긍정적인 기운을 준다. 산책로나 공원, 강, 녹지 등이 가까이 있다면 좋은 입지로 평가할 수 있다.

3) 현대 풍수의 방향

현대 풍수는 과거처럼 지형·지세에 맞춰 대상물을 배치하는 개념을 넘어, 이미 형성된 도시의 환경과 기운에 맞춰 대상물을 최적화하는 방식으로 발전하고 있다. 시대의 변화에 따라 명당의 개념도 달라졌다. 이제는 만들어진 환경 속에서 건물과 기류의 흐름을 조화롭게 맞추는 풍수가 필요하다. 빌딩 숲을 산으로, 도로와 인파를 물줄기와 기류로 해석하여, 도시 속에서 기운이 모이고 흘러가는 길목을 파악하는 것. 그것이 곧 현대 부동산 풍수의 핵심이며, 성공적인 부동산 투자의 첫걸음이다.

2
좋은 터 고르는 법

1) 좋은 터 고르기

좋은 터를 고르는 것은 부동산 풍수의 핵심이다.

첫째로 배산임수(背山臨水)를 살펴야 한다. 사람의 심리는 뒤가 든든해야 안정을 느끼므로 등 뒤에는 산이, 앞에는 물이 있는 형국이 이상적이다. 이는 단순히 남향을 의미하는 것이 아니며, 남향이라도 앞산이 지나치게 높거나 가까우면 오히려 흉하다.

둘째로 보국(保局), 즉 산들이 사방을 적당히 감싸안아 형성되는 포근한 공간이 좋아야 한다.

셋째로 주위의 산은 유정(有情)해야 한다. 유정하다는 것은 산의 형태가 부드럽고 아늑하여 마치 아이를 품은 어머니의 모습과 같은 것이다.

넷째로 산의 앞과 뒤를 살펴 반드시 완만하고 굽은 안쪽을 선택해야 한다. 산 정상에서 보면 한쪽은 완만하고 다른 쪽은 가파른데, 완만한 안쪽이 바람을 막고 천기가 모여 살기 좋은 곳이 된다.

다섯째는 물이나 도로의 흐름이다. 오른쪽으로 물이나 도로가 감싸주듯 흐르면 음양의 조화를 이루어 사람이 살기에 적합하다.

여섯째로 햇볕이 잘 드는 지형.

일곱째로 장풍이 잘 되는 지형이어야 좋은 터라 할 수 있다.

2) 좋은 집 자리 고르기

풍수지리에서 양택의 기본 원칙은 '양택삼요'(大門·主房·廚灶, 즉 대문, 안방, 부엌)에 있다. 이 삼요가 조화를 이루면 자연에 순응하며 부귀를 누리게 되고, 그렇지 않으면 곤궁이 따른다는 가르침이다.

◆ **따뜻함**

따뜻한 집터는 남향이나 동남향으로 배치된 경우가 많다. 북이나 북서로 등지고 남향으로 방향을 잡으면 겨울에는 북서풍을 막고, 여름에는 동남풍을 받아 쾌적하다.

◆ **햇볕과 안정감**

태양의 빛은 땅의 기운과 더불어 생기를 불어넣는다. 서향은 일조량이 부족하거나 강한 오후 햇빛으로 생기를 약화시킬 수 있으니 주의한다. 또한 집 모양은 안정감을 주는 것이 좋다. 지나치게 날카로운 형상이나 기울어진 건물은 불안감을 유발하고 가치가 떨어지기 쉽다.

◆ **교통과 접근성**

아무리 명당이라도 활용할 수 없다면 그 가치는 줄어든다. 교통이 편리해야 사람과 복이 모이고 생활의 중심지로서 기능을 한다.

◆ **도로 접면**

대지는 한 면 이상이 도로에 접해야 좋지만, 넓은 도로는 좋지 않다.

3) 흉택 판별하는 요령

좋은 터를 고르는 것 못지않게 나쁜 터를 피하는 것도 중요하다.

◆ **막다른 골목**

길은 물을 의미한다. 막다른 골목은 물길이 막힌 것과 같아 기가 정체되고 집터의 활력이 사라질 수 있다.

◆ **매립지**

땅의 기운은 생흙(살아 있는 흙)을 타고 흐른다고 보며, 매립지는 기운의 흐름이 약하다고 여긴다. 단, 기초공사를 생토에 단단히 하는 것이 보완책이 된다.

◆ **집 안의 큰 나무**

지붕보다 큰 나무는 뿌리가 기운을 빼앗거나 집을 음습하게 하고, 낙뢰나 병충해의 위험을 높인다.

◆ **망한 집터**

이전 거주자가 어려움을 겪고 나간 집은 좌향, 대문, 내부 구조의 문제를 점검해야 한다.

◆ 마당의 연못

수맥이나 습지일 가능성이 있고, 관리 소홀 시 질병의 원인이 될 수 있다.

◆ 합병한 집

두 집을 합쳐 출입문이 여러 개인 집은 기운이 흩어지고 가족 간 불화의 원인이 될 수 있다.

◆ 형제가 이웃에 거주

한 기운에 형제 집을 나란히 두면 기운이 나누어지고, 시샘이나 의존심이 생겨 화목을 해칠 수 있다.

◆ 대문에서 안방·부엌이 보이는 집

대문은 기의 입구다. 안방과 부엌이 바로 노출되면 기운이 흩어지고 사생활 침해, 재물 손실의 우려가 있다.

◆ 균열이나 습기 스민 집

기초가 약하거나 배수가 불량인 집은 구조적 위험뿐 아니라 음습한 기운으로 건강에 해롭다.

◆ 어둡고 음습한 집

일조량 부족은 기운을 약화시키고, 거주자의 정서에도 부정적인 영향을 미친다.

3
풍수지리와 입지선정

풍수지리는 바람과 물, 땅의 이치를 밝히고 자연과 인간의 조화를 추구하는 학문으로, 입지선정의 중요한 기준을 제공한다. 전통사회에서 주거지의 선택에 결정적 역할을 했던 풍수의 원리는 현대에서도 입지 평가와 활용 가치 판단에 중요한 판단 근거로 작용하고 있다.

1) 입지선정의 기준

풍수에서 입지선정은 양질의 생명 에너지를 받을 수 있는 터전을 찾는 일이다. 자연과의 조화를 최우선으로 하며, 이를 위해 배산임수, 전저후고, 전착후관 등의 지세를 중시한다. 단순히 남향 여부를 넘어 주변 산세와 물길, 지형의 높낮이까지 종합적으로 고려하여 인간이 활력을 얻고 안정적으로 거주할 수 있는 터를 찾는 것이 풍수적 입지 선정의 핵심이다.

2) 자연과 인간의 조화

자연환경, 인공환경, 사회적 환경으로 구성되는 인간의 삶터는 자연을 해치지 않고 조화롭게 형성될 때 지속가능성을 갖는다. 풍수의 원리를 입지선정에 접목하면 무분별한 개발로 인한 생태 파괴와 환경오염을 줄이고, 인간과 자연, 건축이 조화된 건강한 환경을 조성할 수 있다. 이는 전통 풍수가 가진 자연 친화적 사고가 현대의 환경문제에 대한 대안이 될 수 있음을 시사한다.

3) 토지의 최유효 이용

풍수지리는 토지를 생명체로 보고, 기가 잘 흐르고 모일 수 있는 곳을 찾아 용도와 규모에 맞는 건축을 권한다. 이는 과학적·기능적 서양식 토지 이용론을 보완해 토지의 기운과 사람의 삶이 상생할 수 있도록 돕는다. 풍수의 시각에서 토지의 적정한 용도를 정하면 보다 합리적이고 지속할 수 있는 토지이용을 도모할 수 있다.

4) 이상적인 주택 입지

풍수에서 이상적인 주거 입지는 배산임수를 기본으로 한다. 마을과 주택은 주산을 등지고 남향을 바라보며, 좌우로는 청룡과 백호가 감싸주듯 산세가 안정감을 주어야 한다. 앞에는 완만한 안산과 조산이 위치하고, 그 너머로는 수구가 트여 하천이 흐르는 형국이 이상적이다. 이런 입지는 햇볕, 바람, 습도 등을 고르게 조절하여 쾌적한 생활 환경을 제공한다. 현대에도 전통 풍수의 이론은 단독 주택지 선정에 중요한 잣대가 된다. 한남동, 성북동의 고급 주택지 등은 풍수에 부합하는 명당을 찾아 조성되어 부유층이 모이고 높은 가치를 형성한다.

5) 전원주택지의 풍수적 조건

전원주택을 계획할 때는 풍수적 관점에서 다음과 같은 점을 고려한다.

◆ **따뜻하고 밝은 터**
밝고 따뜻한 기운이 육체와 정신에 활력을 주며, 온화한 환경은 재물과 자손의 번창을 돕는다.

◆ **넓고 평탄한 전경**
앞이 열려 빛과 기운이 모이고, 평탄한 지형은 바람의 영향을 적게 받아 안정감을 준다.

◆ **물과의 거리**
물이 너무 가까우면 습기가 많아 건강을 해치므로 적절한 거리가 필요하다. 습한 환경은 감기·천식 등 호흡기 질환의 원인이 될 수 있다.

◆ 불필요한 소음의 차단

물소리, 차량 소음, 종교시설 소리 등 지속적인 특정 소음은 정신적 균형을 해친다.

◆ 토질의 단단함

축토(질퍽하거나 약한 흙)는 집의 기초를 불안정하게 하고, 비용이 많이 들어 불리하다. 단단하고 윤기 있는 토질이 최적이다.

◆ 낭떠러지 회피

전면이 급격한 내리막이나 낭떠러지인 곳은 재물과 기운이 빠져나가기 쉬워 피해야 한다.

◆ 정방형의 대지

사각형이나 직사각형의 대지는 기가 안정되고 활용도가 높다. 부정형의 터는 공간 설계에서 삼각형 사각지대가 발생해 살기로 변할 수 있어 주의해야 한다.

◆ 나무와 화초 배치

대형 수목은 집에 너무 근접하지 않도록 하고, 유실수는 담장 밖에 심어야 한다. 큰 나무는 해충, 일조량 저해, 건물 균열 등의 문제를 일으킨다.

◆ 연못 설치 금지

연못은 습기를 불러 질병을 유발할 가능성이 커 가급적 집안에 두지 않는다.

◆ 적절한 대지의 높낮이

터는 주변보다 약간 높되, 너무 높으면 바람에 노출되고, 너무 낮으면 물의 피해를 받는다. 지역 특성에 따라 적당한 높이를 선택해야 한다.

◆ **이웃과의 조화**

이웃과 어울려 살아야 풍수의 기운도 상생한다. 주변 산세와 건물이 조화를 이루도록 배치하고, 뾰족한 형태나 과도하게 눈에 띄는 집은 피하는 것이 좋다.

4
경매 풍수

경매는 부동산을 시세보다 저렴하게 구할 수 있는 기회로 많은 관심을 받지만, 풍수적으로 경매물건은 남다른 주의가 필요하다. 집과 땅은 생명력을 가진 존재로, 한 번 기운이 망가진 자리라면 되돌리기 어렵기 때문이다. 하지만 비보(裨補)라는 풍수의 치유적 수단으로 어느 정도 회복이 가능하기도 하다. 중요한 것은 경매에 나온 이유와 그 물건의 이력을 파악하고, 터와 가상을 살펴 적합성을 판단하는 것이다.

1) 경매로 나온 이유부터 확인하라

경매물건 중에는 기운이 나빠져 경매에 넘어간 경우와, 소유주와 맞지 않아 넘어간 경우가 있다. 후자의 경우라면 비보를 통해 충분히 좋은 기운으로 전환할 수 있다. 따라서 경매물건은 '물건의 기운이 문제인지, 사람과의 궁합이 문제인지'를 먼저 확인하는 것이 중요하다.

2) 집의 이력을 살펴라

경매로 나온 집이나 농촌의 빈집을 구입할 때는 해당 집에 살았던 사람들의 이력을 확인해야 한다. 짧은 기간 동안 많은 소유자가 바뀌었다면 그만큼 문제가 많았던 집일 가능성이 크다. 싸다는 이유로 무작정 덤벼들지 말고, 주인들의 변동 내역을 꼼꼼히 확인하자. 깨끗한 이력을 가진 집은 안정적으로 살았다는 증거가 된다.

3) 터와 주변 환경을 꼼꼼히 살펴라

사람이 살아야 할 땅, 나무가 자라야 할 땅, 동물이 거주해야 할 땅은 각각 따로 있다. 예컨대 앞이 급경사인 곳은 사람이 아닌, 나무나 야생동물에게 더 적합한 자리다. 또한 골목 끝, 도로보다 낮은 자리, 앞에 높은 건물이 막고 있는 자리, 두 빌딩 사이 바람길에 놓인 집 등은 기운이 순환하지 못해 건강과 재운에 해롭다. 바위투성이 땅에 지어진 집은 잦은 질병과 이웃과의 불화를 유발할 가능성이 크다.

4) 가상을 확인하라

집의 좌향과 대문의 위치가 동·서사택 원리에 맞지 않으면 질병과 파재를 부를 수 있다. 예를 들어, 남향집의 대문이 서쪽에 있다면 동·서사택 혼합 가상이 되어 문제를 일으킬 수 있다. 현관이 어두운 집도 음기가 과해 우울한 기운이 감돌고, 가족 간 불화가 잦아질 수 있다. 가상은 대문의 위치 변경 등으로 개선이 가능하나, 터 자체가 나쁘다면 회복이 어렵기에 피하는 것이 최선이다.

5) 과거 이력을 확인하라

해당 터가 과거 도살장, 전쟁터, 무덤, 대장간 등이 있던 자리였는지 확인해야 한다. 이러한 곳은 한(恨)과 살기가 서린 흉지일 가능성이 커 풍수적으로 권하지 않는다.

6) 아파트 경매물건의 특징과 주의점

◆ **저층 물건의 빈도**

저층은 소유주가 자산 가치를 낮게 판단하여 적극적으로 방어하지 않는 경우가 많아 경매에 자주 나온다. 저층이나 꼭대기 층은 좋지 않다.

◆ **용맥과 자연 순행**

자연 순행을 무시하고 용맥을 거스르는 형태로 지어진 아파트는 경매물건에서 자주 보인다. 이는 땅의 기운과 배치가 어긋나 풍수적 결함을 유발한다.

◆ 의도적 남향의 함정

남향을 선호하는 심리를 겨냥해 무리하게 남향으로 지은 아파트는 배산임수 원리를 거슬러 풍수적 문제를 일으킬 수 있다.

◆ 주변 환경의 영향

소음, 수맥, 전자파, 일조량, 비선호 시설의 존재 등도 경매물건 가치를 결정한다. 집은 밝고 맑아야 길하다.

◆ 바람길의 중요성

아파트 단지가 들어서며 기존 바람길이 막히거나 바뀌면 기운이 정체되거나 흉하게 작용할 수 있다.

◆ 풍수 인테리어 관리

아파트 출입구는 깨끗하게 유지해야 하며, 큰 거울이나 지저분한 물건은 기운을 해친다. 신발도 가지런히 정리하고 밝게 유지하는 것이 길하다.

◆ 고층의 한계

고층은 바람과 빛의 영향을 많이 받고 땅의 기운을 적게 받기 때문에 상대적으로 기운이 불안정해 경매로 나오는 사례가 잦다.

7) 경매물건은 특별히 신중하라

경매물건은 표면적으로 저렴해 보이지만, 경매에 나온 그 자체가 풍수적으로 기운이 쇠퇴했음을 의미하는 경우가 많다. 소송, 범죄, 재난 등으로 기운이 상해 있을 수 있으며, 지기가 약해져 재앙과 불행을 부를 가능성이 있다. 아무리 좋은 입지여도 덕이 없는 사람이 소유하면 그 기운을 이어받지 못하듯, 경매물건은 신중히 살펴야 한다.

8) 배산임수 원칙을 지켜라

홍만선은 "앞이 높고 뒤가 낮은 집터는 집안이 망하고, 뒤가 높고 앞이 낮으면 재물이 늘어난다."라고 했다. 하지만 산자락의 아파트들이 북향이어야 할 자리에 억지로 남향으로 틀어 지으면서 배산임수 원리에 역행하는 사례가 많다. 이런 배치의 아파트는 기운이 어긋나 경매로 이어질 가능성이 크므로 피하는 것이 바람직하다.

결론적으로

경매로 나온 부동산은 단순히 가격만 보고 접근해서는 안 된다. 경매물건에는 표면적으로는 드러나지 않는 기운의 결함이 잠재되어 있으며, 경매라는 현실로 그 흉함이 나타난다. 풍수적으로 좋은 기운을 가진 물건을 선택하는 것은 경매 투자의 필수 조건이며, 경매로 나온 물건을 살펴볼 때는 터의 기운, 이력, 가상, 주변 환경까지 종합적으로 분석해야만 좋은 땅과 집을 찾을 수 있다.

5
경매물건 풍수적 사례

양택풍수에서 가장 중요한 것은 입지 조건이며, 그다음이 건물의 가상이다. 다음 사례들은 실제 경매가 진행된 물건들을 중심으로 입지와 가상의 풍수적 문제점과 특징을 분석한 것이다.

1) 부산의 음식점 사례

전남의 ○○시 우두리에 있는 대지 780평, 건물 연면적 181평 규모의 3층 음식점은 풍수적으로 치명적인 결함을 가지고 있다.

① 건물 배치가 산에서 내려온 기운을 마주하는 역향(逆向)으로 배치되었다. 음식점은 옆 방향이나 바다를 향해야 좋은데, 산을 향하고 있어 기운이 정체된다.

② 부지 전체가 기울어져 있고, 사면이 도로로 둘러싸여 안정감이 없으며, 조화와 균형이 깨져 있다.

③ 급경사 부지를 매립해 건축했는데, 이는 골(凹) 지역의 흉한 입지로 안정적 기운을 형성하지 못한다.

④ 도로 아래는 낭떠러지로 급경사가 형성되어 있으며, 도로와 음식점 간 고도차는 21m에 달한다. 이에 따라 명당의 확보가 거의 불가능하다.

⑤ 주산과 용맥이 부재하고, 섬 노랑도를 통해 불어오는 바람이 그대로 유입되는 바람길에 위치하여 길지(吉地)의 조건을 상실하였다.

◆ 주변 지역 비교

- 청사 일대: 주산이 우뚝 솟아 있고, 조산·안산 역할을 하는 섬들이 병풍처럼 감싸며 바람을 차단해 준다.
- 대교동 일대: 구봉산을 주산으로, 여러 섬이 좌청룡·우백호 역할을 하며 명당을 형성한다.
- 동문동 일대: 주산과 나성의 역할을 하는 장군도가 있어 좋은 형국을 이룬다.

| 음식점 건물 | 음식점 입지한 곳 |

2) 곤지암 정신병원

곤지암 정신병원은 여러 괴담과 함께 CNN이 선정한 '세계에서 가장 소름 돋는 7곳' 중 하나로 꼽혔다. 폐쇄 이후 방치되어 경매에 나온 이 병원은 풍수적으로 다음과 같은 결함이 있다.

① 긴 형태의 건물이 가상적으로 문제가 많다.
② 골 지역에 건축되어 기운이 맺히지 않고 흩어진다.
③ 물길과 바람길이 겹치는 지점으로, 이는 기운이 쇠락하고 병이 생기기 쉬운 흉지다.
④ 명당 자체가 협소하고, 앞산의 압살(壓殺)이 강하게 작용해 건강과 생명에 치명적인 영향을 준다.

| 곤지암 정신병원 | 정신병원 건물 |

3) 공장의 입지 사례

전방 약 1.3km에 걸쳐 곧고 긴 도로가 형성되어 물이 곧게 빠지고

바람이 그대로 유입되는 지형에 있는 공장은 입구의 고갯마루가 허하여 곡풍(曲風)까지 발생하는 악조건을 갖추고 있다.

◆ 비보 방안

① 저수지 조성

입구에 저수지를 만들어 곧게 빠지는 물길을 보완한다. 지속해서 맑은 물을 유지해야 풍수적으로 재물과 기운을 보존할 수 있다.

"천 년 동안 마르지 않는 물은 천 년 동안의 재물을 이룬다(千年不涸之水 千年不散財)."

② 방풍림 조성

입구와 도로를 따라 벚나무 등 방풍림을 조성해 풍속을 절반으로 줄이고, 기온을 높이며 안정적인 기운을 형성한다. 방풍림 효과는 수고(樹高)의 최대 28배까지 미치며, 경관적으로도 아름다움을 더할 수 있다. 우측 고갯마루에도 같은 방풍림이 필요하다.

  이상의 사례에서 볼 수 있듯, 경매물건은 표면적으로는 가격이 매력적이더라도 풍수적으로는 입지와 가상에 치명적인 결함을 내포하고 있는 경우가 많다. 부동산을 경매로 매입하려 할 때는 가격보다 입지와 가상, 터의 기운을 우선적으로 고려해야 하며, 필요시 비보 방법으로 기운을 보완할 수 있는지의 여부까지 종합적으로 판단해야 한다.

6
미래 명당 투자는 수변 공간이다

강, 호수, 바다는 단순한 자연환경을 넘어 도시의 운명을 결정짓는 에너지원이다. 물은 생명의 근원이자, 풍수에서 생기를 공급하는 핵심 요소다. 그래서 세계 유수의 도시들은 수변을 중심으로 성장했고, 수변 공간은 도시의 심장부로 자리 잡아왔다.

수변 공간이란 강과 바다, 호수 등 물줄기를 중심으로 주거, 상업, 산업, 여가 활동이 어우러지는 공간을 말한다. 친환경 도시개발과 지속 가능한 도시 성장의 핵심축으로, 앞으로의 도시계획에서 반드시 주목해야 할 투자 1순위 지역이다. 강변북로, 올림픽대로처럼 강을 따라 형성된 대로가 오히려 접근성을 막는 사례처럼, 수변 공간 개발의 성패는 '수변과 자연스러운 연결성'에 달려 있다.

1) 외당수 - 대하천의 에너지

외당수는 풍수에서 말하는 큰 하천을 일컫는다. 풍부한 수량을 가진 대하천은 강력한 생기를 품고 있어 도시 발전의 토대가 된다. 한강을 따라 서울이 발전했듯, 대구의 낙동강과 금호강, 부산의 낙동강 하류는 풍수적으로 명당의 축을 이룬다. 이러한 외당수 수변 지역은 광활한 부지와 탁 트인 조망권으로 초고층 주상복합, 업무지구 등이 들어서며 가치가 폭발적으로 상승한다.

그러나 대형도로와 방음벽으로 수변 접근성이 단절된 곳은 기가 흐르지 못하고, 입지의 잠재력이 크게 훼손된다. 따라서 수변을 가로막지 않고 사람과 자연이 소통할 수 있는 구조로 도시를 설계해야 투자가치가 보장된다.

2) 내당수 - 도심 속 작은 하천의 힘

내당수는 도심을 관통하는 소하천을 뜻한다. 작은 물줄기라도 풍수에서는 생기 흐름의 길목이 되어 주거·상업지에 생명력을 불어넣는다. 서울 청계천 복원 후 인근 상권이 활성화된 사례가 대표적이다. 내당수는 접근성과 가시성이 좋을수록 풍수적 가치가 크며, 상권의 중심축으로 발전할 가능성이 크다. 물이 흐르는 곳은 자연스레 사람들이 모이고, 활력이 생기기 때문이다.

3) 풍수적으로 명당이 되는 수변 입지

수변 공간 중에서도 특히 '나성(羅星)'이 존재하는 곳은 풍수 최고의 명당이다. 나성이란 강이 뱀처럼 휘돌아 나선형을 이루는 형태로, 기운을 모아주고 안정감을 부여한다. 과거엔 나성 속 섬처럼 고립된 지역은 접근이 어려워 개발되지 못했지만, 현대에는 교량과 인프라로 연결성을 확보해 새로운 도시·문화·관광 거점으로 탈바꿈하고 있다. 또한 금성환포(金星環抱)나 반궁수(反弓水) 형태로, 강이 U자 형태로 휘감아 돌며 음과 양의 기운이 교차하는 곳은 도시·산업단지의 명당으로 꼽힌다. 실제 대구의 산업단지와 일부 신도시가 이와 같은 풍수 명당 위에 들어서 있다.

4) 산업 공간으로서의 수변 가치

대하천은 넓은 부지, 풍부한 용수, 교통망 구축이 유리해 전통적으로 산업단지가 형성되었다. 하지만 최근 산업은 기능 중심에서 문화·레저·관광·IT 등 복합산업으로 변모하면서, 수변 공간은 더욱 중요해지고 있다. 주거·업무·상업·여가가 한데 어우러진 '복합도시'로의 변화를 수변이 가능하게 하기 때문이다.

5) 해외와 국내 사례

홍콩, 상하이 등 글로벌 도시들은 대하천과 해안선을 따라 고층 업무지구와 빛나는 야경을 조성해 관광 수입을 올리고 있다. 우리나라 역시 여의도, 청계천 등을 통해 업무·문화의 중심으로 수변을 재탄생시키고 있다. 이러한 사례는 수변 공간이 도시 경쟁력을 높이고, 부동산 가치 상승을 견인한다는 사실을 입증한다.

결론은 강 중심의 미래 명당을 선점하라.

풍수는 자연의 기운을 인간 삶에 접목하는 지혜다. 도시의 강은 생명의 기운을 품은 대동맥이자, 미래 투자에서 가장 큰 가치가 숨겨진 곳이다. 강이 만들어내는 곡류, 나성, 금성환포 등의 풍수적 지형은 도시의 명당이자, 부동산 투자의 황금알이 된다. 따라서 단순히 강변에 있는 땅이 아니라 수변 공간의 지형적 형국과 기의 흐름을 면밀히 분석해 투자를 결정하는 것이 미래 가치를 극대화하는 길이다.

7
다가올 시대의 흐름을 읽어라

부동산 투자에서 진정한 명당을 찾기 위해서는 과거의 풍수 명당뿐만 아니라 미래 트렌드를 이해해야 한다. 앞으로의 사회는 산업구조, 가치관, 주거문화, 환경까지 급격한 변화를 맞이할 것이며, 이러한 변화는 도시공간 구조를 새롭게 재편하게 된다. 변화의 흐름 속에서 어떤 입지가 새롭게 주목받을지 읽는 것이 바로 투자 성공의 핵심이다.

1) 수변 공간과 평화 도시 - 핵심 투자축의 변화

강, 호수, 바다는 단순한 경관이 아니라 도시의 경쟁력을 좌우하는 생명선이다. 앞으로의 도시는 물과 가까운 친수공간을 중심으로 주거·상업·문화 기능을 집약하는 수변도시로 개발될 것이다. 강과 하천 주변은 풍수적으로 생기가 모이는 곳으로, 쾌적성과 아름다운 조망까지 갖춰 가치가 폭등할 가능성이 크다. 또한, 한반도 통일에 대한 기대감이 커지면서 남북 접경지역 개발이 새로운 투자 트렌드로 떠오르고 있다. 접경지대는 평화경제의 중심지로 성장할 가능성이 크며, 남북 교류의 관문 역할을 할 도시가 대규모 개발의 중심축이 될 것이다.

2) 건강한 먹거리와 도심형 농장 - 새로운 라이프스타일 명당

높아진 소득수준과 건강에 관한 관심은 먹거리의 질을 중시하는 문화로 이어지고 있다. 무분별한 농약 살포와 첨가물에 대한 불신이 커지면서, 안전한 먹거리를 스스로 키우려는 수요가 폭발적으로 증가하고 있다. 주말농장용 부동산뿐만 아니라 도심 고층빌딩 내부에 농장을 조성해 소형 단위로 분양하거나 판매하는 형태의 '도심형 농장'도 산업으로 자리 잡을 전망이다. 이에 따라 임야·전답과 함께 도심 내 빌딩도 투자 유망지로 꼽힌다.

3) 물과 공기 - 미래의 황금 자산

물이 흔하다고 생각했던 시절은 지나갔다. 기후변화와 환경오염으로 깨끗한 식수가 귀해지며, 물은 자산으로서 가치가 급등하고 있다. 과거 '대동강 물을 팔았다.'라는 이야기가 농담으로만 들렸지만, 이제는 깨끗한 물이 돈이 되는 시대가 현실로 다가왔다. 공기 역시 마찬가지다. 숲속의 맑은 공기를 담은 캔이 생수처럼 팔리는 날도 머지않았다. 청정한 공기와 물을 보유한 지역은 풍수 명당의 핵심 조건을 충족할 뿐 아니라 미래 가치도 함께 보장한다.

4) 주거문화의 혁신 - 고층에서 친환경 저층으로

과거 아파트는 투자상품으로 주목받았으나, 앞으로의 주거문화는 삶의 질과 휴식을 중시하는 방향으로 바뀐다. 소규모 친환경 단독주택, 전원주택, 별장형 주택에 대한 선호가 급격히 증가할 것이다. 특히 풍수적으로도 낮은 기압과 산소부족, 지기가 닿지 않는 고층은 좋은 주거지가 될 수 없다. 건강한 삶을 위해서는 7층 이하의 저층 공간이 이상적이다. 반면 핵가족화와 1인 가구의 증가로 소형 주택 수요는 이어질 것으로 보인다. 하지만 아파트 자체는 더 이상 투자 중심의 공간이 아닌, 편리한 시설을 갖춘 임대공간의 기능이 강화될 것이다. 따라서 렌트 산업의 성장도 예상된다.

5) 산업과 레저 - 섬, 자연, 레저공간의 부상

기존의 제조업·중공업에서 벗어나, 미래 산업은 나노, IT, 바이오, 친환경에너지, 문화·레저산업으로 급격히 이동한다. 섬 개발, 오토캠핑장, 수목원, 식물원, 승마, 요트 등 자연을 활용한 레저산업은 건강과 힐링을 중시하는 트렌드와 맞물려 크게 성장할 전망이다.

6) 풍수적 입지를 결합하라

　새로운 트렌드로 개발되는 지역이라 해도, 풍수 명당의 기본 조건을 갖추지 못한 곳은 오래가지 못한다. 실제로 명당의 입지에 산업단지, 주거단지가 시기만을 기다리듯 들어서는 사례가 많았다. 이는 전통 풍수 명당과 미래 트렌드가 만나야 진정한 투자 명당이 된다는 것을 보여준다. 따라서 미래에는 수변 공간을 중심으로 한 도시개발, 친환경 저층주택, 주거의 휴식 공간화, 도심 속 농장, 남북 접경 평화 도시 등 다양한 변화가 이어질 것이며, 이러한 변화 속에서도 풍수적으로 기가 모이는 명당을 선택하는 것이 건강한 삶과 성공적인 투자의 핵심이 될 것이다.

제10장

아파트 풍수와 가상학

1. 아파트 풍수
2. 건물의 구조와 가상학
3. 가상의 사례
4. 장사 잘되는 점포

1
아파트 풍수

1) 아파트 풍수의 필요성과 핵심

　현대의 도시 주거 형태에서 가장 대표적인 것이 바로 아파트이다. 아파트는 한정된 대지에 많은 세대가 입주할 수 있도록 설계되어 공간과 공간이 밀집되어 있으며, 이러한 구조적 특성으로 인해 기의 흐름이 원활하지 않거나 막히기 쉽다. 그 결과 건강, 재물운, 가족 간 화합 등에 영향을 미칠 수 있다. 전통주택과 달리 자연환경과의 직접적인 교감이 제한적인 아파트에서는 내부 구조, 입구, 베란다 배치, 주변 환경 등 세부 요소들이 풍수의 관점에서 더욱 중요하게 작용한다. 아파트는 주상복합, 초고층 아파트 등 형태가 점점 다양해지고 있다. 이는 풍수적으로 새로운 과제이자 기회를 동시에 제공한다. 과거에는 주거가 자연환경과 밀접하게 조화를 이루는 데 초점이 맞춰졌다면, 현대 아파트 풍수는 제한된 공간 안에서 자연의 기운을 최대한 유입하고, 인위적인 요소를 활용해 기운을 조절하며 심리적 안정과 실질적 건강을 도모하는 데 목적을 둔다. 도시의 급격한 팽창과 주거문화의 변화로 아파트는 단순한 주거 공간을 넘어 현대인의 삶에 중요한 무대가 되었다. 그러나 아파트 대부분은 많은 인구를 수용하기 위해 기능성 위주로 설계되어, 공간 본연의 기운이나 사람과의 조화를 충분히 고려하지 못한 채 '닭장형' 구조로 전락한 경우가 적지 않다. 집은 사람의 기와 만나야 생명력을 갖게 되고, 사람은 집의 기운을 통해 삶을 영위한다. 생명력이 흐르지 않는 아파트는 거주자 또한 활력을 잃고, 삶의 기쁨과 인간성을 상실하기 쉽다. 풍수는 이러한 공간에 생명력을 불어넣고 사람과 집의 기운이 조화를 이루게 하는 지혜이자 기술이다. 아파트 풍수는 그 어떤 전통주택보다도 세심한 배려와 적절한 보완이 필요하며, 공간을 생명의 터전으로 되살려주는 현대인의 필수적 생활 지식이라 할 수 있다.

◆ **이상적인 아파트 평수와 공간 활용**

아파트를 살 때 평수를 기준으로 품격을 따지는 경향은 물질주의적이며, 이는 아이들까지 평수로 친구를 가르는 부작용으로 이어진다. 풍수적으로 가장 이상적인 면적은 거주자 1인당 전용 7평 수준으로, 4인 가족이라면 28평 전용면적이 적합하다. 과도하게 넓은 공간은 기운이 분산돼 거주자를 눌러 흉기로 작용하며, 특히 사용하지 않는 빈방이 있다면 냉기와 나쁜 기운이 머물러 흉사를 부를 수 있다. 빈방은 옷방이나 서재로 활용해 사람이 자주 드나들게 하거나, 문을 열어 기운이 순환되게 하는 것이 바람직하다.

◆ 아파트의 방향과 형태

많은 사람이 '남향집'에 집착하지만, 풍수에서는 집이 위치한 지세에 따라 동향이나 북향이 오히려 더 좋은 예도 있다. 문제는 아파트 대부분이 남향 일변도의 직선형으로 배치되어 병풍을 펼친 것 같은 모양을 가지게 되고, 이는 수평선 형태의 평슬래브 지붕 구조로 기운이 중심에 모이지 못하고 분산되는 '수산형' 구조가 된다. 이런 구조는 사람들에게 중심력이 부족하고, 개인주의적이며 배타적인 성향을 키운다. 특히 지붕은 기운의 중심을 잡는 역할을 하는데, 아파트는 벽체 위주로 음적인 요소만 강조되어 물질적이고 과시적인 문화로 이어지기 쉽다. 정신과 마음의 중요성이 약해지고, 외형적 치장과 허세가 많아지며, 이웃 간 교류도 단절되기 쉽다.

◆ 아파트 층수와 생명력

풍수에서 사람이 사는 공간은 땅의 기운과 통해야 한다. 지면과의 접촉이 단절되는 고층은 이 원리가 무너져 기운의 불균형을 초래한다. 7층 이하 저층이 이상적이며, 이는 자연 속 생명체가 머무를 수 있는 최대 높이와도 일치한다. 실제로 오랜 세월 식물을 키우던 이들이 고층으로 이사한 후 식물이 자라지 않는 사례는 이를 방증한다. 또한 어린이의 성장이나 임산부 건강에도 고층은 부정적 영향을 준다는 보고가 있다.

◆ **아파트와 마당의 부재**

아파트에는 진정한 의미의 마당이 없다. 하늘과 바람, 땅을 만나며 자연의 기운과 교류하던 마당의 역할을 놀이터나 쉼터가 대체하고 있으나, 병풍식 고층 배치로 인해 강풍이 잦고, 사람은 자연과 분리되어 고립감을 느끼기 쉽다.

◆ **아파트 배치의 이상**

명당 아파트는 직선형에서 벗어나 중심형으로 설계되어야 한다. 중심형이란 평면에 중심 공간이 있고, 지붕에 정점이 있으며 원형이나 정사각형에 가까운 형태를 이루는 것이다. 자연 속 나무가 뿌리, 줄기, 가지, 잎으로 구성되듯, 아파트도 기단, 벽체, 중간 완충부(박공벽), 지붕으로 안정된 4단계를 갖추는 구조가 이상적이다. 남향 일변도를 탈피하여 동서남북 사방으로 배치해 지세와 조화를 이루는 것이 바람직하다.

2) 아파트 동, 방 배치의 풍수 원리

(1) 아파트 단지 동 배치

- 배산임수와 전저후고: 동 출입구와 베란다는 낮은 쪽을 향해야 기운이 원활하다. 반대로 출입구와 베란다가 서로 반대 방향인 경우는 기의 흐름이 깨지니 피해야 한다.
- 배치 형태: 동과 동은 병렬이나 직각 배치가 좋으며, 비스듬히 배치하면 모서리가 상충해 흉하다. 이열종대 형태에서는 마지막 동이

바람을 집중적으로 맞아 기운이 교란된다.
- 도로와의 관계: 아파트를 향해 도로가 직선으로 찌르듯 있으면 좋지 않고, 곡선 도로가 감싸듯 배치된 곳이 길하다.
- 중심부 상가: 단지의 기운이 모이는 중심부에 상가가 위치하면 기운이 흩어져 좋지 않다.
- 사신사 배치: 현무(뒤), 청룡(좌), 백호(우), 안산(앞)의 사신사를 적용해 배치하면 나쁜 기운을 차단하고 좋은 기운을 유입할 수 있다.

(2) 아파트 내부와 가구 배치

기존 아파트에서 풍수에 맞는 구조를 찾기 어렵다면, 내부 가구 배치를 통해 기운을 조절하는 방법이 있다. 각 방 안에서 문을 바라보고 패철로 방위를 측정해 동사택 또는 서사택에 맞춰 침대, 책상, 옷장 등을 배치하면 좋다.

3) 아파트 풍수의 필수 요소

◆ **입구(현관)의 기운 유지**

아파트의 현관은 단독주택의 대문과 같은 역할로, 외부의 기가 집으로 유입되는 '수구(水口)'다. 현관이 어둡거나 좁고 지저분하면 복이 들어오지 못하고, 흉한 기운이 머무를 수 있다. 현관문이 열리자마자 거실 창문이 보여 직선으로 바람이 빠져나가듯 기가 빠지는 구조는 피한다. 이를 완화하려면 파티션, 스크린 등을 설치해 기운이 집 안에 머물도록 유도한다.

◆ **코너 유닛의 단점**

아파트 동의 끝 코너에 있는 세대는 외부에 노출되는 면적이 넓어 외풍이 심하고 기운이 안정되지 않는다. 특히 고층 코너는 풍압이 강해 심리적으로 불안정감을 주며, 실제로 고층 코너 유닛 거주자가 신경성 장애를 호소하는 사례도 있다.

◆ **공동 복도의 형태**

복도식 아파트는 동서로 긴 복도가 기를 일직선으로 흘려보내는 형태가 많다. 이때는 각 세대 입구에 화분이나 밝은 조명을 설치해 기의 흐름을 부드럽게 하고, 기가 흘러 지나가지 않도록 한다.

◆ **아파트 배치의 외부 지형**

고층 아파트가 저층 주택이나 낮은 산을 내려다보는 위치에 있으면, 기운을 장악해 재물이 불어나지만, 반대로 뒤에 더 높은 건물이 있으면 기운이 눌려 흉하다.

단지 앞에 개천이나 저지대가 있어 배산임수형 지세를 이루면 좋으나, 인공적으로 매립한 늪지나 쓰레기 매립지를 기반으로 한 아파트는 지기가 불안정해 가족 건강이나 재물운에 불리하다.

◆ **아파트 단지 내 녹지 공간**

중앙 정원이나 커뮤니티 공간에 곡선 형태의 산책로를 배치하면 기운이 원활하게 흐른다. 반면 지나치게 직선의 긴 산책로나 통로는 살기(殺氣)가 되어 단지 전체에 긴장감을 줄 수 있다.

◆ **베란다의 방향**

남쪽 베란다는 따뜻하고 양기가 넘쳐 활동적인 기운을 준다. 그러나 베란다로 도로가 직선으로 달려드는 '직사살(直射煞)' 형태는 흉하므로 화분이나 발코니용 바람막이로 차폐하는 것이 좋다. 동향 베란다는 아침 햇살을 받아 기운 상승에 좋으며, 서향 베란다는 오후의 강한 햇빛으로 기가 과도하게 흘러 들뜨고 심리적 불안정을 유발할 수 있다.

◆ **아파트 외관 색상과 디자인**

외벽 색은 기운에 큰 영향을 미친다. 너무 어두운 색은 우울한 기운을 만들어 정신건강에 해롭고, 지나치게 강렬한 원색은 가족 간의 갈등을 부를 수 있다. 흰색, 연한 회색, 베이지 등 밝고 안정적인 색상이 무난하다.

◆ **동 간격과 바람길**

동과 동 사이 간격이 좁으면 기운이 막혀 음습해지고, 바람길이 지나치게 좁거나 굴곡이 많으면 기운이 단절된다. 풍수에서는 바람이 유연하게 흘러야 재물 운이 모인다고 본다. 아파트 동 사이로 바람이 직선으로 관통하면, 기운이 머물지 않고 빠져나가므로 동 배치 시 곡선 형태로 바람을 유도하는 조경 설계가 이상적이다.

◆ **엘리베이터 위치**

엘리베이터가 현관 정면에 위치하면 기가 곧바로 흘러나가며 가족 간의 화합에 장애가 생길 수 있다. 엘리베이터는 세 대 출입구와 일직선상보다는 약간 옆으로 비켜있는 것이 좋다.

◆ **단지 주변 교통망**

아파트를 둘러싸는 도로는 물길과 같아, 교통량이 많고 소음이 심한 대로변과 바로 맞닿은 곳은 기가 요동쳐 가정 내 갈등과 스트레스를 유발할 수 있다. 반면 완만한 곡선형 진입도로는 길지(吉地)로 여겨진다.

4) 풍수로 본 이상적 주거환경

- 배산임수 지형, 산들이 사방에서 보호하는 형세, 도로와 물길이 감싸는 형태는 명당의 조건이다.
- 담장이 있는 아파트는 좋지만 지나치게 높으면 오히려 흉하다.
- 아파트의 모양은 균형 있고 단순해야 하며, 기운이 모일 수 있는 안정적인 형태가 이상적이다.
- 현관은 밝고 깨끗해야 복이 들고, 거울은 크지 않아야 한다.
- 안방은 중심부이자 약간 어두운 곳에 두고, 거실은 중심에 위치하되, 천장은 높게 설계해 기운을 모이게 한다.
- 화장실은 구석에 두어 음기가 양기 흐름을 방해하지 않도록 한다.

5) 아파트 내부 풍수 실천 팁

- 조명 활용: 아파트는 자연광이 제한되는 구조인 경우가 많다. 특히 북향 거실은 밝은 전구로 양기를 보강해야 어두운 기운을 중화할 수 있다.

- 거울 배치: 거울은 기운을 반사하는 대표적 아이템이다. 현관에서 거울이 문을 향하지 않도록 하여 재물이 빠져나가는 기운을 막는다.
- 침대 위치: 침대 머리는 출입문에서 가장 먼 곳에 배치해 안정감을 주며, 벽에서 약간 떨어져 배치하는 게 좋다. 머리가 창문에 가까우면 심리적 불안감이 생기므로 피한다.
- 화분 배치: 거실이나 베란다에 건강한 녹색 식물을 두어 기운의 흐름을 부드럽게 하는 것이 좋다. 다만 식물이 지나치게 많거나 넝쿨식물이 내부로 들어오면 기운이 꼬여 정체된다.
- 가족사진: 가족사진은 집의 기운을 안정시키고 화목하게 하는 힘이 있으니, 거실 중앙 벽면에 걸어두는 것이 좋다.

6) 아파트의 입지환경

아파트의 풍수적 입지는 거주자의 건강과 재물운에 가장 큰 영향을 미친다. 배산임수(背山臨水) 형국처럼 등 뒤에 산이 있고 앞에 물이 흐르는 지형이 이상적이다. 앞이 평지라면 길하나, 늪지·연못·개천을 매립한 터는 음습하고 습기가 많아 건강과 재물에 좋지 않다. 사방의 산들이 아파트를 감싸 보호하는 형세는 외부의 나쁜 기운을 막아 길하다.

반면 길이 막다른 곳이나 T자형 과녁터는 살기가 직접적으로 들이쳐 흉하다. 수맥이 흐르는 터는 알 수 없는 질병이 생기기 쉽고, 땅이 부석부석하여 먼지가 자주 일어나면 기운이 안정되지 않아 흉지로 본다. 산 정상부나 절벽 아래, 절개지 밑에 있는 곳도 기운이 불안정해 피해야 한다. 함지박처럼 오목한 터나 주변 산이 흩어져 난잡한 곳은 흉한 입지로, 샘물보다 높은 위치라야 재물이 쌓이고 재복이 증가한다.

7) 아파트 단지 환경

아파트 단지는 담장이 있으면 외부의 기운을 안정시켜 좋지만, 담장이 너무 높으면 기운을 막아 가세가 곤궁해질 수 있다. 단지 내 동 배치는 풍수적으로 일(日), 월(月), 용(用), 책(冊), 왈(曰), 단(丹), 차(且), 모(母), 명(皿), 전(田)과 같은 글자 모양의 형태로 배열되면 길하다. 이러한 배치는 기의 순환을 원활하게 하여 복이 오래 지속된다. 반면 고밀도 단지는 기운의 흐름이 막혀 가세가 번창하기 어렵다. 아파트로 진입하는 길은 기운을 불러오는 길목으로, 완만하게 굽은 길은 살기를 누그러뜨려 길하다. 고층 아파트는 지자기를 충분히 받지 못하므로 7층 이하가 가장 적합하다. 도로와 접한 단지보다는 안쪽으로 깊이 들어간 단지가 더 길하고, 단지 내 조경은 풍수적 비보 물로 작용해 나쁜 기운을 막고 좋은 기운을 불러온다.

8) 아파트 건물환경

아파트 건물은 주산의 형세와 상생하도록 지붕을 설계해야 길하며, 좌향은 지맥의 방향에 순응하는 것이 좋다. 건물 높이와 거주 층수는 전면 산이나 주변 건물의 높이와 조화를 이루어야 하며, 외형은 안정감과 균형을 갖추고 매끈해야 좋은 기운을 품는다. 주변보다 지나치게 높이 지어진 건물은 기운이 흩어져 불길하니 피해야 한다. 기본적으로 남향이 이상적이며, 햇빛과 양기를 충분히 받아 집안에 생명력을 불어넣는다.

현관은 외부의 기운이 집 안으로 들어오는 수구로, 밝고 깨끗하게 유지해야 복이 들어온다. 현관과 일직선으로 침실이나 화장실이 배치되면 기운이 빠져나가거나 막혀 흉하니, 배치를 피하는 것이 바람직하다. 현관에 큰 거울을 다는 것은 기운을 반사해 재물을 돌려보낼 수 있어 좋지 않다.

거실은 현관을 통해 들어온 기를 각 방으로 공급하는 마당 역할을 하며, 집안의 중심으로 중요하다. 발코니를 확장할 때는 거실과 발코니의 천장 높이가 같아야 기운이 막히지 않는다. 지나치게 넓은 전망은 마음을 공허하게 만들 수 있으니, 적절한 크기가 좋다. 가족 구성원과 집 규모가 어울려야 기가 살아나며, 분재나 넝쿨식물이 과도하게 많으면 기운이 꼬여 발전이 지연된다. 주택 주변의 흉한 지형이나 물은 살기를 뿜어내어 나쁜 기운이 집안으로 스며들게 하므로 주의해야 한다.

9) 아파트와 주택의 풍수적 배치 원리

좋은 집을 찾고자 한다면 우선 자리를 봐야 한다. 터의 생명은 배치에서 비롯된다. 풍수에서 가장 기본이 되는 원칙은 배산임수(背山臨水)이다. 산을 등지고 물을 바라보는 자리는 기운이 모여 재물과 인연이 생긴다. 지형이 남쪽이 높고 북쪽이 낮다면 자연스레 북향 배치가 배산임수에 맞는 배치가 된다. 또한 도로나 하천이 부드럽게 감싸안아 주는 안쪽 터를 선택해야 한다. 도로와 물길이 감싸 안으며 돌아가는 자리에는 기운이 응집되지만, 바깥쪽으로 휘어나가는 형태는 기운이 흩어져 번창하기 어렵다. 한강을 예로 들면, 과거에는 북쪽에서 강을 바라보는 것이 천기를 받는 자리였으나, 88도로 건설 이후 교통의 흐름이 기운을 차단하면서 강남 쪽도 좋은 입지가 되었다. 입지는 시대의 변화와 함께 기운도 달라진다는 사실을 보여준다.

(1) 길한 입지와 피해야 할 조건
- 경사진 도로: 물이 곧장 빠져 기가 모이지 않아 재물운이 약하다.
- 막다른 골목과 T자형 도로: 기운이 급하게 들어와 화를 불러오거나 재물 손실의 가능성이 크다.
- 매립지: 물길을 막아 수맥이 생기기 쉽고, 재물과 건강에 좋지 않다.
- 평탄한 지형: 기운이 모이고 용맥이 끝나 혈이 맺히는 자리로 사람과 재물이 모인다.
- 수맥: 건물에 금이 세로로 나거나 같은 층에서 비슷한 질병이 반복되면 수맥파 영향일 가능성이 크다.
- 큰 나무: 집 주변에 큰 나무를 심으면 뿌리가 지기를 흡수하고

지반을 흔들어 불안정하게 만든다.

(2) 건물과 공간 설계
- 안정감 있는 모양: 복잡하고 날카로운 외관은 흉하다. 단순하고 균형 있는 형태가 좋다.
- 높이: 주변의 산세에 따라 조화를 맞춘다. 주변의 산이 높으면 높은 건물, 낮으면 낮은 건물이 좋다.
- 여러 동의 배치: 주종 관계가 분명해야 기가 모이고 다툼을 피할 수 있다. 건물끼리 서로 마주 보면 길하고, 등을 지면 흉하다.
- 양택삼요: 대문, 안방, 부엌을 핵심으로 삼는다. 대문은 기가 들어오는 관문으로 중요하며, 현관에서 안방이 바로 보이지 않도록 칸막이 등으로 기를 완충해야 한다.

(3) 주택 내부 배치
- 안방: 집의 중심에 위치하고 약간 어두운 공간이 재물을 모은다. 구석은 기운이 막혀 안방으로 부적합하다.
- 현관: 주택 중심축에 위치해야 기운이 곧게 흐른다. 끝이나 모서리에 설치하면 좋지 않다.
- 거실: 집의 중심에 두고 천장은 높게 설계해 기가 모이게 한다.
- 화장실: 음기가 강하니 구석에 배치하고, 현관과 직선상에 위치하면 재물이 빠져나갈 수 있다. 화장실에는 곰팡이를 방지하고 기운을 좋게 하려면 소금을 비치한다.

- 방의 형태: 정방형이 이상적이며, 1:1.6 황금비율에 가까운 방이 기운이 모인다. 길쭉한 방은 기운이 분산되어 불리하다.

(4) 풍수로 가꾸는 건강한 공간
- 출입문: 점포는 출입문이 여러 개면 돈이 모이지 않고 새어나간다. 기의 흐름을 방해하는 가로수, 전신주, 간판 등은 피한다.
- 바람과 지전류: 바람 소리가 심하거나 고압선 인근은 지전류로 건강에 해롭다.
- 침대 배치: 머리는 방문과 창문에서 멀리 두고, 화장실과 가까운 잠자리는 피한다. 대각선 시야를 확보하면 심리적 안정에 좋다.
- 식당 인테리어: 지나치게 화려하면 손님이 위축돼 기운이 죽고 소비가 위축된다.

❖ 풍수의 핵심은 사람과 기운의 조화
풍수는 자연의 기운을 집과 사람의 삶에 연결해 활력을 불어넣는 지혜다. 결국 좋은 자리는 기운이 모여 사람과 집이 서로 생명력을 불어넣는 자리다. 아파트에 살더라도 이 원리를 기억한다면, 자연과 조화를 이루는 삶을 통해 건강과 번창을 누릴 수 있다.

2
건물의 구조와 가상학

1) 가상의 개념

　가상이란 양택풍수에서 집의 입지, 지세, 방위, 구조, 방의 배치까지 포괄하는 집의 전반적인 형태와 모습을 의미한다. 가상을 살펴보면 그 집안의 길흉화복을 판단할 수 있는데, 이러한 이론 체계를 가상학이라 부른다. 가상학은 크게 형세론과 이기론으로 나뉜다. 이기론에서는 동사택과 서사택 이론을 중심으로 집안 내부의 배치와 방위를 중요하게 다루고, 형세론은 건물의 외형과 구조에 초점을 맞춘다. 현대 건축에 풍수를 적용할 때는 도로를 물로, 건물을 산의 일종인 사(砂)로 간주해 기운의 흐름을 해석한다.

2) 풍수와 가상학의 철학적 배경

(1) 풍수지리의 사유 체계

풍수 이론은 산과 강을 단순한 지형으로 보지 않고 살아있는 유기체로 인식한다. 이는 철학적으로 모든 사물에 생명과 에너지가 깃들어 있다고 보는 물활론과 닿아 있으며, 지구를 하나의 생명체로 바라보는 가이아이론과도 통한다. 또한 모든 물체가 고유한 진동수를 가진다는 물리학의 공명현상과도 밀접하게 연결되어 있다.

- 애니미즘(animism): 생물이든 무생물이든 모든 것에 영혼이 깃들어 있다는 사상.
- 물활론(物活論): 물질도 생명을 가진 것처럼 살아있다고 보는 철학.
- 가이아이론(Gaia theory): 지구를 생명체의 단순한 서식처가 아닌, 생물과 무생물이 상호작용하면서 스스로 변화·진화하는 하나의 유기체로 본다.
- 공명현상(Resonance): 사물은 고유한 진동수를 가지고 있으며, 같거나 유사한 진동이 만나면 크게 증폭되는 현상으로, 풍수에서는 동기감응의 이론적 근거로 사용된다.

풍수는 사람의 얼굴을 보고 판단하는 관상학과 유사하다.

"산을 보는 것은 사람의 상을 보는 것과 같다(相山亦似相人)."

사람은 겉과 속이 다를 수 있어 표리부동하지만, 자연은 내면이 외형에 그대로 드러난다. 이러한 이유로 풍수 형세론은 자연의 형태에서 기운의 흐름과 길흉을 분석할 수 있다고 본다. 풍수는 단순한 미신이 아니라 종교, 철학, 과학을 넘나드는 폭넓은 사유 체계를 가진 학문임을 알 수 있다.

(2) 가상학과 사법론

풍수에서 집의 위치를 정하는 택지론은 혈의 위치를 결정하는 정혈법에 해당하고, 집의 형태와 구조를 분석하는 가상학은 산의 모양을 보고 길흉을 판단하는 사법론에 속한다. 사법론의 핵심은 산의 모양과 배치에서 기운의 흐름을 판단하는 것으로, 이를 주택과 건축에 대입해 집의 형태가 길한지 흉한지 가늠할 수 있다.

풍수 고전에서는 산의 형태가 기운을 결정한다고 말한다.
"산의 모습이 기이하고 수려하면 그 기운도 기이하고 수려하며, 추악한 산의 형상에는 추악한 기운이 따른다."

이를 건물에 적용하면
- 둥근 형태는 부드럽고 온화한 기운
- 뾰족한 형태는 날카롭고 불안한 기운
- 복잡한 형태는 어지럽고 혼란스러운 기운
- 반듯한 형태는 단정하고 안정된 기운
- 기운 형태는 의지함, 안정감 있는 형태는 편안함을 상징
- 서로 등을 돌린 형태는 반목과 대립, 마주 보는 형태는 화합과 기쁨을 의미
- 움푹 팬 형태는 기운이 새어나가는 설기(泄氣)의 문제를 초래하

고, 불안정한 기초는 재물과 안전에 불리하다.

(3) 길한 건물의 형태

- 주변 자연환경과 조화를 이루는 형태
- 건물의 바닥 전체가 땅과 닿아 안정된 형태
- 지대가 높으면 낮은 건물, 지대가 낮으면 높은 건물로 균형을 맞춘 설계
- 필로티 구조나 건물 하부가 비어 있는 형태는 피하고, 꽉 찬 구조가 이상적이다.
- 건물 외형이 단순하고 안정적이며 편안함을 주는 형태
- 건물의 앞면과 뒷면이 명확히 구분되는 배치
- 건물들 사이에 주종 관계가 분명한 형태
- 건물의 하단부가 상단부보다 넓거나 같은 구조로 안정감을 주는 형태
- 건물의 중심이 중앙에 있는 설계
- 건물끼리 서로 마주 보는 배치로 화합을 이끄는 형태

(4) 흉한 건물의 형태

- 뾰족하고 날카로운 화형(火形)의 건물
- 서로 다른 두 건물을 이어 붙여 만든 복잡한 형태
- 외벽에 유리를 과도하게 사용해 반사와 기운의 분산을 유발하는 형태

3
가상의 사례

1) 홍콩 HSBC와 중국은행의 풍수 대결

홍콩에서는 상하이 은행(HSBC)과 중국은행이 풍수적으로 치열한 경쟁을 벌였다. 1989년 완공된 중국은행 빌딩은 의도적으로 날카로운 칼 형상을 띠어 영국계 HSBC 본사와 영국 총독 관저를 향해 살기를 내뿜었다는 이야기가 전해진다. 이에 총독 관저는 방풍림을 조성했고, HSBC는 중국은행의 칼 모양에 맞서 대포 형태의 구조물을 설치해 풍수적으로 대립했다.

| 중국은행 | 상하이 은행 |

2) 인도의 안틸리아

인도 최고 부호 무케시 암바니는 27층 규모의 사저 '안틸리아'를 1조 원이 넘는 비용으로 건축했지만, 풍수적으로 좋지 않다는 이유로 실거주하지 않고 별장처럼 사용한다고 알려졌다. 현지 풍수가들은 동쪽 창이 작고 서쪽 창이 커 좋은 기운을 받지 못한다고 분석한다. 외관은 마치 성냥갑을 불안정하게 쌓아 올린 형태로 안정감이 없다.

3) 미국 낙수장(Falling Water)

1936년 프랭크 로이드 라이트가 설계한 세계적인 건축물로, 폭포 위에 건물을 지어 물의 자연미를 살렸다. 하지만 필로티 구조로 인해 내부로 바람과 물소리가 쏟아져 들어와 거주자가 심신의 안정을 유지하기 어려웠고, 결국 거주자가 떠난 후 지금은 박물관으로만 사용되고 있다. 아름다운 외형이 실거주에 적합하지 않다면 좋은 집이라 할 수 없다.

| 안탈리아 | 낙수장 | 소고우 백화점 |

4) 대만 태평양 소고우 백화점

대만 타이베이에 1987년 개점한 백화점으로, 일본 소고와 태평양 그룹의 합작으로 탄생했다. 황금비율에 근접한 설계와 활처럼 휘어진 정면, 금형체의 형태가 풍수적으로 조화를 이루어 불황 없이 성장하며 현재까지 성공적으로 운영되고 있다.

5) 조선총독부와 근정전

일제는 경복궁 근정전 앞에 조선총독부를 크게 지어 왕실의 기를 꺾으려 했다. 풍수에서는 산이나 구조물이 앞에서 억누르면 발전이 어려워진다고 보는데, 실제로 조선은 이후 반세기 가까이 일제에 의해 지배당했다.

6) 용산 국제그룹 사옥

1984년 준공된 용산 국제센터빌딩은 '천의 얼굴'이라 불릴 만큼 다양한 모양으로 보이는 독특한 구조로, 그해 서울에서 가장 아름다운 건물로 선정되었다. 그러나 국제그룹은 입주 3개월 만에 해체되었고, 이후 입주한 한일그룹도 IMF 때 부도가 났다. 심한 요철의 형태가 불안정한 기운을 형성한 것으로 풀이된다.

7) 청주 명암타워

2003년 명암저수지 옆 시유지에 건립 준공된 이 건물은 신선하고 독창적인 디자인이지만, 뿌리가 약하고 날카로운 예각 구조로 심리적 불안감을 준다. 시공사와 설계자가 연이어 불운을 겪으면서 흉흉한 소문까지 돌았다. 2004년 업체는 시에 기부채납하고, 2023년 6월까지 무상사용 허가를 받은 건물이다. 시가 인도 받은 2023년에 영업하는 점포가 하나도 없을 정도이다. 2025년 5월 현재 리모델링 사업설계 공모를 통해 연막부터 새단장할 계획이다.(사진: 2025년 5. 4일 중앙일보)

8) LG 쌍둥이 빌딩

두 건물이 등을 돌린 듯한 형태로, 상생보다는 갈등을 암시하는 모습이다. 실제로 럭키와 금성으로 출발한 그룹은 LS와 GS로 나뉘었고, 이후 LG그룹마저 세 계열로 분리되었다. 서로 마주 보며 화합하는 형태였다면 결과가 달랐을 것이라는 해석도 있다.

| 국제그룹 | 청주 명암타워 | 쌍둥이 빌딩 |

9) 용산구청

서울 용산구 이태원동 34-87에 위치하며, 2010년 3월 현 장소에 1,500억 원을 들여 신청사를 완공하여 사용 중이다. 밑변이 좁고 상부가 넓은 건물은 가분수적 형태를 하고 있어 뿌리가 약한 모습으로 주위와의 조화나 상·하의 균형이 없다.

10) 종로타워

서울 종로 2가에 있는 건물로 전 화신백화점 자리이다. 삼성증권이 소유자이며, 1999년에 완공하여 국세청이 독점 사용하였으나, 현재는 삼성의 금융 자회사 및 식당가로 사용 중이다. 상층부가 분리되는 건설은 고도 제한 해금의 대안으로 공군 작전용 공중 통로의 요구로 설계하여 건설하였는데, 결국 가슴이 뻥 뚫린 형태를 하고 있다. 이는 바람길이 되어 외풍에 취약한 형태가 됨으로써 마치 내부의 기가 빠져나가는 듯한 모습이 되고 말았다.

11) 중앙우체국

2007년 완공된 중앙우체국은 알파벳 M자 형태로 건물 중심부가 갈라져 있어 도끼로 맞은 듯한 분열적 인상을 준다. 풍수에서는 이런 형태를 매천필(罵天筆)이라 부르며 흉하게 본다.

| 용산구청 | 종로타워 | 중앙우체국 |

12) 서울시청 신청사

서울시청 건축 후 건축 전문가 100명이 뽑은 '최악의 건물' 1위에 오른 서울시 신청사는 마치 대형 쓰나미가 광장을 덮치는 듯한 형상으로, 시민들의 공간인 서울광장을 억누르는 인상을 준다. 시청 본연의 상징성도 부족하며, 상부의 곡선과 유리 외벽은 보기엔 시원하나 실제로는 내부가 춥고 덥고 소음이 심해 사무공간으로 부적합하다는 평가가 많다.

☑ 결론적으로 공공건물의 가상은?

밥상 모서리에 앉지 말라는 옛말처럼, 뾰족한 구조는 사람에게 부정적인 영향을 준다고 본다. 일본의 '에모토 마사루'는 모든 사물이 고유한 파장을 가지고 있어 말과 감정에 반응한다고 주장했는데, 사람의 온기와 말을 받는 집은 더욱 그러하다.

좋은 집과 건물은 안정적이고 조화로운 형태로 사람의 심신에 편안함을 주어야 하며, 특히 많은 시민이 드나드는 공공건물은 형태가 사람들을 불편하게 해선 안 된다. 따라서 공공건물의 설계 시에는 풍수 전문가의 설계 참여를 의무화하고, 시공 전 과정을 턴키 방식으로만 진행하는 관행 지양하며, 지자체장의 과도한 상징물 욕심을 자제하여야 한다. 전문가와 시민의 의견을 적극적으로 반영하고, 안정성과 조화를 중시한 설계, 용도에 부합하는 기능적 건축이 이루어져야 한다.

좋은 건축은 도시와 사람, 환경이 어우러진 조화 속에서 탄생한다는 점을 잊지 않아야 한다.

4
장사 잘되는 점포

1) 고객이 다시 찾는 점포의 인문적 5가지 조건

과거에는 입지 좋은 곳에 점포만 열면 손님이 자연스레 몰려 장사가 잘되었다. 하지만 현재는 경쟁이 치열해지면서 단순히 목이 좋다고 장사가 잘되는 시대는 지났다. 이제는 고객이 들어오고 싶고, 다시 찾고 싶게 만드는 점포가 훨씬 중요하다. 실제로 입지 조건이 비슷한 점포 간에도 매출에서 큰 차이가 나는 경우를 흔히 볼 수 있다. 그렇다면 고객이 발걸음을 멈추고 단골이 되는 점포는 어떤 조건을 갖추어야 할까? 고객에게 사랑받는 점포의 필수 요소는 다음과 같다.

첫째, 접근의 편의성
점포를 쉽게 찾을 수 있어야 한다. 고객이 편하게 오기 어렵다면 좋은 상품도 소용없다.

둘째, 상품의 질

상품이 동종 점포보다 품질이 우수하다면 고객은 약간 불편함을 감수하고라도 그 점포를 찾게 된다. 예컨대 음식점은 맛집으로 소문나면 거리가 멀어도 찾아가는 손님이 생긴다.

셋째, 가격 경쟁력

비슷한 품질이라면 가격이 합리적일수록 고객에게 매력이 있다. 합리적인 가격은 경쟁력을 높인다.

넷째, 다양한 구색

상품의 종류가 다양하면 선택의 폭이 넓어지고, 손님은 그 점포에서 모든 것을 해결할 수 있어 편리함을 느낀다.

다섯째, 즐거움(FUN)

이제 점포는 단순히 물건을 사고파는 공간을 넘어, 고객에게 즐거움을 주어야 한다. 출입구나 진열대에 계절 꽃 화분을 두어 시각적 즐거움을 주고, 계절에 따라 조명이나 디스플레이를 바꾸는 것만으로도 고객은 새로움을 느낀다. 종업원과 사장이 깔끔한 복장과 미소로 고객을 맞이하고, 손님의 이름을 기억해 주거나 생일 카드를 보내는 세심함은 고객을 감동하게 한다. 사소한 서비스라도 친절하게 사용법을 안내하거나 작은 물건도 배달해 주는 서비스는 고객에게 특별한 가치를 제공한다.

지금 매출이 부진하다면, 이 다섯 가지 조건 중 부족한 부분을 찾아 보완하라. 작은 변화가 점포의 분위기와 매출을 크게 바꿀 수 있다.

2) 풍수지리로 본 장사 잘되는 점포의 8가지 법칙

풍수적 관점에서도 점포의 성패를 가르는 원칙이 존재한다. 아래 8가지 법칙을 통해 상권 내에서 유리한 위치와 조건을 이해할 수 있다.

(1) 낮은 곳에 사람이 모인다.

모든 흐름은 높은 곳에서 낮은 곳으로 향한다. 물리적, 심리적 법칙 모두 낮은 곳에 사람들을 모이게 한다. 높은 곳에 점포를 두면 불필요한 노력이 필요해 고객 유입이 줄어든다.

(2) 오른쪽 상권의 우위

우리나라 교통체계는 오른쪽 통행이 기본이다. 오른손잡이가 많은 점도 영향을 미친다. 고객의 시선은 자연스럽게 오른쪽으로 향하고, 상권 동선에서도 오른편에 있는 점포가 유리하다.

(3) 상권 진입로 제일 앞 점포는 피하라.

상권은 대로에서 좁은 골목으로 이어지며 흐름을 형성한다. 상권 시작점보다는 동선의 30%쯤 안쪽에 있는 점포, 특히 오른쪽에 있는 점포가 가장 큰 매출을 올릴 가능성이 크다.

(4) 버스정류장·지하철 입구 앞 건널목 근처가 유리하다.

대로변 상권이라면 보행자들이 집중되는 버스정류장 앞쪽, 지하철 입구 건널목 주변에 있는 점포가 고객의 눈길을 사로잡는다. 정류장 뒤편은 시선에서 멀어 불리하다.

(5) 굽은 길의 바깥쪽 상권이 좋다.
보행자나 차량 모두 굽은 길의 외곽 쪽에 시선이 오래 머문다. 궁수형으로 불리는 이 지역은 고객의 주의가 집중되기 쉽다.

(6) 밝은 점포가 대박을 만든다.
사람은 밝은 곳으로 끌린다. 조도가 높고 분위기가 밝은 점포일수록 고객의 발길을 붙잡을 수 있다.

(7) 장애요인과 거리가 멀수록 좋다.
백화점, 대형마트 등 대형 유통시설이나 관공서, 학교, 병원, 주유소 등은 상권의 흐름을 방해하는 장애요인으로 작용할 수 있다. 이런 장애요인과 멀리 떨어진 점포일수록 상권 경쟁력이 높다.

(8) 주거밀집형 상권은 최단 거리 법칙이 핵심
주거지역과 도로를 연결하는 동선에 있는 점포는 심리적·물리적 최단 거리 효과로 고객의 선택을 받기 쉽다. 정류소에서 직진하는 길목이나 갈림길에 있는 점포는 자연스레 상권이 형성된다.

결론적으로, 입지와 풍수는 물론이고 고객의 심리를 충족하는 점포 운영이 중요하다. 고객이 오기 쉽고, 즐겁게 머물 수 있는 공간으로 점포를 변화시키면 경쟁이 치열한 상권에서도 살아남을 수 있다.

제11장

풍수 인테리어

1. 풍수 인테리어 개념과 의미
2. 8방위와 방위별 특징
3. 주택 풍수 인테리어
4. 아이와 학습을 위한 풍수

1

풍수 인테리어 개념과 의미

　풍수 인테리어는 주어진 공간에서 가구와 소품 배치 등을 통해 기의 흐름을 원활하게 하여 삶의 질을 높이는 방법이다. 특히 아파트와 같은 집단 주거 형태가 보편화된 현대사회에서 실천할 수 있는 생활 풍수로 주목받고 있다. 인테리어 풍수라는 개념은 비교적 근래에 대중적으로 알려지기 시작했다. 전통 양택풍수 이론에서 차지하는 비중은 크지 않다고 하지만, 현대사회에서 꼭 필요한 요소이다. 실내가 단조로웠던 과거 주거와 달리, 현대의 복잡한 주거 공간에서 보완적으로 활용할 수 있는 것으로, 우리의 삶에 지대한 영향을 미친다.

　오늘날 양택은 크게 변모하였다.

　첫째, 과거 실외로 여겨지던 부엌, 화장실 등이 실내로 들어왔으며, 아파트는 마당 자체가 사라지는 등 주거 공간의 기능과 구조가 달라졌다.

둘째, 실내가 복잡해지면서 방마다 다양한 용도가 부여되었다.

셋째, 각종 가구와 가전제품, 생활용품이 공간을 채우게 되었다. 그러나 이러한 변화는 시대적 주거환경의 차이일 뿐, 풍수의 기본 원리에 충실하다면 얼마든지 대응할 수 있다. 다만 현대에 들어 풍수를 내세워 과장하거나 상술로 이용하는 사례가 적지 않으니, 편리하고 쉽게 적용할 수 있는 핵심 원리를 이해하고 활용하는 것이 중요하다.

2

8방위와 방위별 특징

1) 방위별 특성과 상징

- 동쪽(목)

해가 떠오르는 방향으로, 생명력을 상징한다. 창조적 에너지를 불어넣으며 건강과 발전, 특히 장남의 운과 관련된다. 상징색은 녹색이고 인체로는 간, 쓸개, 다리를 관장한다.

- 남쪽(화)

태양의 기운이 절정에 이르는 방향으로 정열과 창조, 문명을 나타낸다. 과하면 조급함이나 불안정함으로 이어질 수 있다. 상징색은 빨간색이며 심장, 눈을 담당한다.

- 서쪽(금)

태양이 지는 방향으로 마무리와 휴식을 의미한다. 생명 활동이 멈추는 에너지로 쇠퇴를 상징하지만, 잘 활용하면 안정감을 준다. 상징색은 흰색, 은색이며 폐, 대장, 입과 연관된다.

- 북쪽(수)

에너지가 축소되는 방향으로 차분함과 정리의 의미가 있다. 상징색은 검은색, 인체로는 방광과 귀를 관장한다.

- 북동쪽(토)

변화와 혁신의 에너지가 자리한 방향으로 새로운 시작과 전환의 기운을 준다. 상징색은 검정, 녹색, 파란색이며 손과 코에 해당한다.

- 남동쪽(목)

새출발과 생기를 상징하며, 인기나 대인관계, 연애 운에 도움을 준다. 상징색은 붉은색, 파란색, 자주색이고 쓸개, 고관절과 관련된다.

- 남서쪽(토)

미래 준비, 모성애, 저축의 의미가 있으며 인내심을 키운다. 상징색은 붉은색, 분홍색, 베이지색이며 소화기관을 관장한다.

- 북서쪽(금)

정리, 수습, 리더십의 기운을 담고 있으며, 마무리와 권위를 상징한다. 상징색은 흰색, 베이지색이며 머리와 척추를 담당한다.

2) 업종별 유리한 방향

- 북쪽(수): 주류업, 횟집, 수산물, 찻집, 술집, 상하수도 관련업

- 북동쪽(토): 건축, 요식업, 숙박, 창고, 부동산, 보험 영업
- 동쪽(목): 전자제품, 과일, 꽃집, 목재, 발전소, IT, 음악
- 남동쪽(목): 여행사, 무역, 목재·제지, 운수, 유통
- 남쪽(화): 출판, 법률, 문학, 교육, 연예계, 언론
- 남서쪽(토): 산부인과, 유아 관련업, 농산물, 토목, 부동산
- 서쪽(금): 보석, 금융, 증권, 유흥업, 인기 업종
- 북서쪽(금): 경영진 사무실, 단체장 실, 제철업 등

* 북쪽은 수(水)의 기운이 강하므로 물과 연관된 업종에 적합하고, 남쪽은 화(火)의 기운으로 불과 관련된 창조적 업종이 유리하다. 동쪽은 생명력이 강해 새로운 기운이 필요한 사업체에 좋다.

3) 기의 흐름과 정리 정돈

현대 풍수에서 핵심은 기의 흐름을 막지 않는 것이다. 정리 정돈과 청결은 기가 머무르거나 정체되지 않게 하는 기본이다. 방 구조가 이상적이지 않더라도 가구 배치나 방 용도만 바꿔도 충분히 기의 흐름을 개선할 수 있다. 환기를 자주 하여 신선한 기운이 돌게 하는 것도 중요하다.

3
주택 풍수 인테리어

❖ 침실 풍수

침실은 휴식을 통해 원기를 회복하는 공간으로, 기운을 안정시키는 데 가장 역점을 두어야 한다. 풍수에서 양택의 핵심은 침실이라는 주장도 적지 않다. 사람은 일생의 3분의 1을 잠자리에서 보내는데, 수면 중 무의식 상태로 신체는 기의 영향을 무방비로 받게 된다. 이 때문에 침실의 환경이 좋지 않으면 질병, 실패, 대인관계의 악화로 이어질 수 있다. 아침에 일어나기 싫거나 개운하지 않고 잦은 실수나 갈등이 생긴다면 가장 먼저 침실부터 점검하는 것이 좋다. 침실은 통풍이 잘되어야 하고, 조명은 약간 어두워야 한다. 잡다한 물건을 쌓아두지 않아야 한다.

침실에서 주의할 점은 다음과 같다.

① 침실 크기는 3평 이상 10평 이하가 적당하다.

② 침실이 거실보다 크면 불리하다.

③ 침실 문이 현관문과 마주 보면 건강에 해롭다.

④ 침실은 사각형 구조가 좋다.

⑤ 식물이나 분재를 지나치게 많이 두면 해롭다.

⑥ 창문이 없거나 너무 어두운 방은 피해야 한다.

⑦ 침실 문을 열어 모서리가 보이면 불리하다.

⑧ 레이스나 직물 재질의 이중 커튼이 좋다.

⑨ 주방이나 가스레인지가 침실에서 보이면 협심증을 유발할 수 있다.

⑩ 방문 옆에 큰 가구를 두지 않는다. 기가 방문에서 창으로 흘러야 한다.

⑪ 컴퓨터는 거실이나 다른 방으로 옮기는 것이 좋다.

⑫ 침대는 벽면에서 20cm 이상 떨어져야 습기·곰팡이를 방지하고 기운이 순환한다.

⑬ 세워놓는 옷걸이는 두지 않고, 외출복은 베란다에서 바람을 쐰 뒤 장롱에 보관한다.

- **좋은 잠자리를 위한 풍수는 다음과 같다.**
- 침대 머리는 창문 쪽으로 두는 것이 가장 좋고, 출입문이나 주방·화장실 쪽, 북쪽으로 머리를 두는 것은 피한다.

- 남편은 침대 안쪽에서 자는 것이 좋다.
- 화려한 침대 커버는 부부 관계에 좋지 않으니, 무난한 색상이 좋다.
- TV나 오디오 등 집중력을 뺏는 기기는 침실에 두지 않는다.
- 침실 벽에 못 자국이 많거나, 사진·장식을 과도하게 걸지 않는다.
- 부부 침실에는 부부 사진만 두고, 가족사진은 거실에 둔다.
- 물건을 쌓아두지 않고 여백을 확보한다.

❖ 거실 풍수

거실은 가족의 화합과 유대를 이루는 공간으로 밝고 화사해야 한다. 채광이 좋고 파스텔 색조 벽과 조명으로 꾸미는 것이 이상적이다. 좁고 혼잡한 거실은 피해야 하며, 가구는 낮게 배치하는 것이 좋다.

- 거실에서 유의할 점은 다음과 같다.
① 현관에서 들어서면 거실이 주방보다 먼저 보여야 한다.
② 선인장은 거실에 두지 않는다.
③ 발코니에는 키 작은 식물이나 분재를 둔다.
④ 주인이 앉는 의자는 입구를 약간 비켜 보도록 배치한다.
⑤ 유리 테이블은 의욕을 앗아갈 수 있어 피한다.
⑥ 베란다 앞에 물건을 쌓아두지 않는다.
⑦ 골프채·수석 등은 잘 보이지 않는 곳에 둔다.

⑧ 좁은 집에는 무거운 가구를 피하고, 피아노는 되도록 들이지 않는다.

⑨ 가전제품에 먼지가 쌓이지 않도록 관리한다.

⑩ 거실에는 관엽식물을 키운다.

⑪ 에어컨은 장기간 덮개로 덮지 않는다.

⑫ 소파는 ㄱ자·ㄴ자 형태로 현관문 쪽을 보도록 배치한다.

⑬ 거실 베란다를 터서 확장하는 것은 피한다.

⑭ 어항이나 고인 물은 건강과 기운에 좋지 않다.

❖ 욕실 풍수

욕실은 지저분한 곳과 깨끗함이 공존하는 장소이며, 전체적인 물이 나가는 곳이다. 집안 내부의 기운이 빠져나가는 곳으로, 기가 빠지지 않도록 문을 닫아두는 것이 기본이다. 밝게 하고 깨끗함을 유지하되, 결벽증 수준으로 지나치게 깔끔할 필요는 없다. 타일, 수도꼭지까지 청결을 유지하고, 관엽식물이나 천연 방향제를 두어 기운을 정화한다.

- 욕실에서 유의할 점은 다음과 같다.

① 욕조에 고인 물은 바로 빼낸다.

② 세면대 주변은 비워둔다.

③ 수건·목욕 매트는 건조해 청결을 유지한다.

④ 욕실은 밝은 조명이 필요하다.

⑤ 욕실 매트는 밝고 부드러운 색상을 쓴다.
⑥ 안방에 딸린 욕실은 특히 청결을 유지한다.
⑦ 욕실 문과 변기 뚜껑은 항상 닫는다.
⑧ 비누 등 욕실용품은 좋은 품질로 준비해 좋은 기운을 유도한다.

❖ 현관 풍수

현관은 기운이 드나드는 통로로, 청결하고 밝아야 한다. 현관문 크기는 건물과 균형을 이루어야 하며, 지나치게 좁거나 넓으면 건강·재물 운에 영향을 미친다.

● 현관에서 주의할 점은 다음과 같다.
① 대문은 검은색을 피한다.
② 대문이 삐뚤거나 한쪽이 기울면 속히 수리한다.
③ 대문이 낡았다면 교체한다.
④ 대문과 뒷문이 직통하지 않도록 한다.
⑤ 대문이 원형·아치형이면 불안정한 기운을 준다.
⑥ 현관은 밝고 넓어야 한다.
⑦ 신발은 가지런히 정리한다.
⑧ 신발장 위에는 꽃을 장식하되, 화병 밑에 깔개를 깐다.
⑨ 화려한 매트는 피하고, 적당히 소박한 디자인으로 선택한다.
⑩ 냄새가 나지 않도록 관리한다.

⑪ 문을 세게 닫지 않는다.

⑫ 거울은 현관문을 마주 보지 않게 하고, 테두리가 있는 것으로 설치한다.

⑬ 풍경을 달아 기운을 맑게 한다.

❖ 주방 풍수

주방은 물과 불이 공존하는 곳으로, 두 요소의 균형이 중요하다. 밝고 깔끔하게 유지하며, 기운이 빠지지 않도록 배치에 주의한다.

- **주방에서 유의할 점은 다음과 같다.**

① 식탁은 주방과 분리한다.

② 주방과 욕실이 마주 보지 않도록 한다.

③ 출입구에서 가스레인지가 바로 보이지 않도록 한다.

④ 주방은 주택 중앙을 피한다.

⑤ 조명은 온화하고 밝은 것으로 설치한다.

⑥ 기구는 검정·빨간색을 피한다.

⑦ 주방의 위치는 서북·서남쪽을 피한다.

⑧ 식탁 모서리에 앉지 않는다.

⑨ 가스레인지 주변에 모서리가 향하지 않도록 한다.

⑩ 가스레인지와 현관·화장실·침대가 직선상에 있지 않도록 한다.

⑪ 배수관 위, 대들보 아래, 지는 해가 비치는 위치는 피한다.

⑫ 식탁에 약을 두지 않는다.

⑬ 가스레인지는 매일 청결히 관리한다.

⑭ 설거지한 그릇은 엎어놓지 말고 바로 정리한다.

⑮ 밥·국그릇은 고급스럽고 깨끗한 것으로 사용한다.

⑯ 식탁과 싱크대 위는 비워두고 정돈한다.

⑰ 차가운 스틸보다는 나무 소재 주방용품을 쓴다.

⑱ 주방 바닥이 지나치게 차갑지 않도록 한다.

⑲ 냉장고에 자석을 붙이지 않는다.

⑳ 칼 보관은 칼꽂이를 사용한다.

4
아이와 학습을 위한 풍수

1) 서재 풍수의 기본 원칙

- 책 정리 방법

책은 책꽂이에 세로로 정리하고, 책상 위에 가로로 쌓지 않는다. 가로로 쌓인 책은 기의 흐름을 막아 학습 효율을 떨어뜨린다.

- 책상 배치

문을 등지고 앉지 않는다. 문과 대각선상에 책상을 두고 문이 잘 보이게 한다.

문과 마주할 수밖에 없으면 책상 앞에 거울을 설치하거나 육각형, 피라미드 모형을 두어 기의 충돌을 완화한다.

- 문창(文昌) 방위

학업운을 올리는 방위로, 집 중심에서 현관 방향에 따라 문창 방위를 정하고 서재나 공부방을 배치한다. 꾸준한 학습성과가 오르고 학업 성취 가능성이 커진다.

- 문이 동쪽에 있으면 → 서남쪽이 문창 방위
- 문이 서쪽에 있으면 → 서북쪽이 문창 방위
- 문이 남쪽에 있으면 → 동북쪽이 문창 방위
- 문이 북쪽에 있으면 → 남쪽이 문창 방위
- 문이 동남쪽에 있으면 → 동쪽이 문창 방위
- 문이 동북쪽에 있으면 → 서쪽이 문창 방위
- 문이 서남쪽에 있으면 → 북쪽이 문창 방위
- 문이 서북쪽에 있으면 → 중앙이 문창 방위
- 단, 중앙은 서남쪽으로 대체해 활용한다.

* 문창 방위에 화장실이나 쓰레기를 두면 문서운과 학업운이 저하될 수 있다.

2) 아이를 위한 풍수 인테리어

● 학습에 적합한 방향

공부에 가장 좋은 방향은 북쪽. 안정되고 차분한 기운으로 집중력과 이해력을 높인다. 동쪽은 향상심과 활력, 남쪽은 예절, 서쪽은 의리, 북쪽은 지혜를 의미하므로 목적에 따라 활용한다.

- **공부방 꾸미기**
- 벽과 천장은 하얀색, 크림, 분홍색 등 밝고 흡음성이 있는 색으로 마감.
- 바닥은 밝은 나뭇결의 플로어링이 이상적이다.
- 창문은 정중앙선을 피해서 작게 설치하고 커튼의 색상은 벽과 통일.
- 공부용 가구는 밝은 나무 재질로 하고, 패브릭은 산만함을 줄이기 위해 무늬가 없는 단색을 선택한다.
- **머리 방향**
- 공부방이 북쪽이면 패브릭은 따뜻한 색으로 음양의 균형을 맞춘다.
- 침대는 동쪽이나 남쪽으로 머리를 향하게 두면 좋다.

3) 아이의 기질별 풍수 인테리어

- **공부에 집중하지 않는 아이**

책상을 북쪽으로 배치, 블루/그린 계열 소품 사용, 창문은 이중 커튼으로 시선을 차단한다.

- **시험 때 긴장하는 아이**

책상 방향은 동쪽, 레드/블루 소품 배치. 참고서 책장은 동북쪽에 둔다.

- **문과 성적을 올리고 싶다면**

책상과 소품을 레드/블루로 통일, 머리는 동쪽을 향하게 한다.

- **이과 성적을 올리고 싶다면**

소품을 그린 계열로 통일, 머리는 남쪽으로 향하게 한다.

4) 대인관계 운을 좋게 하는 풍수

- 책상을 동남향으로 배치하고 상큼한 향의 포푸리를 둔다.
- 어두운 성격의 아이는 책상에 스탠드를 켜고 밝은 아이의 사진을 두면 좋다.
- 사교운을 높이는 꽃은 오렌지색 중심으로 화이트/한색을 섞어 3~5송이로 꾸민다.
- 동북쪽에 카세트, 키보드 등 음악 기구를 두면 교우관계가 활발해진다.

5) 아이의 습관을 교정하는 풍수

- 게으름, 오락 중독이 심하다면 동쪽에 붉은 소품으로 기운을 보강한다.
- 남서쪽 창이 큰 방은 나태해질 수 있어 관엽식물로 기운을 차단한다.

6) 아이 공부방 꾸미기 체크리스트

- 남자아이는 동쪽 방, 동쪽 창 + 세로줄 무늬 커튼
- 전신거울/큰 창문은 금물
- 목제 책상과 의자를 사용하고 철제 책상은 피한다.
- 책상 옆에는 거울, 앞에는 관엽식물을 두면 좋다.
- 책상 위 스탠드는 녹색/검정
- 침대는 동남쪽에 머리를 남쪽으로 두고 배치
- 책상 앞 벽은 깨끗이 유지하며, 구호는 붙이지 않는다.
- 북동쪽엔 흙 식물이나 도자기 소품 배치
- 남자아이: 북·동 강화 / 여자아이: 남·서 강화

7) 금전운을 높이는 풍수

동남쪽 방은 금전운이 강하므로, 책상은 북쪽, 동쪽 벽에는 행운색 토끼 인형/그림을 두어 소비 습관을 바로잡는다.

8) 소품 인테리어 풍수

사람과 방위별 어울리는 색상·소품으로 심리 안정 도모
[북] 차남, 검정, 차가운 소품
[동] 장남, 녹색, 진취적 소품

[남] 중녀, 붉은색, 화려한 소품

[서] 소녀, 흰색, 조용한 소품

[북서] 노부, 흰색, 무겁고 큰 소품

[북동] 소남, 노란색, 신선한 소품

[동남] 장녀, 녹색, 낮고 가벼운 소품

[서남] 노모, 노란색, 얇고 긴 소품

9) 식물과 동물로 보는 풍수 길흉

(1) 식물

- 늘푸른넓은잎나무: 초조감 억제. 단, 부엌·욕실·아이/노인 방은 금물
- 바늘잎나무·선인장: 실내는 피하고 흉위를 막는 용도로 활용
- 화초/꽃(활짝 핀 꽃): 밝고 화사한 에너지를 만들어 기운을 상승시킴 특히 현관, 거실에 두면 가족의 기분을 밝게 하고 재물운 상승에 도움
- 페퍼민트, 로즈마리 등 허브류: 머리를 맑게 하고 기를 맑게 해 공부방, 사무실에 적합
- 목련

부귀, 명예를 상징. 집안에 품격을 높이고 귀인을 불러들인다.

- 대나무

곧고 푸른 기운으로 청렴, 장수를 의미. 거실이나 공부방에 두면 기

운을 맑게 해준다.

- 파키라/돈나무

재물운을 상징하는 대표 식물. 현관 옆이나 사무실 책상 옆에 두면 재물이 모인다.

- 관음죽

기운을 정화하고 안정을 주는 식물. 집안의 중앙이나 거실에 배치하면 좋다.

- 아이비

음의 기운이 강한 식물로 습기가 많은 공간에서 습기 흡수에 좋지만, 어린이 방에는 과도한 음기로 부정적일 수 있다.

- 죽백(스투키)

고사리과 식물로 음을 보강하되 지나치면 우울한 기운이 생길 수 있어 소량만 배치하는 게 좋다.

(2) 동물 상징

- 잉어: 등용문, 학업·출세운 상징.
- 사자: 위엄으로 나쁜 기운 쫓음.
- 말: 양기 보충. 남쪽 방향 배치.
- 용: 사운(四瑞) 중 최고의 길상(용, 봉황, 거북, 기린).
- 기린: 재물·안전운 상징. 창가/현관에 두면 좋음.
- 개구리: 재물, 행운의 상징으로, 금전운을 부르고 기회를 만들어 준다.

- 거북이: 장수, 안정, 건강 상징. 집 뒤쪽에 거북이 장식이나 모형을 두면 가족의 건강운 상승.
- 닭: 액운을 쫓고 기운을 깨운다. 시계처럼 알람 기능과 연결되어 늦잠 방지.
- 나비: 변화와 성장의 상징으로, 집안에 밝고 경쾌한 에너지를 준다. 벽지 사용.
- 물고기: 돈과 번영의 상징. 물이 흐르는 어항에 키우면 재물운 순환.
- 코끼리: 큰 귀로 정보를 모으고, 재물을 담아온다는 상징. 현관 쪽에 코끼리 장식품을 두면 부와 기회를 불러온다. 코 방향은 위로 향함.
- 사슴: 장수와 평화를 상징. 사슴 장식품을 집안 동북쪽에 두면 가족의 화목과 건강운 증진.
- 고양이: 일본에서 재물과 행운의 상징. 장사하는 매장에 두면 손님을 부름.
- 용봉(용과 봉황 한 쌍): 부부의 화합과 권위를 상징. 부부 침실에 두면 배우자 관계가 원만.
- 돼지: 다산, 재물. 현관이나 재물 창고 쪽에 돼지 모양 저금통을 두면 재물운 상승.

제12장

마을 풍수

1. 마을 풍수의 이해

2. 마을 풍수 사례

   1) 안동 하회마을

   2) 중국 사천성 랑중시

   3) 경주 양동마을

   4) 임실 박사마을

   5) 춘천 박사마을

   6) 양택풍수 마을의 공통점

1
마을 풍수의 이해

1) 마을의 의미

마을은 사람들이 모여 사는 공동체 공간으로, 흔히 말, 마실, 타운(Town)으로 불린다. 아랫말, 윗말 등의 지명에 '말'이 포함된 것처럼, 마을은 자연 발생적으로 형성되어 온 인간 삶의 터전이다. 씨족 단위로 형성된 공동체는 가족이 분가하여 인근에 정착하면서 마을을 이루게 되었으며, 이는 자연과 사람이 어우러져 조화를 이루는 삶의 공간을 의미한다(위키백과). 마을은 단순히 거주 공간이 아니라 자연 속에서 사람이 삶을 영위하며 조화와 아름다움을 나누는 장소이다. 자연은 마을을 품고, 마을 안의 사람은 자연의 질서에 순응하며 자연을 삶 속에 담아낸다. 이렇듯 마을은 자연과 인간이 상호작용하며 공동체를 이루는 공간으로서 중요한 의미를 가진다.

2) 마을의 입지 형태

우리나라 마을의 대부분은 산기슭의 양지바른 곳이나 강 주변에 위치한다. 이는 배산임수(背山臨水)의 공간 형태로, 뒤에는 산이 받쳐주고 앞에는 작은 산이 바람을 막아주며, 전면으로 강이 흐르는 입지이다. 이러한 배치는 양명한 기운을 받아 생활에 필요한 기초적 의식주를 해결할 수 있도록 하고, 질병·홍수·전염병 등 자연재해로부터 보호받을 수 있는 안전한 조건을 갖추게 한다. 이러한 취락은 인간이 집단으로 터를 잡고 살아가는 사회생활의 기반이 된다.(이필영, 2000) 마을의 입지는 단순한 자연환경이 아니라 지역적·공간적 공동체의 형성을 통해 경제적·사회적 목적을 달성할 수 있는 집단의 터로 작용한다. 따라서 마을의 입지는 공동체의 평화와 안위를 결정짓는 중요한 요인이 되었으며, 자연 환경적·인문지리적 요건이 마을 형성에 큰 영향을 미쳤다.(백재권, 2009)

마을의 입지 조건으로는

첫째, 산과 물로 대표되는 인간 생활 필수 요소의 확보.

둘째, 명당(明堂)의 형성으로서 집 앞의 평평한 땅을 통한 안전과 편리함.

셋째, 바람·일조량·강수량 등 농사에 유리한 기후 조건 등이 있다. 이러한 요소들이 적절히 충족된 장소에 마을이 자리 잡게 되었으며,

이는 전통 농경사회에서 적기에 물을 확보하고 농경이 가능한 풍요로운 터로써 선택되었다.

3) 마을의 입지 유형과 특성

마을은 자연지세에 순응하여 형성되며, 주산의 능선이나 용맥을 따라 입지하는 경향을 보인다. 전통적으로 우리 마을의 입지는 세 가지로 구분할 수 있다. 박의준(2001)은 이를 하곡지 주변 마을, 산간분지 마을, 하천 주변의 평야 마을로 분류하며 각 입지 유형의 특징을 지리학적으로 고찰하였다.

〈 우리나라 마을의 입지 유형 〉

입지 유형	지형 및 입지적 요인의 특징	비고
하곡지 주변	2차수 이하의 소규모 지곡류지 주변. 용수공급이 원활하고 홍수의 피해가 적은 지형.	집촌의 발달을 위해서는 농경지를 위한 개척지 필요
산간분지	완사면과 전면의 침식평야 및 충적지. 산지 및 구릉지 말단 부위의 완사면.	산지 및 구릉지는 마을입지에 불리
하천 주변의 평야	하천 주변 및 범람원 위의 충적 지형. 홍수의 위험이 크고 저습하다는 단점.	상대적으로 형성 시기가 늦음

(1) 하곡지 주변의 마을
산의 계곡이 만나는 지점으로, 2차수와 3차수가 만나는 소규모

지곡류 주변이며, 대체로 땅의 면적이 넓지 않다. 농경지가 작은 마을이다.

(2) 산간분지 마을

산간분지는 우리나라 산악지대에 가장 흔한 마을 형태다. 폐쇄형 분지는 사방이 산으로 둘러싸여 침식분지가 감싸는 형태이며, 개방형 분지는 한두 방향이 열려 있어 완만한 평지를 형성한다. 산 밑의 완사면에 자리 잡아 곡지를 확보하거나, 분지가 넓으면 도시로 발전하기도 한다. 하지만 소규모 분지는 경사가 급하고 농경지가 부족하며 생활용수 확보가 어렵고, 겨울철에는 한랭한 바람이 불어 생활이 불편하다.

(3) 하천 주변의 평야 마을

하천 주변 평야 마을은 서해안과 같이 지형이 낮고 평탄한 곳에 형성된다. 평야는 침식평야와 충적평야로 구분된다. 침식평야는 오랜 침식으로 낮아진 평탄지로 과수원·밭·삼림지로 이용된다. 충적평야는 하천 퇴적으로 형성되며 선상지, 삼각주 등이 나타난다. 구릉성 평탄면이 마을 배후지에 형성되어 겨울에 찬 바람을 막고, 전면에는 평탄한 충적평야가 펼쳐져 농경지로 활용된다. 구릉성 평탄면은 묘지로도 활용될 수 있는 장점을 지닌다.(백호진, 2007)

양구군 해안면 후리. 산간분지 마을

하천 주변의 평야 마을

4) 마을 풍수의 현대적 가치

① 마을 풍수는 단순히 옛 조상들의 미신적 지식이 아니라 자연환경을 분석하고 이를 생활에 적용해 온 생태 지혜였다. 특히 재난과 기후, 물 관리 등 환경위기에 직면한 현대사회에서도 마을 풍수의 원리는 지속 가능한 정주 환경 설계에 참고할 수 있는 소중한 자산이다. 자연을 거스르지 않고 순응하며 안전과 풍요를 추구한 마을 풍수의 원리는 오늘날에도 여전히 유효하다.

② 마을 풍수는 자연과 사람, 공동체가 어우러져 평화롭게 공존하기 위한 지혜의 총체였다. 배산임수의 입지, 산간분지와 평야의 다양한 유형, 자연에 순응한 터전의 선택은 인간과 환경의 지속 가능한 관계를 가능케 했다. 전통 마을 풍수는 오늘날 도시계획, 농촌개발, 전원주택 단지 조성에도 귀중한 지침이 될 수 있으며, 앞으로도 인간과 자연이 함께 살아가는 공간 설계에 있어 길잡이 역할을 할 것이다.

2

마을 풍수 사례

1) 안동 하회마을

(1) 한국 전통 마을의 결정판이다

안동 하회마을(중요민속자료 제122호)은 600여 년 동안 풍산류씨가 대대로 세거하며 전통과 문화를 이어온 대표적 동성마을이다. 와가(瓦家)와 초가(草家)가 오랜 세월 동안 원형에 가깝게 보존되어 있어 한국 전통 마을의 모습을 잘 보여준다. 특히 조선 중기 유학자 겸암 류운룡과 임진왜란 시 영의정을 지낸 서애 류성룡 형제가 태어난 곳으로 유명하다. 하회라는 이름은 낙동강이 'S'자 모양으로 마을을 감싸 흐르는 모습에서 유래했다. 이는 곧 하회마을의 풍수적 특징과 맞닿아 있다. 하회마을은 풍수에서 태극형, 연화부수형, 행주형으로 불리며, 이미 조선시대부터 사람이 살기에 가장 좋은 명당으로 알려져 왔다.

(2) 하회마을의 풍수적 입지

마을의 동쪽에는 태백산에서 뻗은 지맥이 이룬 해발 271m의 화산(花山)이 있고, 이 화산의 줄기가 낮은 구릉지를 형성해 마을의 서쪽 끝까지 이어진다. 마을 중심부에는 수령 600년 이상 된 느티나무가 자리 잡고 있어, 풍수적으로 기(氣)가 모이는 핵심 지점으로 여겨진다. 주변 지형은 태백산에서 내려온 지맥이 화산과 북애를 이루고, 일월산에서 내려온 지맥이 남산과 부용대를 형성해 마을을 감싸고 있다. 이를 낙동강이 S자형으로 흐르며 휘감으니, 하회마을은 '산태극 수태극(山太極 水太極)'이라 불리며, 산과 물이 태극 모양으로 어우러진 입지로 평가된다. 혹은 연꽃이 물 위에 떠 있는 형상이라는 '연화부수형(蓮花浮水形)', 배가 물 위에 떠 있는 '행주형(行舟形)'이라고도 한다.

풍수에서 마을의 주산(主山)은 화산, 부용대 앞을 흐르는 낙동강은 화천(花川)으로 불리며, 연꽃 모양의 이상적 풍수 형국을 이루었다고 전해진다.

(3) 하회마을의 좌향과 마을구조

하회마을의 집들은 마을 중심의 느티나무를 기준으로 강을 바라보며 배치되어 있어 좌향이 일정하지 않다. 이는 대부분 정남향·동남향을 취하는 한국 전통 마을의 일반적 특징과 달리, 자연 지형에 순응한 배치로 독특한 풍수미를 보여준다.

특히 큰 기와집(와가)을 중심으로 초가들이 원형으로 배치되어, 중심과 주변이 조화를 이루는 공간 구조를 갖춘 것도 하회마을만의 특색이다.

(4) 하회마을의 역사와 풍산류씨의 입향 전설

하회마을의 초기 세거 성씨로는 허 씨와 안 씨가 있었으며, 이후 풍산류씨가 터를 잡아 대대로 마을을 이어왔다. "허 씨 터전에 안 씨 문전에 류 씨 배판"이라는 전설이 전해지며, 하회탈 제작자 허도령 이야기도 구전되고 있다. 풍산류씨의 입향에는 '나눔의 전설'이 깃들어 있다. 제7세 전서 류종혜 공이 여러 차례 화산에 올라 물길과 산세를 살핀 후 이곳을 터전으로 정했으나, 집을 지으려 하면 기둥이 세 번이나 쓰러졌다. 이때 신령의 현몽을 받아 "3년간 활만인(活萬人)을 하라"는 계시에 따라 큰 고개 밖 초막에서 지나가는 사람들에게 음식과 노자, 짚신을 베풀며 참외를 심어 나눠주는 등 활인(活人)의 나눔을 실천한 뒤에야 터를 잡을 수 있었다는 이야기다. 이후 풍산류씨는 겸암 류운룡,

서애 류성룡 등 조선 중기에 걸출한 명신을 배출하며 집안이 번창했다.

(5) 하회마을의 전통문화와 문화유산

하회마을에는 오늘날까지도 전통문화가 살아 숨 쉰다. 대표적으로 서민의 놀이였던 '하회별신굿탈놀이'(중요무형문화재 제69호)와 선비들의 풍류였던 '선유줄불놀이'가 전승되고 있으며, 마을 곳곳에는 전통 한옥과 가옥이 원형 그대로 보존되어 있다. 마을에는 현재 150여 호가 실제 거주 중이며, 총 127채 437동의 가옥이 있다. 이 가운데 12채는 보물 및 중요민속자료로 지정되었다. 또한 하회마을은 2010년 유네스코 세계문화유산에 등재되었으며, 한국 전통 생활문화와 고건축의 진수를 보여주는 문화유산들이 즐비하다.

주요 문화유산 목록
- 국보 제121호: 하회탈과 병산탈
- 국보 제132호: 원고본 징비록
- 보물 제160·306·414·460호: 류성룡 종가의 문적과 유물, 양진당, 충효당 등
- 사적 제260호: 병산서원
- 중요민속자료 제84~91·177·122호: 화경당, 원지정사, 빈연정사, 작천고택 등
- 중요무형문화재 제69호: 하회별신굿탈놀이
- 경북도 민속자료: 화천서원, 상봉정, 지산고택 등

(6) 하회마을 풍수의 현대적 가치

하회마을은 지형과 물길이 어우러진 전형적 풍수 명당이자, 자연환경을 존중하며 인간과 자연이 공존해 온 한국 전통 마을의 모범이다. S자 흐름의 낙동강과 태극형 산세는 주민의 안녕과 번영을 이끌어 왔으며, 지금까지도 생생한 문화와 전통이 보존되는 살아있는 문화유산이다. 하회마을은 자연과 조화로운 삶을 설계하려는 현대 건축·마을 계획에도 귀중한 자료를 제공한다.

2) 중국 사천성 랑중시

(1) 풍수 고성 랑중시의 개요와 역사적 의의

중국 사천성 동부에 있는 랑중시는 넓이 1,877㎢, 인구 약

622,000명(2025년 기준)의 고도(古都)로, 『삼국지』의 무대이자 중국을 대표하는 역사 문화도시이다. 기원전 314년 랑중현으로 편제된 이후 명·청 시대에는 사천성의 성도로 19년간 기능했으며, 2300년이 넘는 장구한 역사와 전통을 간직하고 있다. 랑중은 과거 파국(巴國)의 도읍이었으며, 기원전부터 중국 서남부를 통치하는 군사·행정상의 요충지였다. 명·청대에 걸쳐 지속적으로 확장된 성곽과 도시는 현재까지 고스란히 보존되어 있어 중국 4대 고성(산서성 평요, 운남성 여강, 사천성 랑중, 안휘성 휘주)의 하나로 손꼽히며 '랑중선경(閬中仙境)', '천하제일강산(天下第一江山)' 등의 별칭으로 불릴 만큼 아름답고 전략적으로 중요한 곳이다. 1991년 랑중시는 정식 시(市)로 승격되었고, 중국 정부로부터 국가급 역사문화 명성(名城)으로 지정되었다.

(2) 풍수적 입지와 자연환경

랑중시는 사천성 가릉강(嘉陵江) 중류, 성도(成都)에서 동북쪽으로 약 360㎞ 떨어진 내륙 고원지대에 위치하며, 충칭과 경계를 맞대고 있다. 평균 해발은 약 400m로, 내륙성 기후에 따라 흐린 날이 많아 연평균 맑은 날은 120일 남짓이다. 이는 풍수에서 '수증산기(水蒸山氣)'라 하여 물과 산에서 피어오르는 기운이 머무르는 지역으로 여겨져 예로부터 인걸지령지(人傑地靈地), 즉 훌륭한 인물이 나는 명당으로 평가받아 왔다. 북쪽의 대파산 산맥이 장벽처럼 가로막고 있어 외부의 침입을 방어하기 좋은 천혜의 요새 형태를 이루며, 남쪽은 완만하게 트여 물류·교통이 용이하다. 이처럼 "북고남저(北高南低)"의 지형은 배산임수

(背山臨水)의 전형적 명당조건을 갖추고 있다.

(3) 삼면환수·사면환산의 이상적 형국

랑중고성은 삼면환수(三面環水)로 도심을 가릉강이 감싸듯 흘러 도시를 보호하고, 사면환산(四面環山)으로 네 방향이 산으로 둘러싸인 이상적 풍수 국세를 자랑한다. 이러한 지세로 인해 수재산중(水在山中) ― 물이 산속에 머무르는 형국, 성재수중(城在水中) ― 성이 물속에 있는 듯한 형상을 이룬다. 현지에서는 이 모습이 마치 시와 그림을 합친 듯하다 하여 '여시여화(如詩如畵)'라 일컫는다.

랑중은 풍수지리를 한족(漢族) 특유의 비물질문화로 규정하고, 풍수 문화를 유네스코 세계문화유산에 등재하기 위한 활동을 활발히 펼치고 있다.

(4) 풍수 논리로 설계된 도시구조

랑중고성의 중심은 남북 방향으로 관통하는 중천로로, 이 도로를 기준으로 성 내부의 주요 건축과 도로가 산세에 따라 배치되었다. 도시 전체의 남북 방향 도로는 15도 정도 서쪽으로 기울여 산세와 조화를 이루도록 했으며, 동서 방향 거리는 평행하게 배치해 질서와 안정감을 주었다. 북쪽은 도로가 넓고 남쪽으로 갈수록 점차 좁아지는데, 이는 풍수에서 말하는 수구관쇄(水口關鎖)로 기(氣)와 재물이 빠져나가지 않도록 막는 원리를 적용한 것이다. 특히 청룡 방(좌측의 길한 방위)에 해당하는 북동방의 높은 지대에는 백탑(白塔)을 세워 수구의 화표(花

標) 역할을 하도록 하였다. 화표는 강물의 흐름을 제어하고 생기(生氣)가 빠져나가지 않도록 하는 풍수적 장치로, 고성의 기운을 모으는 핵심적 요소이다.

(5) 역사와 명장, 그리고 문화적 가치

『삼국지』의 주요 무대 중 하나인 랑중은 특히 촉한(蜀漢)의 명장 장비가 7년간 주둔하며 촉나라의 동쪽 관문을 지킨 곳으로 유명하다. 고성 중심부에는 유비·관우·장비가 도원결의한 장소로 알려진 유적이 있으며, 장비의 사당과 묘역이 조성되어 역사를 기리고 있다. 랑중은 과거 급제자 배출에서도 명성이 높았다. 전국 수석 급제자가 7명이나 나왔으며, 형제가 나란히 과거에 급제한 집안도 성내 중심부에 위치한다. 이러한 사실은 인걸지령론(人傑地靈論)을 증명하는 사례로, 좋은 풍수가 인물 배출로 이어진다는 전통적 믿음을 뒷받침한다.

(6) 풍수 문화의 현대적 계승과 발전

랑중시는 풍수 문화를 세계에 알리기 위해 원천강, 이순풍 등의 풍수 유적지를 정비하고, 풍수문화원과 풍수박물관을 설립했다. 또한, 풍수 문화 국제학술대회를 개최하며 학술적 교류를 활성화하고, 매년 12월 9일을 '세계풍수문화의 날'로 제정하여 풍수 문화를 세계적 문화콘텐츠로 발전시키고 있다. 특히 중국 정부는 한때 혁명기 이후 단절됐던 풍수지리를 문화콘텐츠 산업으로 재조명하여 지원하고 있으며, 랑중시는 이러한 국가적 지원을 받아 풍수 도시로 재탄생 중이다.

(7) 동아시아 풍수 문화의 보물, 랑중 고성

랑중시는 북산과 가릉강이 만드는 천혜의 형세에 인간의 지혜가 더해진 풍수 명당으로, 삼면환수·사면환산의 이상적 국세를 갖춘 중국 풍수 고성의 백미라 할 수 있다. 오랜 역사와 풍수 사상이 결합한 도시구조는 한국의 안동 하회마을과도 유사한 전통 풍수마을의 정수를 보여주며, 동아시아 풍수 문화의 보고로서 현대까지도 중요한 학술·문화적 가치를 지니고 있다.

3) 경주 양동마을

(1) 양동마을의 위치와 역사

경상북도 경주시 강동면 양동리에 자리한 양동마을은 조선시대 대표적인 반촌(班村)으로, 월성손씨(月城孫氏)와 여강이씨(驪江李氏) 두 씨족

이 함께 이룬 집성촌이다. 청동기시대부터 사람이 거주한 흔적이 있으며, 15~16세기 조선 중기에 본격적인 양반마을로 발전했다. 손소(孫昭)가 이 마을에 정착하면서 월성손씨가 뿌리내렸고, 이후 손중돈, 이언적 두 유학의 대가를 배출하며 명촌으로 이름을 떨쳤다. 양동마을은 약 540여 년간 전통과 문화가 이어져 온 한국 최대 규모의 전통 마을이다.

(2) 풍수적 특징

양동마을은 설창산에서 4줄기의 용맥이 마을을 감싸며 글자 '물(勿)' 형국을 이룬다. 마을의 중심부는 물자의 꺾인 지점으로 지기가 응집되는 삼현지지(三賢之地)로, 서백당이 바로 이곳에 위치한다. 물봉골, 하촌, 안골, 거림 등 마을의 골짜기와 언덕이 물자형 형세를 완성하고, 마을은 전저후고(앞 낮고 뒤 높은) 지세로 배산임수 조건을 완벽히 갖춘다. 마을 앞에는 역수(逆水) 지형을 형성한 안락천과 형산강이 있어 부와 생기를 지속적으로 불러들이는 것으로 여겨졌다. 청룡과 백호가 마을을 감싸며 수구를 관쇄하여 기운이 밖으로 빠져나가지 않도록 보호하고 있다.

(3) 주요 문화유산
- 서백당(중요민속자료 제23호): 월성손씨 대종택, 삼현지지의 중심지로 손중돈·이언적이 탄생한 가옥.
- 무첨당(보물 제411호): 여강이씨 종택으로 15세기 건립, 조선시대 사

대부 가옥의 전형.

- 관가정(보물 제442호): 언덕 위 정자 형태의 종택, 안강평야를 굽어보는 풍광.
- 향단(보물 제412호): 회재 이언적이 중종의 배려로 모친을 위해 지은 가옥. 독특한 중정과 폐쇄적 구조를 가진다.

마을 전체는 중요민속자료 제189호로 지정되었고, 보물 3점, 민속자료 12점, 지방유형문화재 4점 등 다양한 문화유산이 집중되어 있다. 마을은 유네스코 세계문화유산으로 등재되어 조선시대 양반 가옥의 원형과 문화를 온전히 간직하고 있다.

4) 임실 박사마을

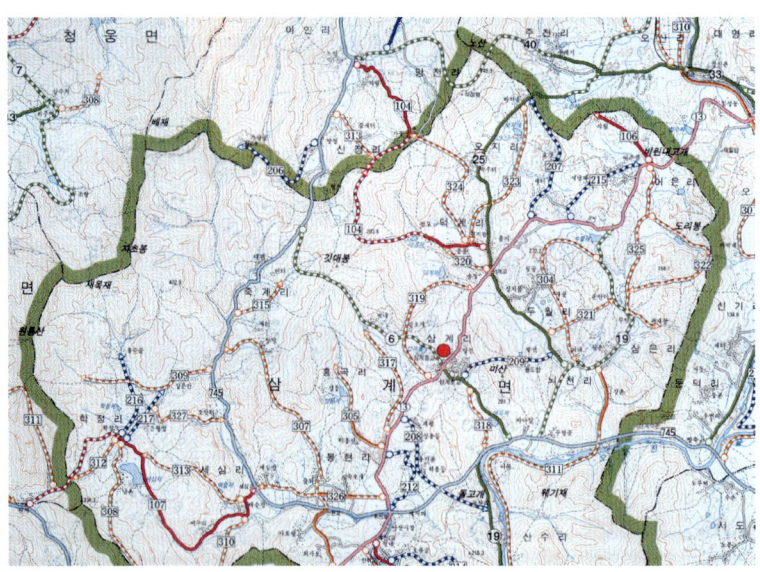

(1) 삼계면의 역사 및 형성

전라북도 서남단에 있는 삼계면은 기후가 온난하고 토지가 비옥하여 예로부터 오곡백과가 풍성한 지역으로 알려져 있다. 면적은 56.34㎢로 임실군 전체 면적의 9.4%를 차지하며, 동쪽으로는 오수면, 서쪽은 덕치면, 남쪽은 순창군 동계면과 접한다. 삼계면 일대는 선사시대와 청동기시대 유물·유적이 발견되어 오래전부터 강력한 세력 집단이 자리했을 것으로 추정된다. '생거남원 사거임실(生居南原 死去任實)'이라 할 정도로 산수가 빼어나고 자연의 정기가 깃든 고장으로, 절의와 학문을 중시하는 풍토 속에 많은 인재가 배출되었다. 특히 2023년 기준으로 삼계면 출신 박사만 200명에 달할 정도로 학구열이 높았으며, 이는 전통적으로 이어져 온 문화유산의 힘을 잘 보여준다.

(2) 풍수지리적 특징

삼계면은 백두대간 장안산에서 발원한 산줄기가 팔공산을 지나 성수산, 고덕산으로 이어지며 봉화산, 매봉에서 다시 갈라져 마을을 감싸는 웅장한 산세를 형성한다. 이 산줄기들은 삼계면 전역을 기복과 곡선을 이루며 흐르고, 동서남북의 산세가 마치 용이 몸을 비틀며 흐르는 형국을 이룬다. 삼계면은 남원과 순창, 임실의 경계 지역으로, 노령산맥의 가지산 줄기들이 삼계면을 품듯 감싸며 마을을 보호하고 생기를 모으는 전형적인 배산임수 지형이다. 특히 깊은 골짜기마다 중시조들이 낙향하여 씨족 마을을 이루었고, 재실만 27개가 분포하고 있어 풍수적으로 해가 전혀 없는 명당으로 평가받는다. 이러한 풍수적 배경은 예로부터 주민들의 평온한 삶과 문중의 번영을 뒷받침해 왔다.

(3) 주요 문화유산

삼계면은 선사·청동기 유적이 산재해 있으며, 후천리에 남아 있는 고인돌, 괸들보위 암벽의 '아산현' 석각 등이 대표적이다. 이 지역에는 16대에서 31대에 이르는 다양한 씨족 집성촌이 형성되어 재실 문화가 발달했고, 현재까지도 각 문중의 재실과 사당이 보존되어 전통문화를 계승하고 있다. 삼계면을 이루는 각 마을과 씨족 공동체는 매봉과 노산을 비롯한 진산에 기대어 자리 잡아 풍수 명당 위에 전통적인 가옥과 재실, 정자 등을 남기고 있다. 이러한 유산들은 임실 지역의 역사와 문화를 증언하며, 세대를 이어온 전통과 주민들의 자부심을 보여준다.

(4) 학문과 풍수적 조건

삼계면 마을 앞에서 바라보면 한두 개의 문필봉이 우뚝 솟아 있는 것이 눈에 띈다. 이는 학문과 문화의 기운을 상징하는 산의 형상으로, 주변 산줄기들이 용이 몸을 감싸듯 이어지는 연속 구조를 이루며 풍수에서 말하는 장풍국(藏風局)의 요건을 완벽하게 갖추고 있다. 문필봉은 자연이 빚어낸 '학문의 돌기'로, 풍수적으로 인재를 길러내는 원천적 역할을 해왔다. 이러한 지형 속 붓봉과 용맥이 만들어낸 명당의 기운은 주민들의 학문적 성취와 문화적 자부심을 받쳐주는 핵심 요소로 평가된다.

5) 춘천 박사마을

〈춘천시 서면 지도 / 출처: 위키백과〉

(1) 역사 및 풍수적 특징

춘천시 서면은 춘천 서쪽에 위치해 동쪽으로 춘천시 신사우동, 소양동, 근화동, 신북읍, 신동면과 접하고, 남쪽으로는 남산면, 서쪽으로는 경기도 가평군, 북쪽으로는 사북면과 접한다. 면적은 139㎢로 춘천시 전체에서 큰 비중을 차지하며, 농경지 14㎢, 임야 112㎢, 기타 13

㎢로 구성된다. 지형은 서쪽 고산지대에서 동남쪽으로 낮아지며 평지성 구릉을 이루고, 북한강이 동남쪽으로 흐르면서 의암호를 중심으로 물길이 마을을 감싼다.

서면의 풍수는 백두대간에서 분기한 주용맥이 화악산(1,468m), 매봉(1,436m), 북배산(867m), 가덕산(858m)을 지나 삼악산(654m)으로 이어지며, 이 산줄기들이 서면을 병풍처럼 둘러싸는 형태로 장풍국(藏風局)을 완성한다. 삼악산은 주룡의 끝자락에서 크게 감아 돌며 서면의 수구를 막아주는 역할을 해 기운이 마을에 머물도록 한다. 북한강이 마을 앞을 활처럼 감아 흐르는 궁수형(弓水形) 수세를 이루며, 물이 마을을 포근히 품어주는 형국이다. 특히 1968년 의암댐 담수로 의암호가 생겨나면서 거칠고 돌이 많던 협곡과 자갈밭은 맑고 깨끗한 호반으로 변모했고, 마을 앞 물길이 순화되며 양택풍수의 길지로 자리매김했다. 1999년 신매대교 개통으로 교통 오지였던 서면은 춘천 시내와 연결되는 교통의 요지로 도약했고, 주민들의 생활환경과 교육환경이 크게 개선되었다. 또한, 분지의 특성상 아침 햇살을 가장 먼저 받아 부지런하고 진취적인 기질이 형성되었으며, 교통이 불편하던 과거 환경 속에서 더 나은 삶을 위해 교육에 대한 집념이 강했다. 특히 춘천 시내를 건너다보며 선진지로의 진출을 꿈꾸었던 서면 주민들은 스스로와 자녀들을 교육해 변화시키려는 의지가 강했다. 이런 배경 속에서 마을의 교육열은 자연스러운 경쟁으로 이어졌고, 많은 인물이 배출되는 원동력이 되었다.

(2) 주요 문화유산

서면에는 풍수 명당으로 이름난 유서 깊은 묘역과 문화유산이 다수 남아 있다. 방동리에는 조선 8대 명당으로 손꼽히는 장절공 신숭겸 장군의 묘역과 한백록 장군 묘역이 있으며, 금산리에는 한승수 전 국무총리 선조 묘가 자리한다. 현암리 태봉산에는 왕실 태실이 남아 왕실과 연계된 역사성을 보여준다. 이와 같은 음택 명당은 풍수지리적 명성뿐 아니라 마을 주민들의 교육에 대한 긍지와 자부심을 고취시켜, 자손의 학문적 성취와 사회적 성공을 지향하게 만드는 상징적 자산으로 작용해 왔다.

(3) 박사 배출 현황

서면은 2023년 기준으로 198명의 박사를 배출하였으며, 2024년 3월 현재 210명에 달하고 있다. 총 1,800세대에 3,530명이 거주하는 이 지역에서 배출된 박사 수는 춘천시 전체는 물론, 전국적으로도 주목할 만한 수치로 평가된다. 이러한 학문적 성취는 든든한 주산과 병풍처럼 마을을 감싸는 사격, 마을을 보호하듯 흐르는 수구형 물길, 그리고 높은 교육열이 결합하여 가능했다. 특히 방동리, 금산리, 현암리 등에서는 씨족 중심의 집단 거주 형태를 이루며, 상호 경쟁과 협력 속에서 교육을 중시하는 마을 문화를 발전시켰다. 이로 인해 서면은 학문적으로는 뛰어난 인재를 많이 배출했지만, 부를 축적한 큰 부자가 드문 특징을 가지고 있다. 주민들은 학문적 성취와 교육열을 마을의 가장 큰 자산으로 삼으며, 이를 통해 지역의 정체성과 가치를 이어오고 있다.

(4) 풍수적, 문화적 종합 평가

서면은 의암호 담수 이후 협곡의 험한 풍경이 순화되며 맑고 깨끗한 물길과 함께 풍수 명당의 요건을 충족하게 되었고, 조산 역할을 하는 삼악산과 가덕산, 북배산 등이 장풍의 역할을 하여 마을로 기운이 모이게 한다. 풍부한 음택 명당과 양택 명당이 공존하며, 조산과 문필봉 형태의 산세, 배산임수의 기본 형국을 갖추고 있어 '인걸지령(人傑地靈)'의 조건을 완비하였다.

서면 주민들은 자연의 정기를 바탕으로 높은 교육열과 학문적 성취를 일구었으며, '물길이 감싸고 산이 보호하는 땅이 명당이다.'라는 풍수지리의 기본 원리를 입증하듯, 수려한 사격과 조화로운 산수 속에서 많은 인재를 배출했다. 춘천 서면은 명당의 조건을 갖춘 양택풍수 마을의 전형으로 평가된다.

6) 양택풍수 마을(박사)의 공통점

양택풍수 명당 마을들은 공통으로 득수국과 장풍국의 입지를 갖추고 있으며, 물과 산이 조화를 이루는 형국을 보인다. 특히 춘천 서면과 임실 삼계면의 박사마을은 다음과 같은 특징이 뚜렷하다.

첫째, 주산이 든든하고 목성체의 문필봉이 많으며, 주위 사격이 수려하다. 마을마다 안산·조산으로 이어지는 문필봉이 마을을 감싸며,

기본적인 배산임수형의 조화를 잘 갖추고 있다.

둘째, 호수와 수리(水理)의 영향이다. 박사마을 서면은 의암댐 준공으로 담수호가 형성되면서 물의 유속이 느려지고, 맑은 호수가 만들어졌다. 좁은 계곡이 넓은 호수로 바뀌며 유체의 흐름이 순화되어 계곡풍이 아닌, 갈무리된 길풍(吉風)으로 변하였으며, 이는 마을의 기운을 안정시키는 중요한 요소가 되었다.

셋째, 주변 사격이 다소 불리하더라도 주산과 명당, 안산의 형국이 좋으면 전체적인 기세를 해치지 않는다. 실제로 주산 형태가 든든하고 명당과 안산이 길격인 경우, 주변 환경의 불리함은 큰 문제가 되지 않았다.

넷째, 음택 명당의 존재다. 박사마을들은 양택 명당 못지않게 음택 명당이 많은 것이 인재 배출의 중요한 요인으로 작용했다. 예컨대 춘천 서면 방동리의 조선 8대 명당이라 불리는 장절공 신숭겸 장군의 묘역, 한백록 장군의 묘역, 금산리의 한승수 전 국무총리의 선조 묘, 현암리의 태봉산 태실 등이 대표적이다. 임실 삼계면도 생거남원 사거임실(生居南原 死居任實)이라는 말처럼 후천리, 덕계리, 어은리, 뇌천리에 풍수적으로 명성이 높은 음택 명당들이 존재한다.

다섯째, 조산과 사격의 수려함이다. 외백호·외청룡을 비롯한 조산들이 문필봉이나 토성체로 겹겹이 혈을 보호하고 원근에서 조응(照應)함으로써 마을의 생기를 지키는 역할을 한다.

여섯째, 씨족 집단의 형성과 선의의 경쟁이다. 박사마을들은 동일 성씨 또는 같은 가문의 후손들이 모여 사는 집성촌 형태를 이루며, 서로 학문과 출세를 독려하는 선의의 경쟁 분위기가 형성되었다.

일곱째, 학문적 성취는 뛰어나나 큰 부자가 드물다는 공통점이 있다. 이는 물질적 부보다는 학문과 정신적 가치에 중점을 둔 전통적 풍토에서 기인한 것으로 보인다.

이상의 공통점을 종합하면, 물이 궁수형으로 감싸주고 산세가 수려하며 장풍국의 조건을 갖춘 마을이 양택 명당의 핵심이다. 춘천 서면은 의암호 담수로 추한 부분이 정리되고, 문필봉과 주위 사격이 어우러져 마을 기운에 긍정적 영향을 미치게 되었다. 풍수는 기본체(體)를 갖춘 후 주위 환경과의 조화 속에 친환경적 개발로 좋은 환경을 조성해야 명당으로 완성된다.

결국 풍수의 기본 요건이 갖추어진 곳에 비보 풍수적 요소로 부족함을 보완하고, 인간의 의지와 노력이 더해진다면 좋은 입지로서 명당이 될 수 있다는 점이다.

제13장

비보풍수

1. 비보풍수
2. 비보풍수의 사례
3. 조선시대의 사례와 상징물
4. 공간에 적용한 비보풍수
5. 비보풍수의 현대적 적용
6. 비보풍수의 실천 10가지
7. 현대 풍수의 통합설계 방향

1
비보풍수

1) 비보풍수란 무엇인가?

완벽한 사람이 없듯이 완벽한 자연도 존재하지 않는다. 인간관계에서도 단점보다는 장점을 보고 사람을 쓰는 것이 지혜라면, 풍수에서도 흉지보다는 길지의 장점을 살피고, 부족한 점은 인위적으로 보완하는 것이 실용적이다. 이러한 풍수의 보완 방식이 바로 비보풍수이다. 비보(裨補)란 부족한 것을 채우고, 상서로운 기운을 더하는 행위를 말한다. 현대의 관점에서도 환경을 조성하거나 기운을 조정하여 삶의 질을 높이고자 하는 시도는 바로 이 전통적 지혜의 연장선에 있다.

2) 비보풍수의 개념과 용어

비보풍수는 풍수지리에서 지형이나 기운의 결함을 보완하여 길한 환경으로 유도하는 실천적 이론이다. 주로 흉한 기운을 막거나 억누르기 위한 다양한 조형적·지리적 수단을 통해 자연과 인위가 조화를 이루도록 한다.

비보와 관련된 대표적인 용어들은 다음과 같다.

- 진압(鎭壓): 흉한 기운을 억눌러 안정시키는 것
- 염승(厭勝): 주술이나 상징적 수단으로 흉기를 제어하는 것
- 압승(壓勝): 물리적 수단으로 흉기를 눌러 물리치는 것
- 전호(箭護): 살기나 침범을 막기 위한 방패의 기능
- 진색(鎭塞): 흉한 기운의 침입을 차단하는 것
- 진양(鎭陽): 과한 양기를 억눌러 평형을 이루는 것
- 승압(乘壓): 약한 기운을 북돋아 흉기를 제어하는 방식

3) 비보풍수의 방법과 종류

비보는 지리적 결함이나 기운의 과잉·결핍을 인공적으로 보완하여 풍수적 완성도를 높이기 위한 실천이다. 비보의 방식은 지역, 시대, 상황, 주체에 따라 다양한 형태로 나타났으며, 대표적인 비보풍수의 유형은 다음과 같다.

(1) 용맥 비보

용맥은 지기(地氣)의 흐름으로, 그 연결이 끊기거나 훼손되면 풍수적

으로 불리하다. 이를 보완하려는 조치들이 역사적으로 이어져 왔다.
- 사례: 조선시대 창의문과 숙정문의 통행금지 조치, 남대문 지대의 인위적 상승, 한양 내외 사산의 경작금지 및 식송(植松), 흥인문→흥인지문으로 개칭하여 글자산맥 보완, 광릉의 전면 인조 안산 조성 등

(2) 숲 비보

숲은 바람을 막고 기운을 머물게 하여 생기를 지키는 수단이 된다. 청룡·백호가 약하거나 사신사에서 기운이 빠지는 부분에 조림하여 기운을 안정시킨다.
- 사례: 경기도 이천 마을 앞 숲(수구막이), 여의도 LG 트윈빌딩 소나무 숲, 충신 신숭겸 묘역 좌우 숲, 서울 뚝섬 '서울의 숲'

(3) 못 비보

못은 화기를 진압하고, 지기를 고르게 하며, 형국의 부족함을 메우는 중요한 비보 요소이다. 특히 물은 기운을 담고 순환시키는 성질이 있어 못의 위치와 크기는 매우 중요하다.
- 사례: 숭례문 앞 남지, 한양 흥인문 밖의 못, 여주 세종대왕릉 앞 연못, 용인 삼성 이병철 회장 묘 앞의 인공 호수

(4) 수중보 비보

수중보는 물의 흐름을 조절하여 정수의 환경을 만들고 생기를 머

무르게 한다. 물살이 센 동수(動水)는 기운이 흩어지므로, 유속을 조절해 생기를 머금게 한다.

- 사례: 한강의 88올림픽 수중보 설치 이후 서울의 발전, 4대강 수중보 설치 이후 유역의 경제 성장, 구미공단 주변 낙동강 수중보에 의한 산업 활성화

(5) 조형물 비보

조형물은 시각적·상징적 방식으로 흉한 기운을 막거나 기운을 불러들이는 역할을 한다. 동물상, 탑, 솟대, 장승, 남근석, 석수(石獸) 등이 대표적이다.

- 사례: 서울 광화문 앞 해태상 (관악산 화기 진압), SK 서린동 사옥 바닥 거북이 형상 (청계천 화기 진압), 궁궐 앞 석수(해태, 사자, 말 등)의 배열

(6) 지명 비보

지명은 그 땅의 형국과 에너지를 담는다. 자연 지형의 형상을 따르거나, 부정적인 이미지를 긍정적으로 바꾸기 위해 지명을 개칭하기도 한다.

- 사례: 남산(잠두봉) → 잠실, 잠원 지명 유래, 우면산(소가 잠든 형상) → 서초, 염곡, 내곡동, 충주 계명산 '지네 많은 오동산' → '닭(계)'으로 지네 제압' → 분산(散財)의 의미 회피 → '여명을 알리는 계명산'으로 개칭

동대문: 흥인문 → 흥인지문 (수구 열림 방지 목적)

(7) 조산(造山) 비보

조산은 부족한 산세를 인공적으로 만들어 기운의 흐름을 보완하는 대표적인 비보 방식이다. 특히 전면 안산(案山)이나 후면 주산(主山)의 형세가 약할 경우, 토목공사를 통해 흙을 쌓아 산의 형태를 조성하기도 하였다.

- 풍수 원리: 형국의 완결성 확보, 중심축 안정화
- 사례: 세조 광릉의 인조 안산(人造案山), 전통 종택 앞의 인공 둔덕 조성, 사찰 주변 석축 쌓기 및 흙을 다져 산 형상 보완

(8) 방지턱·울타리 비보

외부의 살기나 급한 기운을 차단하기 위해 낮은 담이나 방지턱, 울타리를 설치하는 방식이다. 특히 충(衝)을 맞는 장소에서는 담장을 이용하여 기운을 완화하는 사례가 많다.

- 풍수 원리: 충살 차단, 기운의 연속성 확보
- 사례: 사찰의 회랑 구조나 담장, 대문 정면 앞에 설치한 낮은 석축, 교차로 T자형 충(衝)을 받는 건물의 울타리

(9) 교량(橋) 비보

다리 또한 비보의 수단으로 활용된다. 물길이 지나가는 곳에 기운이 끊어지거나 혼탁해질 때, 교량은 기운을 이어주는 매개체가 된다. 특히 긴 물줄기나 계곡이 있는 곳에서는 다리의 구조나 위치가 풍수적 의미가 있다.

- 풍수 원리: 단절된 기운 연결, 수맥 위 완충
- 사례: 서울 청계천 일대의 정조 다리 복원, 산사 진입로의 아치형 목교, 고택 앞의 낮은 다리(기운 전달용)

(10) 탑(塔) 비보

탑은 기운을 응축하고 중심을 형성하는 대표적 비보 장치다. 삼국시대 이래로 왕도(王都)와 사찰에 탑을 세워 기운을 안정시키고, 사방으로 흩어지는 기운을 모아주는 역할을 하였다.
- 풍수 원리: 기운의 집중, 중심 형성, 흉기 진압
- 사례: 서울 조계사 대웅전 앞 7층 석탑, 경주의 분황사 석탑, 북한산 자락 사찰의 삼층 석탑 위치 조정

(11) 불사(佛寺) 비보

사찰은 그 자체로 불기(佛氣)를 머금은 성지로, 풍수적으로 흉한 땅을 길지로 전환하기 위해 절터를 잡는 예도 있었다. 특히 큰 고을의 남쪽(화기 방위)에 사찰을 배치하는 경우가 많았다.
- 풍수 원리: 음양 조화, 화기 진압, 기운 정화
- 사례: 서울 관악산 남쪽 관악사, 전주의 화산(花山) 자락에 자리한 전주향교와 절터, 도시 외곽의 사찰 배치로 화기 분산

(12) 전통 건축양식에 의한 비보

한옥의 건축 구조나 마당, 처마, 누마루, 대청마루 등의 구조도 비

보의 역할을 한다. 기둥 간격, 처마 깊이, 창문의 크기 등도 모두 기운을 유도하거나 차단하는 장치로 해석될 수 있다.

- 풍수 원리: 기운 유도 및 배출, 공간의 음양 조화
- 사례: 안방과 부엌의 연결 구조 조절, 대문과 안채의 위치 보완, 누마루를 통한 기운 순환 유도

(13) 도로(길) 비보

길은 기운의 흐름 통로이다. 길이 직선이면 살기가 되므로, 곡선으로 유도하거나, 일정한 기준으로 분절된 길을 통해 기운을 정리한다. 도로 구조를 통해 길흉을 조정한 사례도 다수 존재한다.

- 풍수 원리: 살기 제거, 기운 흐름의 조화
- 사례: 고택 대문 앞 직선도로에 방풍수목 또는 담장 설치, 서울 북촌 한옥마을 곡선 골목길, 전통 마을의 'ㄱ' 자형 진입로 구조

(14) 음향(音響) 비보

예외적으로, 종소리·풍경소리·목탁 소리 등은 공간의 기운을 진정시키거나 활성화하는 용도로 사용된다. 이는 공간의 음장을 조정하는 비보로도 해석된다.

- 풍수 원리: 기운의 진동과 정화
- 사례: 사찰의 범종각, 고택 처마 밑의 풍경, 산사 목탁 소리의 리듬

2
비보풍수의 사례

1) 용맥 비보

(1) 순천 향림사 - 비봉산의 강한 지세를 눌러 균형을 도모한 비보

전라남도 순천의 비봉산 기슭에 자리한 향림사는 통일신라 경문왕 5년(865)에 도선 국사가 창건한 사찰이다. 『승평지』에 따르면 이곳은 '새가 알을 품은 형상'의 형국으로 기운이 매우 강하여, 이를 누르고 조화시키기 위해 도선이 사찰을 세운 것으로 전해진다. 향림사는 풍수적으로 강한 지세를 가진 곳에 절을 세워 그 기운을 눌러주는 대표적인 용맥 비보의 실천이며, 신라 말기 도선 풍수의 상징적 사례로 평가된다.

(2) 신안 비금도·암태도의 '우실' - 마을 경계와 용맥의 비보 기능

전라남도 신안군 비금도 내월리와 암태도 익금리에는 '우실'이라는 전통적인 마을 울타리 구조가 남아 있다. '우실'은 원래 '울실'에서 유래된 말로, 마을의 경계이자 방풍의 기능을 수행하는 구조물이다. 나무, 돌담, 울타리 형태로 다양하게 조성되며, 풍수적으로는 마을의 약한 용맥이나 허한 사신사의 자리를 보완하는 자연-인공 복합형 비보 수단으로 기능하였다. 특히 해안 바람과 해수의 침입을 막고, 마을의 지기 유출을 차단하는 실용성과 상징성을 겸비한 전통 비보 사례라 할 수 있다.

2) 수구 비보

● 청계천 수구 비보 - 한양도성의 허한 수구를 다스린 인공 비보

조선시대 한양도성의 풍수적 약점 중 하나로 지적된 것이 수구의 허약함이었다. 이에 따라 도성의 수구에 해당하는 청계천 하류, 특히 오간수문 부근에는 수목 식재와 조산(造山)이 이루어졌다. 18세기 지도인 <한양도성도>와 <도성도> 등에 따르면, 수구 주변에 수양버들이 울창하게 식재되어 있었으며, 토사를 쌓아 만든 인공산이 존재했다. 이러한 조치는 단순한 경관 조성이 아니라 수구를 통해서 지기가 누설되는 것을 방지하고 기운을 축적하려는 정통 비보풍수의 사례이다. 특히 동대문의 현판을 '흥인문'에서 '흥인지문'으로 고쳐 '之' 자를 넣어 내룡의 형국을 완성하려 한 사례는 문자 비보와 상징 비보가 결합한 고급 응용형이다.

3) 못 비보

● 전주 덕진연못 - 북쪽 지기의 정류와 생태적 조화의 대표적 사례

전주 북쪽에 있는 덕진연못은 고려시대 이래로 풍수적 명당인 전주 지역의 지기를 정류(停流)시키는 수구 비보의 상징적인 사례이다. 이 연못은 전주 북부에서 흘러내리는 생기를 머물게 하여 도심 내 기운의 균형을 유지하게 하는 역할을 하며, 실제로도 도시의 온·습도 조절과 생태환경 보존 기능을 동시에 수행하고 있다. 풍수적으로는 강한 수기(水氣)를 연못이라는 정수 공간으로 흡수하여 살기를 제거하고 생기를 머무르게 하는 대표적 비보 사례이며, 농업적 측면에서는 저수지 기능도 겸하고 있다. 주변의 수림과 제방 조성은 형국 보완과 환경 조화를 실현한 전통의 풍수적 지혜라 할 수 있다.

4) 숲 비보

● 서울 양재동 현대자동차 본사 소나무 숲

서울 양재동의 현대자동차 사옥 앞에는 조성된 소나무 숲이 있다. 이곳은 바람이 세차게 불어 드는 방향의 풍수적 결점, 즉 사신사의 약점을 보완하기 위해 인위적으로 조성된 대표적 비보림이다. 강한 기운의 침입을 막고 사옥의 생기를 유지하기 위한 실용적 조경이자 풍수적 방어체계로 평가된다.

5) 지명 비보

(1) 충주 계명산 - 지명 개칭으로 흉한 기운을 다스림

충주 북쪽의 한 산은 원래 '지네 산'이라 불리며 지네가 많이 서식해 마을 사람들에게 공포의 대상이 되었다. 이에 조선시대 말, 지네의 천적인 닭을 방사하고 산 이름을 '계족산(鷄足山)'이라 하였다. 그러나 닭발 형상의 분산 지세라 하여 부정적으로 여겨져, 1956년 '계명산(鷄鳴山)'으로 개명하면서, 계명(닭 울음소리)을 통해 어둠을 물리치고 밝음을 알리는 상서로운 의미를 덧입혔다.

(2) 서울 잠실과 우면동 - 형국에 맞는 명칭 부여로 형세 강화

남산 일대를 '잠두봉(蠶頭峰)'이라 부르며, 이와 연계된 지역에 잠실, 잠원동, 우면동 등의 이름을 부여하였다. 이는 형국이 누에가 잠을 자고 머무르는 형상이라는 점을 살려 지명 자체로 풍수적 기운을 강화하고 길상적 이미지를 부여한 사례다.

6) 탑과 불사 비보

(1) 경주 분황사 석탑 - 사방의 기운을 응축하는 중심 비보물

신라 경덕왕 시대 건립된 분황사 석탑은 남산의 기운을 받으며, 경주왕경의 중심에 있는 핵심 비보 시설이다. 탑 자체가 하늘과 땅, 인간을 잇는 상징물로서 기능하고, 사방의 기운을 한곳으로 응축시켜 국운을 수렴하고자 한 대표 사례이다.

(2) 불국사와 석굴암 - 자연지세와 건축 비보의 이상적 조화

경주 불국사는 토함산 줄기 끝자락의 강한 기운을 받는 용맥의 정점에 위치하며, 아래 석굴암은 그 기운을 머금고 완성된 정혈의 공간이다. 불사 조성 자체가 지세의 강한 기운을 조율하고, 국가의 안녕과 백성의 평안을 기원하는 의도된 풍수 비보 조치였다.

7) 기타 비보

- **화기 방어 개념도 - 조형적 배치에 의한 화기 제압의 원리**

도시나 마을에서 화기(火氣)의 침입을 막기 위해 다양한 조형물이나 건축 요소를 배치하는 비보가 행해진다. 예를 들어, 서울 광화문 앞 해태상은 관악산에서 오는 강한 화기를 제압하기 위해 세운 것으로, 화기 방어의 대표 사례로 손꼽힌다. 또한, SK 서린동 사옥 바닥에 설치된 거북이 형상은 청계천의 수기(水氣)와 화기의 균형을 도모하기 위한 상징 비보의 사례이다.

이는 현대 건축에서도 활용할 수 있는 형국 보완형 조형 비보로, 입구에 해태나 거북이 조형물을 설치하거나, 건물 배치 시 불기운을 막는 방식으로 확장 적용이 가능하다.

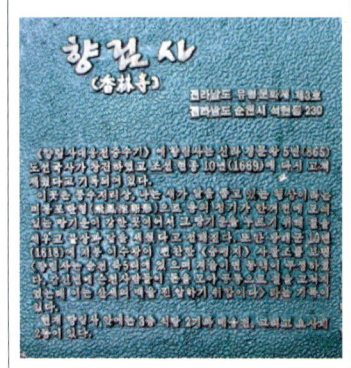

3

조선시대의 사례와 상징물

구분	공간	목적	비보의 내용
지맥 보전	창의문	지맥 보전	고갯길 지형파괴 ⋯› 통행을 금지하고 소나무 식재
	숙정문	지맥 보전	고갯길 지형파괴 ⋯› 통행을 금지함
	남대문	지맥 연결	벌어진 형국, 남대문의 지대 높이기. 소나무 식재
	내외사산	산세 보존	산림훼손을 방지하고자 경작금지. 소나무 식재
명당수	연못	명당수 확보	명당수 부족 ⋯› 연못 조성(남지, 동지, 서지, 북지)
	개천	청계천 정화	명당수 오염 ⋯› 감찰, 준설

수구	관왕묘	수구막이	동쪽의 허한 수구 …▸ 단과 사당 조성
	가산	수구막이	허한 수구 …▸ 개천준설로 생긴 토사로 인공산 조성

구분	비보물(상징물)	비보 내용
조선 왕궁	경복궁 금천에 있는 서수	잡귀의 침입을 막음
	근정전의 드므	물로 화기(火氣)를 다스림
	악귀의 침입을 막음	악귀의 침입을 막음
	아미산 굴뚝의 불가사리	사악한 기운을 막아 대궐을 보호
	창덕궁 금천교의 동물상	사악한 기운을 물리침
한양도성	광화문의 해태상	관악산의 화기 제어
	흥인지문(興仁之門)	지세의 약함을 글자산맥으로 비보
	창의문의 닭상	지네의 독기를 퇴치
	숭례문	화(火)의 염상을 상징하여 세로로 하고 관악산의 화기에 대응
	남산의 잠두봉(누에머리)	잠원동과 잠실에 뽕나무를 심고 마을의 명칭을 잠원동과 잠실이라 함
	덕수궁의 대한문	대안문은 安 자가 여자가 갓을 쓴 형상으로 관을 쓴 여자가 출입한다고 하여 대안문(大安門)을 대한문(大韓門)으로 명칭 변경

구분	비보물	비보 내용
왕릉	석물상의 염승비보	12지신상(외부에서 침입해 오는 잡귀 방어), 석호(호랑이 모양의 수호신, 주위의 사악한 것을 물리침), 석양(양의 모양을 한 수호신, 주위의 사악한 것을 물리침)
왕릉	세조 광릉의 회벽	회벽(석실 대신 흙으로 만든 회벽 조성), 보토(입수룡의 보토 및 안산 조산 조성)
왕릉	융릉의 곤신지	1789년 융릉을 이전하고 남서 방에 인공으로 연못을 조성하고 곤신지라 함. 융릉이 용이 여의주를 희롱하는 반룡농주형이라 지세의 허함을 보완하기 위해 조성
묘	천안 박문수 장군 묘	장군대좌형의 명당, 병졸에 해당하는 무리가 있어야 하므로 병천 시내에 시장을 개설하여 아우내 장터가 생김
묘	신숭겸 장군 묘	도굴 방지를 위한 묘봉을 3개로 설치, 남연군묘는 석회로 도굴에 대비하는 비보
묘	육영수 여사 묘	땅을 깊게 판 뒤, 자갈을 깔고 배수관을 묻고, 그 위에 흙을 덮은 뒤 매장하여 수렴을 대비함

4
공간에 적용한 비보풍수

1) 서울 광화문 해태상 - 화기 제압을 위한 상징 비보

서울 광화문 앞에 설치된 해태상(獬豸像)은 관악산에서 직선으로 내려오는 화기(火氣)의 기세를 제압하려는 의도로 배치된 대표적 조형물 비보다. 전통적으로 해태는 정의와 위엄을 상징하며, 불의한 기운이나 재앙을 막는 수호 동물로 여겨졌다.

광화문은 조선 왕조의 정궁인 경복궁의 정문이자 한양도성의 중심축으로, 관악산의 세찬 화기가 내려와 궁궐의 기운을 침범할 우려가 있었다. 이에 화기 방어의 상징물로 해태상이 배치되었으며, 오늘날에도 그 자리는 경복궁의 상서로움을 지켜주는 비보의 상징물로 기능하고 있다.

2) 서울 청계천 SK서린빌딩 - 거북이 형상의 기단을 통한 지기 보강

청계천 인근에 있는 SK서린빌딩은 입구의 바닥에 거북이 형상의 돌 조형물을 설치하였다. 이는 조선시대 한양의 청계천 하류 수구가 열려 지기가 누설된다는 지적을 현대적으로 재해석하여, 수구 비보의 상징적 장치로 활용한 것이다.

거북이는 장수와 안정을 상징하는 동물로, 풍수에서는 지기를 머물게 하고 복을 모으는 역할을 한다. SK서린빌딩의 거북이는 지기의 응축과 재물운 보강, 주변의 수기 조절이라는 상징적 의미를 담고 있으며, 비보풍수가 현대 건축에 실질적으로 적용된 대표 사례로 꼽힌다.

3) 용인 삼성 에버랜드 선영 앞 연못 - 수기 보완과 형국 완성

경기도 용인에 있는 삼성가 선영, 특히 故 이병철 회장의 묘역은 풍수적으로 잘 알려진 명당이며, 그 앞에는 연못이 조성되어 있다. 이 연못은 단순한 조경시설이 아니라 풍수적으로는 묘역의 수구 방향에 해당하며, 지기의 흐름을 멈추고 안정화하는 역할을 한다.

묘역은 전면이 열려 있는 구조로 수기의 흘러나감이 우려되었는데, 연못을 배치함으로써 형국이 안정되고 후손의 번창을 돕는 정형화된 비보풍수 사례로 해석된다. 이는 전통 묘역의 수맥 조절, 안산-조산 조성과 결합한 고급 비보술의 대표적 현대 응용사례이다.

4) 대전 엑스포 시민광장 - 분수와 수공간을 통한 생기 정류

　대전 엑스포 시민광장은 중심 광장에 넓은 분수대와 수공간이 배치되어 있다. 이 공간은 과거 정부청사와 연구단지 사이의 기운이 너무 강하고 날카로워, 이를 순화하고 정류시키기 위한 공간기획이 이루어진 사례로 평가된다.

　특히 넓은 수면은 양기 과다 지역의 진양(鎭陽) 효과를 주며, 물을 통해 기운을 부드럽게 흐르게 하여 도시민의 심리적 안정감도 함께 제공하고 있다. 이처럼 대규모 광장이나 공공시설에 수공간과 분수를 배치하는 것은 현대 비보풍수의 핵심적 적용 사례다.

5) 김해 봉황동 유적 - 고대 도시의 수구 비보 조형물

　김해 봉황동 고분군은 가야 시대 왕릉급 무덤이 위치한 지역으로, 이곳에는 용두 조형물과 도랑(도수로) 흔적이 발견된다. 이 용두 조형물은 단순 장식물이 아닌, 풍수적으로 수구를 막고 지기를 결속시키는 수구 비보물로 기능한 것으로 추정된다.

　또한, 고분의 전면부에 인공 수로가 파여 있으며, 이는 수기가 무덤을 감싸고 흐르면서 생기를 강화하고 외부로 빠져나가는 것을 막는 형국 강화형 풍수 설계로 분석된다.

6) 세종시 정부청사 광장과 국립세종도서관 - 축선 설계와 조형 비보

세종시의 주요 공공건축물들은 북측 산세에서 내려오는 기운의 흐름을 고려하여 축선이 정리되어 있고, 주요 입구마다 조형물과 수목, 분수대 등이 배치되어 있다. 이는 도시 설계 단계에서부터 풍수적 고려가 있었음을 보여주는 사례이며, 특히 국립세종도서관 앞의 연못과 기단부는 지기 정류, 수구 비보, 생기 응축의 다층적 임무를 수행한다. 이처럼 도시 자체가 비보풍수를 적용한 통합 공간으로 기획된 사례는 현대 도시계획에서 풍수 이론이 얼마든지 현실화가 가능함을 보여주는 좋은 예이다.

5
비보풍수의 현대적 적용

1) 도시계획에서의 비보 적용

• 수구 비보: 강, 하천, 고속도로와 같은 도시의 단절 공간에는 공원, 정수처리 장, 수변 녹지대를 배치하여 지기 정류 및 생기 보완의 효과를 도모한다.
• 조형물 비보: 서울시청 앞 서울광장의 조형물, 용산 전자랜드 앞의 동물 석상, 각종 회사 사옥 앞의 조형 수석(壽石)이나 거북상은 모두 비보적 원리를 반영한 현대 응용사례다.

2) 건축 설계에서의 비보 적용

- 출입구 앞 조경수 식재: 빌딩 현관 앞에 풍수적 방파림으로 식재되는 수목은 기운 조절과 시선 차단, 출입의 흐름 안정화를 도모하는 기능을 한다.
- 기둥, 창문, 담장 설계: 충살이 들어오는 방향에는 간접 출입구, 돌출 벽, 격자창 등을 설치해 기세를 누그러뜨리는 구조가 활용된다.

3) 주거환경에서의 비보 적용

- 단독주택의 울타리, 텃밭, 물길 배치: 기운의 흐름이 너무 빠르거나 흩어질 경우, 마당에 작은 연못이나 텃밭, 돌담을 설치하여 생기 응축의 효과를 준다.
- 아파트 단지 내 수변 시설, 분수대, 조형물: 단지 중심부에 설치된 수공간과 쉼터는 풍수적으로는 기운을 모으는 심장 역할을 하며, 단지의 전반적 운세를 보완한다.

4) 조경디자인과 공공예술로서의 비보

오늘날 비보의 원리는 예술적 조형성과 환경 생태적 기능을 함께 담아낼 수 있다. 바람의 흐름, 사람의 동선, 수분의 순환 등을 고려한 비보적 설계는 현대 조경과 도시계획에 생명력을 불어넣는 설계 전략이 되고 있다.

5) 비보풍수의 현대적 재해석 방향

전통 비보 방식	현대적 적용 방식	비고
조산(造山)	축대 벽, 인공구릉, 경사면 정비	기운의 유도와 시각적 안정
숲	방풍림, 생태숲, 수목원	환경적 조화 및 경관 보완
못	수공간, 분수대, 빗물 정원	수기 응축 및 기온 조절
조형물	미술 조형물, 상징 구조물	상징성 강화와 기운 전환
지명 비보	도시인지도 변경, 도로명 개정	이미지 개선 및 운세 강화

6
비보풍수 실천 10가지

	원칙	내용
1	기운 감지와 흐름 분석	입지의 기운 흐름을 진단하고 그 흐름에 따라 공간 구성
2	흉을 제하고 길함을 보완	살기 있는 방향은 막고, 생기 있는 방향은 확장
3	자연 요소를 비보에 활용	산, 물, 나무, 바람, 지형의 특성을 비보적 도구로
4	수구의 조절은 생명의 통제	물의 유입과 유출을 제어하여 기운의 출입을 조절
5	조형물과 상징은 공간의 의지를 나타냄	풍수 조형물은 공간의 의미와 기능을 드러내는 상징 장치다.
6	지명의 긍정성 확보	지명은 기운의 발화이며, 흉한 이름은 개명
7	공간의 음양 조화 유지	밝고 어두움, 높고 낮음, 안과 밖의 조화를 이루는 설계

8	풍수는 기술이 아니라 철학	비보는 단순한 장치가 아닌, 공간의 생명력을 회복하는 철학이다.
9	**기술과 전통의 융합 적용**	전통 풍수 이론을 현대 기술과 융합하여 실현성을 확보한다.
10	사람을 살리는 공간 설계	궁극적으로 풍수의 목표는 인간의 안녕과 조화로운 삶이다.

7
현대 풍수의 통합설계 방향

　현대사회는 기술과 과학이 고도로 발달하면서 도시와 건축, 공간에 대한 이해 역시 기능성과 효율성을 중심으로 이루어지고 있다. 그러나 그 속에서 인간의 정신적 안녕과 자연과의 조화는 종종 소외되기 쉽다. 풍수지리는 이러한 문제의식 속에서 전통적 자연관과 공간 인식의 조화를 통해 사람 중심의 공간, 자연과 융화된 도시, 길한 기운이 흐르는 주거를 지향하는 대안적 설계철학이 될 수 있다.

1) 공간의 기운을 진단하고 설계에 반영하는 '에너지 기반 설계'

　풍수는 공간을 단순한 물리적 구조가 아닌, 기(氣)의 흐름으로 본다. 현대 설계에서도 지형과 풍향, 일조, 배수, 시선 등의 요소를 종합적으로 분석하여 기운의 흐름에 맞는 공간 구상이 필요하다. 기운의 흐름은 보이지 않지만, 사람에게 체감되는 쾌적성, 정서 안정과 밀접한 관련이 있다.

2) 사람-건물-자연의 균형

전통 풍수는 천(天)-지(地)-인(人)의 삼재 균형을 중시했다. 현대 설계에서도 건물 자체만이 아니라 사람의 동선과 감성, 자연 지형 및 조경, 하늘과의 조응을 함께 고려하여야 비로소 풍수적 균형이 완성된다.

3) 수기(水氣)와 생기(生氣)를 모으는 공간 구성

현대 도시에서는 물길을 살리는 것이 곧 도시의 생기를 살리는 일이다. 물의 흐름을 통제하는 수공간(연못, 분수, 수로, 정원 등)의 설계는 기의 정류와 응집에 이바지하며, 이는 공동체의 활력을 도모하는 중요한 요소가 된다.

4) 단절된 기운을 연결하는 '비보풍수'의 실천

고가도로, 고압선, 강한 도로축 등이 공간의 기운을 절단할 경우, 이를 조형물, 조경, 축대 벽, 상징물, 숲, 담장 등으로 보완하여 단절된 기운을 연결하는 설계가 필요하다. 이는 전통의 '비보' 개념을 현대적으로 확장한 공간 치유 전략이다.

5) 환경친화적 공간의 정서적 안정 효과

풍수의 기본은 사람에게 안정감을 주는 것이다. 곡선의 활용, 자연 재료의 사용, 생명력 있는 녹지 구성은 정서적 안정과 건강한 공간의 분위기를 유도하며 풍수적 지혜와 현대 생태학적 디자인이 만나는 지점이다.

6) 중심축의 정립과 시선 유도

공간의 중심축을 명확히 하고, 기운의 흐름을 배치에 따라 유도함으로써 중심이 살아있는 공간이 된다. 이는 건축과 도시디자인에서의 축선 설계와 같은 원리로 풍수의 용도 인식과 맞닿아 있다.

7) 공간의 흉한 요소에 대한 인식과 예방

풍수에서 '살(煞)'이라 하는 것은 날카로운 기세, 외부 압력, 급경사 등의 해로운 요소이다. 이들은 미리 인지하여 차폐하거나 조정할 수 있으며, 이를 위해 입지 이전에 풍수적 분석을 병행한 사전 컨설팅이 중요하다.

8) 거주자 중심의 맞춤 설계

동·서사택론, 좌향론, 방위 오행 등의 요소를 활용하여 개별 거주자에게 맞는 설계 해석이 가능하다. 풍수는 획일적인 설계가 아니라 사용자 중심의 생기 조화 설계를 지향한다.

9) 조형 언어와 상징을 통한 기운 정비

조형물, 문양, 색채, 상징물 등은 그 자체로 기운을 조절하거나 의미를 불어넣는 기능을 한다. 해태상, 거북이, 금룡, 학 등은 비보적 상징물로써 사용되며, 공간에 이야기를 부여한다.

10) 전통의 지혜와 현대 기술의 융합

풍수는 전통의 이론일지라도, 이를 실현하는 수단은 현대적이어야 한다. GIS, 도시 시뮬레이션, 조경기술, 생태복원 시스템 등을 활용하여 풍수의 원리를 첨단기술과 결합하는 통합설계 방향이 요구된다.

제14장

조선의 풍수와 장례 풍수

1. 한양 풍수
2. 궁궐 풍수
3. 왕릉과 풍수
4. 장례와 풍수

1
한양 풍수

1) 한양 천도와 도참설

고려 중엽부터 한양은 개성, 평양과 더불어 주요 도시로 주목받았다. 당시 한양은 '남경'으로 불리며 개경의 지기 쇠퇴와 맞물려 천도 논의의 중심에 섰다. 도선국사가 개경을 명당이라 했으나 삼각산을 보지 못한 채 지세를 판단하였고, 이후 삼각산이 개경의 기운을 훔치는 형상이라 하여 고려가 500년을 넘기지 못할 것이라는 예언이 전해졌다. 이러한 예언은 남경 천도설과 연결되며, 공민왕은 승려 보우의 도참설에 따라 실제 천도를 시도하기도 했다. 조선 건국자인 태조 이성계는 개성의 지기가 다하였음을 인정하고 새로운 수도로 한양을 결정하였다. 무악과 계룡산 등을 검토한 끝에 국토의 중심에 위치하고 사방이 산으로 둘러싸인 한양이 풍수적으로 적합하다고 판단한 것이다. 북악산(백악산), 인왕산, 남산(목멱산), 낙산이 사방을 감싸는 형세는 외침을 막고 중심을 지키는 지형이다. 설화에 따르면 도성 공사 중 눈이 내린 날, 한 줄기 눈이 성 안쪽만 피해 쌓였고, 태조는 이를 하늘의 뜻으로 받아들여 성곽의 경계로 삼았다. 이로 인해 '설울'이 '서울'이란 지명으로 이어졌다고 전해진다.

2) 서울의 산맥과 수맥 구조

서울은 백두대간에서 갈라진 한북정맥이 이어지는 핵심 지점이다. 강원도 회양의 분수령에서 출발한 맥이 북한산, 북악산, 인왕산, 낙산, 남산으로 이어지며 서울의 주산과 사산 체계를 이룬다. 북악산을 중심으로 동쪽은 청룡인 낙산, 서쪽은 백호인 인왕산, 남쪽은 안산인 남산으로 내사산(內四山)을 구성하고, 외사산은 북한산, 덕양산, 용마산, 관악산이 둘러싸는 대형 국세(局勢)를 이룬다. 청계천은 서울의 명당수로, 북악산과 인왕산 사이에서 발원하여 한양 도심을 흐르며 안암천, 정릉천, 중랑천 등과 합쳐져 한강으로 들어간다. 한강은 외수(客水)로, 청계천과의 만남을 통해 서울의 음양 조화, 즉 산수 교합이 완성된다. 여의도와 밤섬은 외수구 역할을 하여 생기를 보호하는 지형적 나성인 것이다.

3) 조선시대 도로 배치와 풍수 해석

서울의 간선도로는 십자형이나 정(井)자형을 피하고, 도로들이 곡선으로 흐르며 관통하지 않도록 배치되었다. 이는 살기(殺氣)의 직사(直射)를 막으려는 의도이다. 서유구는 『임원경제지』에서 명당으로 향하는 도로는 반드시 완곡해야 하며, 직선 도로나 교차로는 흉하다고 설명하였다. 오늘날 경복궁과 숭례문을 잇는 직선 도로는 일제강점기 도시 개조 과정에서 생긴 것이다. 일제는 창덕궁과 종묘 사이를 절단하는 도로를 만들어 주산에서 이어지는 기맥을 단절시켰으며, 이는 풍수적으로 왕조의 기반을 해친 것으로 평가된다.

4) 서울 풍수의 장단점

서울은 백두대간의 대맥이 이어지고 사산사수(四山四水)의 지세가 완비된 천하명당이다. 그러나 몇 가지 풍수적 결함도 지적된다.

첫째, 태조산(북한산)과 주산(백악산)의 거리가 불과 60리에 불과해 살기가 충분히 정화되지 못하고 혈이 맺혔다. 둘째, 청룡에 해당하는 낙산이 백호(인왕산)에 비해 약하여 동쪽이 허하고, 이는 조선 왕조의 장자가 아닌, 지손과 외척의 발호, 그리고 외적의 동방 침입에 취약한 원인으로 지적된다. 셋째, 건방(乾方), 즉 서북쪽이 꺼진 형세로 황천풍이 들어와 난세와 외침에 시달리는 요소로 작용했다.

5) 청와대 터에 대한 논란

청와대 터는 도선국사가 천하제일복지로 지목했다는 설이 있으나, 풍수적 흉지라는 의견도 존재한다. 일제 총독부터 대통령에 이르기까지 불운한 일이 반복되었다는 점에서 길지 여부를 두고 논란이 크다. 결론적으로, 서울은 산과 물의 교합이 완전하고 내외사산이 조화를 이루는 이상적인 수도였지만, 일부 부족한 요소는 역사적으로 다양한 사건과 연관되어 해석되고 있다.

2
궁궐 풍수

1) 한양의 건설과 풍수적 배경

1392년 조선을 개창한 태조 이성계는 즉위 직후 한양에 도읍할 뜻을 품고 남경으로의 이궁을 준비하게 하였으나, 신하들의 반대에 부딪혀 무산되었다. 이후 계룡산을 비롯해 무악 등 여러 후보지를 검토한 끝에, 1394년 국토의 중심에 위치하고 조운이 편리하며 산세가 수려한 한양으로의 천도를 단행하였다. 한양 도성의 건설은 종묘와 사직을 먼저 세우고 궁궐, 마지막으로 성곽을 축조하는 순서로 진행되었다. 이는 유교적 통치이념과 풍수지리설에 기반한 국도 조영의 전형이라 할 수 있다. 도성은 낙산(좌청룡), 인왕산(우백호), 남산(전주작), 백악산(후현무)으로 감싸여 풍수지리상 사신사(四神砂)가 완비된 명당에 해당한다.

2) 경복궁: 정궁의 풍수적 상징

경복궁은 조선의 정궁으로, 북악산을 주산으로 하여 인왕산을 백호, 낙산을 청룡, 남산을 주작으로 삼아 배산임수와 사신사 구도가 완벽히 갖추어진 터에 세워졌다. 정도전은 『시경』의 "이미 술에 취하고 덕에 배가 부르니 군자 만년 그대의 큰 복을 도우리라"라는 구절에서 이름을 따와 '경복(景福)'이라 명명하였다. 경복궁의 중심축은 근정전과 교태전으로 이어지며, 교태전 뒤편의 아미산은 풍수적으로 중요한 상징체이다. 아미산은 인공적으로 조성된 가산이지만, 그 이름은 중국의 명산에서 따온 것이며, 교태전과의 조화 속에 조선 왕비의 공간을 상징하는 후원의 역할을 한다. 아미산은 백두대간의 한북정맥에서 흘러오는 지맥을 상징적으로 연결하며, 궁궐 전체의 기운을 근정전에 수렴시키는 통로 역할을 한다. 교태전(交泰殿)은 음양이 조화를 이루는 공간이라는 이름 그대로 왕비의 침전이자 천지의 기운이 교합하는 장소이며, 그 앞에는 양의문(兩儀門), 오행을 상징하는 다섯 전각, 팔괘를 상징하는 전각들이 배열되어 궁궐 내에 음양오행의 우주적 질서를 상징적으로 구현하였다.

3) 창덕궁과 창경궁의 풍수

창덕궁은 경복궁 동쪽에 있는 이궁으로, 임진왜란 후에는 오랫동안 정궁 역할을 하였다. 자연 지형을 최대한 살린 배치로 유명하며,

창경궁과 함께 '동궐(東闕)'이라 불렸다. 창경궁은 창덕궁의 부속 궁으로, 조선의 제9대 왕 성종이 세 분의 대비(정희왕후, 인수대비, 인혜대비)를 모시기 위해 조성되었으며, 왕비와 대비의 생활 공간으로 기능하였다. 창경궁은 창덕궁의 주맥과 서울대학교병원으로 연결되는 지맥 사이의 낮은 지대에 자리 잡고 있으며, 통명전은 가장 왕성한 기운을 받는 요지이다. 통명전 뒤의 넓은 지대는 정조가 자경전과 환취정을 지은 터로, 이곳이 청룡의 맥에 해당하는 자리였다. 그러나 일제는 이곳에 장서각을 세워 좌청룡의 지맥을 단절시켰으며, 이는 창경궁의 풍수적 구조를 의도적으로 훼손한 대표적 사례로 평가된다. 장서각은 1992년에 철거되어 일부 원형을 회복하였다.

4) 일제의 풍수 구도 파괴

일제강점기에는 경복궁과 창경궁 등 한양의 풍수 구도를 의도적으로 파괴하였다. 경복궁의 경우, 아미산 뒤편 흥복전 자리에 연못을 파고 교태전을 헐어 창덕궁의 대조전 수리에 사용함으로써, 아미산에서 근정전으로 이어지는 지맥 흐름을 단절시켰다. 또한 창경궁에는 동·식물원을 설치하고, 우백호에 해당하는 지맥 위에 온실을 세워 생기를 차단하였다. 이러한 조치는 단순한 경관 변경을 넘어서 민족적 기운의 근원을 끊고자 한 풍수지리적 공격으로 해석된다. 창경궁은 1984년에야 동물원이 폐쇄되었고, 경복궁의 교태전은 복원 작업을 통해 점차 제 모습을 되찾아가고 있다.

5) 기타 궁궐의 풍수적 배치

- 경운궁(덕수궁): 월산대군의 저택을 기반으로 하며, 임시 행궁에서 출발하여 조선 말기 정궁 역할을 하였다.
- 경덕궁(경희궁): 인왕산 자락에 자리를 잡은 서궐(西闕)로, 후에 경희궁으로 개칭되었다.
- 인경궁: 인왕산 동쪽 사직단 인근에 지어진 궁궐로, 짧은 수명을 갖고 창덕궁과 창경궁 복구에 자재로 활용되었다.

이들 궁궐은 위치, 주산, 지맥의 흐름, 주변 산세 등 모든 요소에서 풍수지리의 원리에 따라 건설되었으며, 궁궐 간의 관계 또한 풍수적 배치 속에 상호 보완적 기능을 가졌다.

6) 사대문과 사소문의 명칭과 풍수적 의미

서울 도성의 사대문과 4 소문은 모두 오행, 음양, 지형적 보완의 풍수적 원리에 따라 명명 및 배치되었다.

- 동대문 흥인지문(興仁之門): 동쪽의 허함을 보완하기 위해 '仁'과 옹성을 두어 보강.
- 서대문 돈의문(敦義門): 금의 기운과 중국과의 외교적 의리 강조.
- 남대문 숭례문(崇禮門): 남쪽의 화기를 예(禮)로 통제.
- 북대문 숙정문(肅靖門): 수(水)기가 강한 북쪽의 음기를 제어하기 위해 거의 열지 않음.

소문들 또한 풍수적으로 중요한 의미를 지닌다. 동소문인 혜화문은 간방(艮方)에 위치하여 교화의 상징이며, 서소문인 소의문은 관로로 이용되던 문이며, 북소문인 창의문은 지네형 지형을 억제하기 위해 닭상을 걸어두었고, 남소문인 광희문은 수구문(물이 빠지는 문)이자 시신이 나가던 문으로 해석된다. 이러한 문들의 배치와 명칭은 한양도성의 풍수적 완결성과 방위 보호의 의미를 내포하고 있다.

3
왕릉과 풍수

1) 조선왕릉의 의미와 역사

조선왕릉은 우리나라에 현존하는 왕릉 가운데 가장 완전한 형태를 갖춘 유산이며, 조선 왕조 500여 년의 역사와 정신이 깃든 대표적인 풍수 공간이다. 조선은 1392년 건국된 이후 1910년까지 27대 왕과 왕비, 추존된 왕과 왕비를 포함하여 긴 역사를 이어간 왕조로, 이 왕족들의 무덤을 총칭하여 '조선왕릉'이라 부른다. 현재 서울을 비롯한 수도권 일대에 분포된 왕릉과 원, 묘는 당대의 정통성과 위엄을 상징함과 동시에, 풍수 이론이 실질적으로 어떻게 구현되었는지를 보여주는 중요한 사례다. 왕실 무덤은 위계에 따라 능(王과 왕비), 원(세자·사친), 묘(기타 왕족)로 구분되며, 오늘날까지 능 40기와 원 13기가 비교적 온전한 상태로 보존되어 있다.

2) 터 잡기와 조영의 원칙

조선왕릉의 조영은 단순한 무덤 조성이 아니라 풍수지리를 바탕으로 한 국가적 사업이었다. 능지(陵地)는 도성과의 거리, 주변 산세, 방위, 물줄기, 도로와의 관계 등을 고려하여 신중하게 선정되었으며, 후보지를 정하는 데에는 풍수 전문가인 지관이 중요한 역할을 하였다. 왕이 직접 후보지를 살펴본 후 최종적으로 결정하는 것이 관례였다. 왕릉은 원칙적으로 배산임수의 지형에 조성되었으며, 가능한 한 본래의 자연환경을 훼손하지 않고 지형의 흐름에 순응하는 방향으로 조성되었다. 또한 왕릉은 제례의 공간이자 신성한 장소로 기능하기 위해 외부와 격리된 두 겹 이상의 산줄기 안에 배치되며, 제향 공간인 재실과 정자각 등도 일정한 형식을 갖추었다.

3) 조선왕릉의 조영 구조

왕릉의 공간은 일반적으로 세 영역으로 구성된다. 첫째, 진입 공간은 참도와 홍살문이 있는 구간으로 제향의 시작을 알리는 곳이다. 둘째, 제향 전이 공간은 정자각과 수복방 등이 위치한 제례의 중심 영역이다. 마지막으로 능침 공간은 봉분과 석물이 배치된 무덤의 핵심 구역이다. 능침에는 혼유석, 장명등, 문·무석인, 석마, 병풍석, 난간석 등 다양한 석물이 배치되며, 각기 고유한 상징과 기능을 갖는다. 이 석물들은 왕릉을 수호하고, 위엄을 상징하며, 풍수적으로 기운을 모으는 역할을 한다.

4) 조선왕릉의 장례 체계: 3도감의 역할

왕이 승하하면 국장은 국가 최대의 의례로 시행되었다. 이를 위해 세 기관, 즉 빈전도감, 국장도감, 산릉도감이 설치되어 체계적으로 장례와 조영을 분담하였다.

- 빈전도감은 임금의 옥체를 안치하고 빈전 의식을 준비·운영하며, 필요한 의복·상복·의물을 준비하였다.
- 국장도감은 발인과 장례 전반의 실무를 총괄하였다. 내부에는 일방(수의와 가마), 이방(의복과 명기), 삼방(시책과 제기)으로 나누어 운영되

었다.

- 산릉도감은 왕릉의 조영을 전담하며, 능지를 선정하고 석물 제작, 봉분 조성, 건물 축조 등을 총괄하였다. 조영은 초기에는 부역으로 인력을 동원했지만, 후기로 갈수록 고용형 인력으로 변화하였다.

이 세 기관은 업무 내용을 『의궤(儀軌)』라는 형태로 남겨 후대에 전해졌으며, 이 의궤들은 유네스코 세계기록유산으로 등재되었다.

5) 석물의 이해

왕릉을 구성하는 석물은 조선시대 장례문화와 풍수 사상을 동시에 반영한다. 그 종류는 매우 다양하며, 위치와 기능, 의미가 각각 다르다.

① 석호(石虎): 호랑이 형상 석물로, 능을 지키는 수호의 의미.

② 석양(石羊): 양 형상의 석물로, 사악한 기운을 막는 상징.

③ 망주석(望柱石): 봉분 좌우의 기둥으로, 왕권과 영혼의 상징.

④ 혼유석(魂遊石): 제물을 올리는 상석으로, 혼령이 머무는 자리.

⑤ 고석(鼓石): 혼유석 받침돌로, 귀면을 새겨 악귀를 막음.

⑥ 장명등(長明燈): 왕의 영혼을 밝히는 석등, 장생과 발복의 의미.

⑦ 문석인(文石人): 문신 형상석으로, 왕명에 순응하는 상징.

⑧ 무석인(武石人): 무관 형상석으로, 왕을 호위하는 상징.

⑨ 석마(石馬): 왕의 출행을 상징하는 말 형상의 석물.

⑩ 곡장(曲墻): 봉분의 삼면을 감싼 담장, 능역 보호용.

⑪ 난간석(欄干石): 봉분의 둘레를 두른 돌난간으로 보호 역할.

⑫ 능상(陵上): 봉분과 병풍석, 난간석으로 구성된 상부 공간.

⑬ 병풍석(屛風石): 봉분의 주위를 병풍처럼 감싼 열두 면 석재.

⑭ 지대석(地臺石): 병풍석 아래 기단석으로 봉분의 구조 지지.

⑮ 상계(上階): 능침의 가장 높은 단, 봉분이 중심에 위치.

⑯ 중계(中階): 장명등, 문석인 등이 놓인 중간 단.

⑰ 하계(下階): 무석인과 석마가 위치한 능침의 하부 단.

⑱ 비각(碑閣): 왕의 업적을 기록한 신도비를 보호하는 전각.

⑲ 수복방(守僕房): 능을 관리하는 수복이 머물던 건물.

⑳ 정자각(丁字閣): 제사를 지내는 중심 건물, '丁' 자 형태.

㉑ 예감(瘞坎): 제사 후 제물이나 지방을 묻는 자리.

㉒ 수라간(水剌間): 제례 음식을 준비하던 곳, 현재 터만 존재.

㉓ 참도(參道): 홍전문~정자각 사이의 돌길, 신도와 어도로 구분.

㉔ 배위(拜位): 제례 시 절을 올리는 장소.

㉕ 홍전문(紅箭門): 영혼이 드나드는 신성한 입구, 일명 홍살문.

이 석물들은 일정한 질서에 따라 배치되며, 그 자체로 왕권과 조선의 세계관을 상징하는 조형물이다.

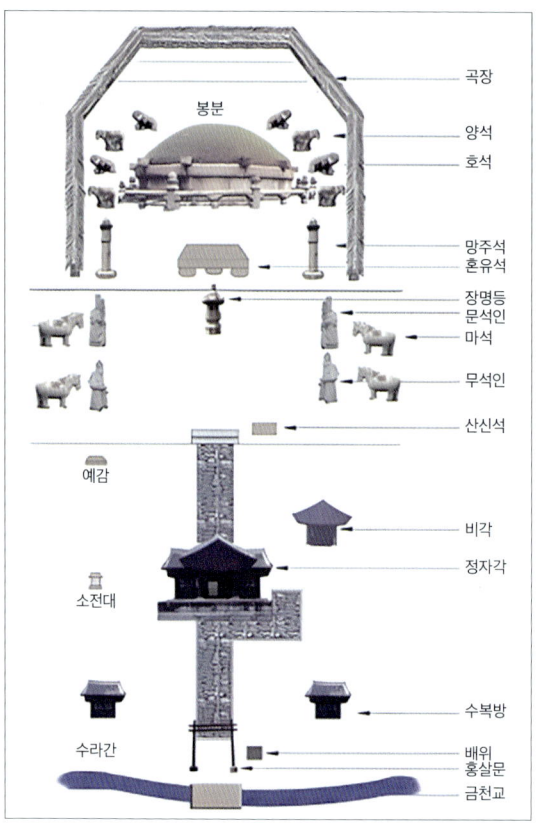

〈출처: 조선왕릉전시관(왕릉의 상설제도, 이창환)〉

6) 왕릉과 풍수지리

　조선왕릉은 단순히 권위를 위한 공간이 아니라 자연과의 조화를 추구한 풍수적 공간이다. 배산임수, 청룡 백호의 형국은 기본이며, 사신사(四神砂)와 명당수(明堂水)가 어우러지는 지세가 요구되었다. 왕릉은 바람과 물, 지형이 조화된 자연지세를 기반으로 조성되었으며, 봉분의 방향과 위치 선정에도 풍수 형세가 철저히 반영되었다. 흥미롭게도 풍수는 때로는 정치적 도구로도 활용되었다. 중종 32년(1537), 김안로가 장경왕후의 능(희릉)을 흉지라 주장하여 천장을 유도하고, 정치적 반대파를 몰아낸 사건은 풍수가 정치와 결합한 대표적인 사례다. 이처럼 풍수는 당시의 통치철학과 권력구조 안에서 큰 영향력을 지닌 실천적 지식이었다.

7) 봉분 형식의 다양성

조선왕릉은 자연환경과 정치적 상황에 따라 다양한 형태로 조성되었다. 이는 조선이 추구한 자연 순응형 조영 철학의 결과이자, 풍수 지형의 실현 방식이다.

- 단릉: 왕 또는 왕비 단독 묘역
- 쌍릉: 좌상우하 원칙에 따라 병렬로 배치된 왕과 왕비의 봉분
- 합장릉: 하나의 봉분에 합장
- 동원이강릉: 정자각 뒤 서로 다른 언덕에 배치된 봉분
- 동원상하릉: 같은 언덕에 위아래로 배치
- 삼연릉: 왕, 왕비, 계비를 나란히 조성
- 동봉삼실: 하나의 봉분에 세 사람을 합장

이처럼 조선왕릉은 풍수지리학의 원리를 실천하며, 그 형식과 구조를 시대와 상황에 맞게 유연하게 적용하였다. 풍수는 단지 이론에 머

무르지 않고 장례·조영·문화·정치 전반을 관통하는 조선 왕실의 핵심적 철학이었다.

<출처: 국가유산청>

8) 왕릉의 공간 구성

조선왕릉의 공간 구성은 유교 예법에 따라 진입 공간, 제향 공간, 전이 공간, 능침공간으로 구성되었다. 능의 공간 구성은 사후의 왕이나 왕비를 위한 조선의 통치이념이 성리학의 영향을 주로 하여 동양의 자연관인 풍수지리와 도교의 영향을 받아 풍수적 조성원리에 따라 조성되었다.

(1) 진입 공간

홍살문, 재실, 연지, 화소, 금천교 등이 있다.

(2) 제향 공간

홍살문, 제례로, 수복방, 수라간, 비각, 정자각, 어정 등이 있다.

(3) 전이 공간

예감, 산신석, 신도 등이 이에 속한다.

(4) 능침 공간

봉분, 양석과 호석, 혼유석, 망주석, 장명등, 문인석, 무인석, 마석, 곡장, 화계 등이 있다. 이러한 능침 구성은 능에 진입하는 동선을 중심축으로 하여 배치하였다.

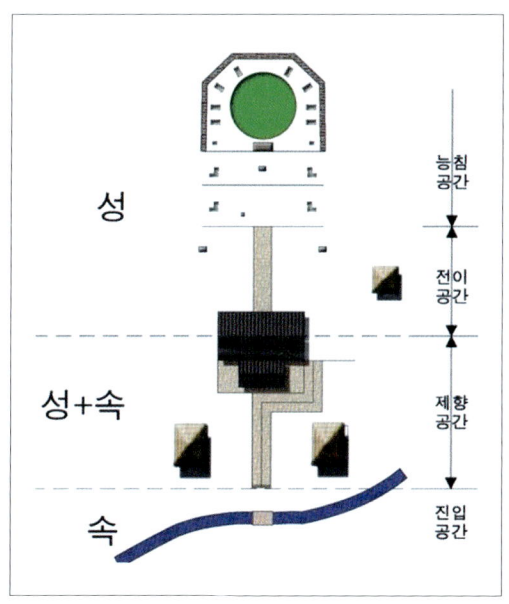

〈출처: 조선왕릉(능원의 공간 개념도, 이창환)〉

4
장례와 풍수

1) 장례 풍수

(1) 장례의 개념

장례(葬禮)란 임종부터 상례까지, 사자를 예로 보내는 일련의 절차를 말한다. 좁은 의미로는 장례식을 의미하나, 넓은 의미에서는 장송의례(葬送儀禮)의 약칭으로서, 사후의 전 과정을 포함한다. 이는 단순히 고인을 위한 의식이 아니라 산 자가 도리를 실천하고, 죽음의 의미를 되새기며, 가족과 구성원 간의 소속감을 확인하는 상징적 행위이기도 하다. 장례의 의례 절차는 사회의 도덕규범과 종교 형태에 따라 구성되며, 결과적으로는 '산 자가 산 자를 위한 의례'로 이해되기도 한다. 장례를 통해 인간은 삶과 죽음의 경계를 체감하고, 죽음의 보편성을 인정하며, 삶의 태도를 정립하게 된다.

(2) 장례의 형태

문화와 종교에 따라 장례법은 다양하게 발전해 왔다. 다음은 대표적인 장례 형태들이다.

- 토장(土葬): 가장 일반적인 형태로 시신을 땅에 묻는 매장법.
- 수장(水葬): 주로 항해 중 사망 시, 시신을 강이나 바다에 의식과 함께 떠내려 보내는 장법.
- 조장(鳥葬): 티베트, 몽골 등지에서 시신을 해체하여 독수리 등에게 먹임으로써 혼을 하늘로 돌려보낸다는 개념의 장법.
- 풍장(風葬): 시신을 야산 등에 노출해 자연 풍화에 맡기는 장법.
- 화장(火葬): 시신을 불에 태워 유골로 남기는 방식. 현대 장례에서 가장 널리 사용됨.
- 수목장: 화장한 유골을 나무 밑에 매장하여 자연으로 환원시키는 친환경적 장법.
- 미라장: 고대 이집트, 잉카 등에서 시신을 방부 처리하여 장기간 보존하는 방식.
- 엠바밍(Embalming): 시신을 방부 처리해 원거리 운구나 전시를 위해 보존하는 기술.
- 지하 동굴장: 고대 로마에서 박해받던 기독교인들이 사용한 지하 장법.
- 선장(船葬): 북유럽 바이킹족이 배에 시신을 태워 불사르는 의례.

- 실내 안치장: 중세 유럽에서 귀족이나 왕족의 시신을 석관에 넣어 교회나 궁전에 보존한 장법.
- 냉동장: 시신을 극저온 상태로 보존하는 방식.
- 우주장: 캡슐에 유골을 담아 우주 공간에 보내는 현대적 장법.
- 자연장: 화장한 유골을 흔적 없이 자연에 환원하는 친환경적 장법으로 수목장, 화초장, 잔디장 등이 포함된다.

2) 장례문화와 명당

● 명당(明堂)의 개념과 조건

명당이란 풍수지리에서 생기(生氣)가 응결되는 혈처(穴處) 주변의 밝고 따뜻한 땅을 의미한다. 이는 산과 물이 조화를 이루고, 사신사(四神砂) 구조인 좌청룡, 우백호, 전주작, 후현무가 갖춰진 장소를 말한다. 볕이 잘 드는 남향, 습하지 않고 양기가 흐르는 곳이 명당의 기본 조건이다. 한양(서울)은 이러한 풍수의 원칙을 대표적으로 갖춘 명당으로 평가된다. 북악산을 주산으로 하여 동쪽에 낙산(좌청룡), 서쪽에 인왕산(우백호), 남산(안산), 관악산(조산)을 이루고 있으며, 경복궁은 혈처로 설정되어 있다. 이 안에서 청계천은 명당에 흐르는 명당수이고, 한강은 바깥을 도는 객수로 작용한다.

3) 명당과 장사(葬事)

고고학 연구에 따르면, 인류는 약 10만 년 전부터 시신을 매장해 온 것으로 보인다. 시신의 처리 방식은 종교와 사회제도에 따라 달라지며, 내세관과 영혼관에 따라 관습화되었다. 예를 들어, 이슬람교도는 시신의 얼굴을 메카 방향으로, 불교도는 머리를 북쪽으로 향하게 안치하는 등 자세에도 종교적 의미가 반영된다. 한국의 경우, 유교의 영향을 받아 매장이 오랜 전통을 가졌고, 불교는 화장을 중심으로 장례를 행해 왔다. 조선 말기에 일본식 화장법이 유입되면서 오늘날까지 화장 문화가 일반화되었다. 특히 최근의 화장률 변화는 장례문화의 변화를 반영한다. 1970년 10.7%에 불과했던 화장률은 2005년에 52.6%로 매장을 앞질렀고, 2025년 1월 기준 전국 평균 화장률은 93.5%에 이르렀다. 이는 장례문화가 매장에서 화장으로 대전환하고 있음을 보여준다.

4) 매장과 풍수의 관계

풍수의 관점에서 매장은 단순한 의례를 넘어선 의미를 지닌다. 첫째는 유교적 효(孝) 개념에서 조상을 좋은 자리에 모시는 것에 있다. 둘째는 조상을 명당에 안장함으로써 자손이 음덕(蔭德)을 받는다는 믿음에서 비롯된다. 이러한 믿음은 풍수지리의 핵심 이론인 동기감응(同氣感應) 사상에 근거한다. 이는 조상의 유골이 동일한 유전자를 지닌 자손들과 기운을 주고받으며, 조상이 좋은 생기를 받는 자리에 묻혀 있으면 자손들도 길한 영향을 받는다는 것이다. 반면 흉지에 묻힐 경우, 자손에게도 흉한 기운이 미칠 수 있다. 따라서 풍수적 명당은 국세(局勢), 형세(形勢), 사격(砂格), 수세(水勢) 등 다양한 지형 요소가 복합적으로 작용하는 장소로 이해되어야 하며, 명당의 유무가 자손의 길흉화복과 직접적으로 연결된다고 본다.

물론 이상적인 명당을 확보하는 것은 현실적으로 어려우며, 평범하거나 중간 정도의 혈도 많다. 그러나 조상의 묏자리는 여전히 중요한 삶의 기준이자 문화적 유산으로 인식되고 있다.

5) 장례 관련 용어 정리

- 매장: 시신을 땅에 묻는 행위
- 화장: 시신을 불태워 유골로 남기는 행위
- 납골: 유골을 그릇이나 납골당에 안치함
- 묘지: 무덤이 설치된 땅
- 분묘: 무덤
- 사성(莎城): 묘 뒤에 둔덕처럼 쌓은 구조물
- 공원묘지: 조경과 위생 기능을 갖춘 공동묘지
- 광중(壙中): 시신이 안치되는 묘 속의 공간
- 칠성판: 관 속 바닥에 까는 널조각
- 횡대: 광중을 덮는 나무 조각
- 입관: 시신을 관에 넣는 절차
- 탈관: 시신을 관에서 꺼내는 행위

- 사초: 묘지의 표면을 새롭게 정리하는 일
- 이장: 묘를 다른 곳으로 옮기는 것
- 개장: 기존의 묘를 새로 장사함
- 파묘: 무덤을 파헤치는 것
- 육탈: 살이 썩고 뼈만 남은 상태

6) 화장 문화의 발전

※ 2024년 및 2025년 월별 화장률은 잠정치임.

〈출처: 한국장례문화진흥원〉

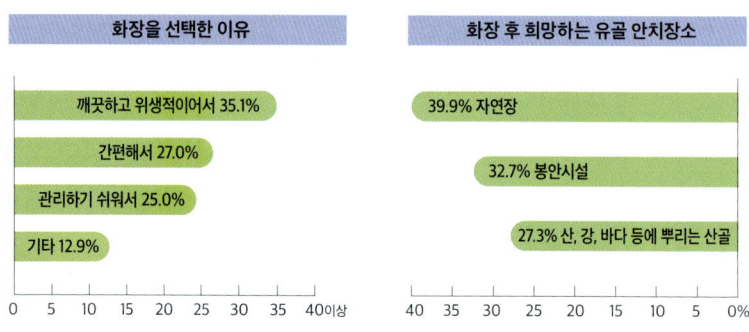

〈출처: 보건복지부〉

7) 대추, 밤, 감을 제사상에 올리는 이유

'가가례(家家禮)'라는 말이 있듯이 제사를 지내는 방식은 지역이나 문중, 가정마다 조금씩 차이가 있다. 그러나 과일·채소·국·적을 준비하는 과채탕적(果菜湯炙)의 기본 틀과 과일을 조율시이(棗栗柿梨), 즉 대추, 밤, 감, 배의 순서로 진설하는 전통은 대체로 일치한다. 과일은 일반적으로 오색(五色)을 갖추는 것이 원칙이나, 최소한 3색 과일은 제사상에 반드시 올려야 한다는 인식이 강하게 자리 잡고 있다. 이는 단순한 장식이 아니라 각각의 과일이 지닌 상징성과 조상의 뜻을 기리는 의미가 담겨 있기 때문이다.

- 대추 - 다산과 번식의 상징

대추꽃은 피면 반드시 열매를 맺고 떨어지므로, 자손의 번성과 생명의 연속성을 상징한다.

- 밤 - 조상과의 영원한 연결

밤나무는 자란 뒤에도 씨 밤이 썩지 않고 남아, 조상과 후손의 끊기지 않는 연결을 상징한다. 위패나 신주를 밤나무로 만드는 이유이기도 하다.

- **감 - 교육과 성장의 상징**

감 씨를 심으면 감이 아니라 고욤이 나오고, 접붙임을 통해서만 감이 열리듯, 사람도 가르침과 배움을 통해 참사람이 된다는 의미를 담고 있다.

현대사회와 풍수지리

초판 인쇄 2025년 10월 21일
초판 발행 2025년 10월 27일

지은이 김현회
발행인 조현수
펴낸곳 도서출판 프로방스
기획 조영재
마케팅 최문섭
편집 문영윤

주소 경기도 파주시 광인사길 68, 201-4호(문발동)
전화 031-942-5366
팩스 031-942-5368
이메일 provence70@naver.com
등록번호 제2016-000126호
등록 2016년 06월 23일

정가 28,000원
ISBN 979-11-6480-399-6 (13180)

파본은 구입처나 본사에서 교환해드립니다.